Informatik – Fachberichte

Band 1: Programmiersprachen. GI-Fachtagung 1976. Herausgegeben von
H.-J. Schneider und M. Nagl. VI, 270 Seiten. 1976

Band 2: Betrieb von Rechenzentren. Workshop der Gesellschaft für
Informatik 1975. Herausgegeben von A. Schreiner. VII, 283 Seiten. 1976

Band 3: Rechnernetze und Datenfernverarbeitung. Fachtagung der GI und
NTG 1976. Herausgegeben von D. Haupt und H. Petersen. VI, 309 Seiten. 1976

Band 4: Computer Architecture. Workshop of the Gesellschaft für Informatik 1975.
Edited by W. Händler. VIII, 382 pages. 1976

Band 5: GI – 6. Jahrestagung. Proceedings 1976. Herausgegeben von
E. J. Neuhold. X, 474 Seiten. 1976.

Band 6: B. Schmidt, GPSS-FORTRAN. Einführung in die Simulation diskreter
Systeme mit Hilfe eines FORTRAN-Programmpaketes. IX, 298 Seiten. 1977.

Band 7: GMR–GI–GfK. Fachtagung Prozessrechner 1977. Herausgegeben von
G. Schmidt. XIII, 524 Seiten. 1977.

Band 8: Digitale Bildverarbeitung/Digital Image Processing. GI/NTG Fachtagung,
München, März 1977. Herausgegeben von H.-H. Nagel. XI, 328 Seiten. 1977.

Band 9: Modelle für Rechensysteme. Workshop 1977. Herausgegeben von
P. P. Spies. VI, 297 Seiten. 1977.

Band 10: GI – 7. Jahrestagung. Proceedings 1977. Herausgegeben von H. J. Schneider.
IX, 214 Seiten. 1977.

Band 11: Methoden der Informatik für Rechnerunterstütztes Entwerfen und
Konstruieren, GI-Fachtagung, München, 1977. Herausgegeben von R. Gnatz und
K. Samelson. VIII, 327 Seiten. 1977.

Band 12: Programmiersprachen. 5. Fachtagung der GI, Braunschweig, 1978.
Herausgegeben von Klaus Alber. VI, 179 Seiten. 1978.

Informatik-Fachberichte

Herausgegeben von W. Brauer
im Auftrag der Gesellschaft für Informatik (GI)

12

Programmiersprachen

5. Fachtagung der GI
Braunschweig, 8./9. März 1978

Herausgegeben von Klaus Alber

Springer-Verlag
Berlin Heidelberg New York 1978

Herausgeber
Prof. Dr. Klaus Alber
Lehrstuhl A für Informatik
der TU Carola Wilhelmina
Gaußstraße 12
Postfach 33 29
3300 Braunschweig

Library of Congress Cataloging in Publication Data

Fachtagung über Programmiersprachen, 5th,
  Braunschweig, Ger., 1978.
    5. [i. e. Fünfte] Fachtagung über Programmier-
sprachen der Gesellschaft für Informatik e. V.,
Braunschweig, 8./9. März 1978.

    (Informatik-Fachberichte ; 12)
    Selected papers in English or German.
    Includes bibliographies and index.
    1. Programming languages (Electronic computers)
--Congresses. I. Alber, Klaus, 1932-
II. Gesellschaft für Informatik. III. Title:
Fünfte Fachtagung über Programmiersprachen ...
IV. Series.

QA76.7.F3 1978   001.6'424   78-1473

AMS Subject Classifications (MOS): 00A10, 68-02, 68A05, 68A10, 68A20,
68A 30

CR Subject Classifications: 1.52, 3.9, 4.12, 5.24

ISBN-13: 978-3-540-08680-2   e-ISBN-13: 978-3-642-87956-2
DOI: 10.1007/978-3-642-87956-2

VORWORT

Nach den vier vorangegangenen Fachtagungen [1] in München (1971), Saarbrücken (1972), Kiel (1974) und Erlangen (1976) veranstaltet der Fachausschuß Programmiersprachen der Gesellschaft für Informatik [2] seine
fünfte Fachtagung am 8. und 9. März 1978 in Braunschweig.

Hatten bei diesen Fachtagungen neben dem Übersetzerbau zunächst Fragen
des Entwurfes und der Definition von Programmiersprachen, danach der
Semantik und Programmverifikation sowie spezieller Programmiersprachen
im Vordergrund gestanden, so hatte sich der Fachausschuß vorgenommen,
diese Tagung vor allem der Anwendung von Programmiersprachen zu wid-
men. Dieses betrifft einerseits Fragen der Programmiermethodik, Programmkonstruktion und hierfür geeigneter sprachlicher Mittel und andererseits die Benutzung von Programmiersprachen in der Praxis, um
endlich die nach wie vor weit offene Lücke zwischen Hochschulforschung
und industrieller Praxis überbrücken zu helfen.

Leider kamen wieder fast alle eingereichten Vorträge aus dem Bereich
der Hochschulen. Während hierbei der erste der beiden genannten The-
menkreise auf sehr verschiedenartige Weise angesprochen wurde, blie-
ben Anmeldungen zum Themenkreis der praktischen Anwendungen so gut wie
ganz aus. Aus diesem Grunde hat der Fachausschzß einige sehr kritische
Stimmen zur Aufnahme der Programmiersprachen in der Praxis zu Haupt-
vorträgen eingeladen, um damit den dringend notwendigen Dialog zu
stimulieren.

Außer den in diesem Band veröffentlichten drei eingeladenen Hauptvor-
trägen aus der Praxis und den (aus ca. 30 ausgewählten) zehn eingereichten Kurzvorträgen überwiegend aus den Hochschulen, wurde Mrs.
Jean E. Sammet eingeladen, zur Eröffnung der Tagung einen Übersichts-
vortrag über "The state of programming languages" zu halten [3].

---

[1] 1. Lecture Notes in Economics and Mathematical Systems, Band 75,
       Springer-Verlag 1972.
    2. Gesellschaft f. Informatik, Bericht Nr. 4, veröffentlicht durch
       Gesellschaft f. Mathematik u. Datenverarbeitung, St.Augustin 1972.
    3. Lecture Notes in Computer Science, Band 7, Springer-Verlag 1974.
    4. Informatik-Fachberichte, Band 1, Springer-Verlag 1976.

[2] A. Frick (Dietz, Mülheim), C. Haenel (Siemens, München), H.J. Hoff-
    mann (TH Darmstadt), G. Mußtopf (SCS, Hamburg), H. Langmaack
    (U. Kiel), M. Paul (TU München), G. Seegmüller (U. München), K. Al-
    ber (TU Braunschweig).

[3] Erscheint in den "Proceedings of the Third Jerusalem Conference on
    Information Technology".

An dieser Stelle sei all denen gedankt, die auf vielfältige Weise zum
Zustandekommen und zur Durchführung der Tagung beigetragen haben:

Vor allem sind dieses natürlich

     die Vortragenden selbst,
die immer den Erfolg einer Tagung bestimmen.

Bei der Vorbereitung und Durchführung der Tagung wirkten

     die Mitglieder des Fachausschusses Programmier-
     sprachen der GI

und

     alle Mitarbeiter des Lehrstuhls A für Informatik
     der TU Braunschweig

mit. Die

     Technische Universität Carolo-Wilhelmina Braunschweig

stellte Räume und technische Hilfsmittel zur Verfügung.

Durch großzügige Finanzielle Unterstützung halfen die folgenden Fir-
men:

     Computer Gesellschaft Konstanz
     Digital Equipment, München
     IBM Deutschland, Stuttgart
     ICL Deutschland, Nürnberg
     PRIME COMPUTER, Wiesbaden
     Siemens, München
     Teleprint, Eschborn

Schließlich ermöglichte es

     der Springer-Verlag,

den Tagungsband in so kurzer Zeit zu veröffentlichen, daß er rechtzei-
tig zu Beginn der Tagung allen Tagungsteilnehmern zur Verfügung gestellt werden kann.

Braunschweig, Dezember 1977   Klaus Alber

INHALTSVERZEICHNIS

Zur Akzeptanz der Datenverarbeitung in
Forschung und Verwaltung

Prof. Dipl.-Ing. Peter P. Canisius
Direktor bei der Bundesanstalt für Straßenwesen, Köln

Auf dem Hintergrund einer etwa 12jährigen Tätigkeit in der Datenverarbeitung, insbesondere auch in Leitungsfunktionen beim Aufbau
und Betrieb von Rechenzentren zweier Forschungsanstalten des Bundes
soll der Versuch unternommen werden, die Frage zu beantworten,
welche Akzeptanz die Datenverarbeitung heute in Forschung und Verwaltung in der Bundesrepublik besitzt. Als Zielvorstellung soll
eine volle Akzeptanz dann definiert sein, wenn die Datenverarbeitung in allen Bereichen einer Institution angewendet wird, die aus
ihrem Einsatz mit wirtschaftlichem Aufwand Nutzen ziehen können.

Während für den Autor in einer ersten Lernphase als externer Benutzer eines Hochschulrechenzentrums und beim Aufbau des Rechenzentrums der Bundesanstalt für Wasserbau vornehmlich Anwendungen
aus der Forschung im Vordergrund standen, kamen nach der Aufbau-
phase im Rechenzentrum des Bundesministers für Verkehr und der Bundesanstalt für Straßenwesen in Köln mit der Einrichtung und dem Betrieb großer Informationssysteme im verstärkten Maße Verwaltungsaufgaben hinzu. In jedem Fall war der betrachtete Zeitraum durch
die Aufgabenstellung gekennzeichnet, automationswürdige Prozesse
aus der hochschulfreien Forschung und aus der öffentlichen Verwaltung für die Datenverarbeitung aufzubereiten und sie rechnerge-
stützt weiterzuführen.

Zwar ist es unbestreitbar, daß die in der öffentlichen Verwaltung
in den zurückliegenden Jahren getätigten Investitionen auf dem Gebiet der Datenverarbeitung erhebliche Verbesserungen mit sich brach-
ten. Ebenso unbestritten ist es jedoch, daß die Nutzung der vorhandenen DV-Ressourcen noch verbessert werden könnte. Auch wenn
vieles hier eine Folge der restriktiven Personalpolitik ist, die
die im Aufbau befindliche Datenverarbeitung in der öffentlichen
Verwaltung besonders hart getroffen hat, so läßt sich dennoch mit

einigen Strichen aufzeigen, wo grundsätzlich die Akzeptanz ver-
hindernde Schwachstellen heute liegen. Eine solche Analyse vermag
sodann vielleicht praktikable Abhilfevorschläge hervorbringen.

Würde man der Akzeptanz der Datenverarbeitung in der hochschulfreien Forschung - und diese soll hier vorrangig betrachtet werden - und in der öffentlichen Verwaltung Schulnoten zuteilen, so
könnte man diese vermutlich bestenfalls zwischen "ausreichend" und
"befriedigend" ansiedeln, nicht aber schon durchweg in die Nähe von
"gut" oder gar "sehr gut" bringen. Angesichts der Möglichkeiten und
der unternommenen Anstrengungen sicher ein unbefriedigendes Ergebnis.

Der Bauingenieur Konrad Zuse versuchte Anfang der vierziger Jahre
die Statiker und konstruktiven Ingenieure von monotonen Hand-Rech-
nungen zu entlasten und für ingeniöse Aufgaben freizusetzen, und er
gab dadurch Impulse, die mithalfen, eine halbe Welt zu verändern.
Wenn man heute in die Büros von Statikern und konstruktiven Ingenieuren geht, so findet man, daß höchstens 50% der Aufgaben mit Hilfe der Datenverarbeitung gelöst werden; ein Prozentsatz, der übrigens auch nicht durch die erfreulich weitverbreitete Anwendung rech-
nergestützter Prüfprogramme für Statik und Abrechnung in der öffentlichen Verwaltung verbessert wird. Ein solcher Anwendungsanteil aber
ist zu niedrig. Zur Aufbesserung dieses Erscheinungsbildes ist es
leider auch wenig hilfreich, aus der komplexen Präsentation von
Hard- und Software einzelne Sektoren herauszugreifen und auf sek-
torale Erfolge zu verweisen oder Automationserfolge auf einem Fach-
gebiet als pars pro toto einzusetzen.

Unter dem Thema dieser Fachtagung soll insbesondere die Software
angesprochen werden. In dem hier betrachteten Kontext kann aber die
Hardware, können die zahlreichen Hardware-Mängel, nicht unerwähnt
bleiben. Sie sind auch dadurch nicht wegzudiskutieren, daß sie an
der Schnittstelle zwischen Hard- und Software liegen. Wenn heute
viele Großrechner noch immer keine Lochstreifen lesen können,
Modems oder Steuereinrichtungen in der Datenfernübertragung bei Umstellung von Wähl- auf Standleitungen oder umgekehrt noch umgelötet
werden müssen, wenn die Hardware von sogenannten Timesharing-An-

lagen noch immer nicht während des Betriebs on-line gewartet werden kann, dann sind dies nur einige Beispiele für Mängel, deren Be-
seitigung unabdingbare Voraussetzung für einen Akzeptanzzuwachs für
die Datenverarbeitung in der Praxis bilden.

Als Einstieg in den Versuch einer Analyse der derzeitigen Stellung
der Datenverarbeitung in Forschung und Verwaltung mag ein kurzer
Blick in die Forschungseinrichtungen der Bundesrepublik dienen, der
aufzeigt, daß die dort vorhandenen Rechenzentren noch immer nicht
integraler Bestandteil aller Bereiche dieser Institute geworden sind.
Nur ein akzentuell verschobenes Bild ergibt sich dabei auch in
Kernforschungszentren, von denen jeder Außenstehende annehmen würde,
daß dort jedermann die Datenverarbeitung ständig nutzt. Spezialisten,
aber auch normale Anwender, sind sowohl für partiell hervorragende
Nutzungen der Datenverarbeitung als auch immer wieder für Versuche
unwirtschaftlicher Anwendungen der Datenverarbeitung und überhöhte
Forderungen verantwortlich, die insbesondere bei ins Haus stehenden
Umrüstungen erhoben werden. Gleichzeitig bemüht sich die eigentliche
Rechenzentrumsmannschaft ständig um neue Benutzer und um die Automatisierung von Prozessen aller Art. Wenn sie Glück hat, wird sie
fündig, wenn sie Pech hat, zieht sie einen Querulanten heran und
wenn sie vom Pech verfolgt ist und zahlenmäßig zu schwach, kann die
Erfolgsbilanz eines Rechenzentrums in hohem Maße unbefriedigend aussehen. Alles in allem ein eher hektisches Bild dort, wo die Datenverarbeitung eine ruhespendende Basis für die Forschung darstellen
könnte und sollte.

Woran liegt das?

Vielleicht führt die Beantwortung der Frage: "Wer programmiert denn
in einem Forschungsrechenzentrum?" zu einer konstruktiven Antwort.
Noch immer ergibt sich die bunte Palette aus Ingenieuren, Physikern,
angewandten Mathematikern, in zunehmendem Maße Betriebswirten,
neuerdings auch Informatikern, selfmade-men und Studenten. Kaum
oder sehr selten kennen sie das Problemfeld des Forschers, der sie
möglicherweise auch noch durch DV-Halbwissen irritiert. Sie sind in
aller Regel nicht auf ein breites Anwendungsfeld hin ausgebildet
worden. Bei den Benutzern wiederum beobachtet man: es programmieren
wenige, davon viele schlecht, und das, weil Wissenschaftler ohne

Hilfskräfte in die Programmierung einsteigen müssen, für die sie
weder ausgebildet wurden, noch Zeit haben. Und auf diesem Hintergrund bleibt die erfolgreiche Einführung der Datenverarbeitung in
einer Forschungsanstalt noch immer eine Funktion eines überdurch-
schnittlichen Einsatzes einer meist zu kleinen Mannschaft mit viel
Idealismus und Glück bei der Partnerfindung auf der Nutzerseite.

In einem reinen Verwaltungsrechenzentrum sieht es ein wenig anders,
vielleicht positiver aus. Dort müssen zunächst stark verkrustete
Vorgänge analysiert und schematisiert werden. Aber wenn dies gelingt und einflußreiche Vorgesetzte die Automatisierung eines Prozesses stützen, werden in verstärktem Maße gültige Lösungen erarbeitet, weil dann schließlich - nach der Analyse durch entspre-
chendes Fachpersonal - insbesondere Programmierer ohne Hochschul-
ausbildung für die eigentliche Programmierung zur Verfügung stehen.

Gelingt es in diesem Prozeß darüberhinaus noch Solotänzer mit
Assembleraffinität zu disziplinieren, und werden die angestrebten
Automatisierungsvorhaben nicht isoliert, sondern im Verbund mit
anderen Verwaltungsstellen durchgeführt, so tut man zwar jeweils
kleine, jedoch kontinuierliche Schritte nach vorn.

Spätestens jetzt muß die Frage beantwortet werden, warum denn überhaupt noch so viel in dem genannten Rechenzentrum programmiert werden muß. Warum wird nicht auf Herstellersoftware zurückgegriffen?
Die Antwortpalette ist reichhaltig, wenn auch durchweg in grauen
Farben gehalten. Auch auf Herstellerseite, sowohl bei den DV-Her-
stellern als auch bei den Software-Häusern entstehen im allgemeinen
Programme mehr oder weniger auf Zufallsbasis. Wie sollte auch ein
solcher potentieller Programmhersteller Marktlücken erkennen und in
erkannte Lücken hinein vorfinanzieren?

Irgendein Auftraggeber möchte also irgendein Problem lösen und so-
bald man mit der Arbeit begonnen hat, werden schon die bunten Bro-
schüren auf Glanzpapier gedruckt, die eine universelle Anwendung
eines neuen Programmsystems für alle Wechselfälle des Lebens an-

kündigen. Das Ganze läuft dann nach seiner Fertigstellung natürlich unter einem Betriebssystem ab, das zwar auf der Insel des ursprünglichen Auftraggebers noch eingesetzt wird, im übrigen aber allerorts inzwischen abgelöst wurde. Eingriffe in das Programmsystem sind sodann entweder wegen der Urheberrechte an dem als Phase gelieferten Programm nicht oder wegen der mangelhaften Dokumentation des im Quellentext ausgelieferten Programms überhaupt nicht möglich. Die Folge dieser Vertriebspolitik ist sicherlich kein Akzeptanzzuwachs.

Die rühmliche Ausnahme des von einem qualifizierten Rechenzentrum mit entsprechend erarbeiteter Programmvorgabe und strengen Auflagen in Auftrag gegebene, von vornherein portabel angelegten Programms soll natürlich nicht verschwiegen werden. Gute Software-Häuser haben sich - nach anfänglichen starken Reserven - mittlerweile daran gewöhnt, daß diese Art der Aufträge zunimmt.

Die DV-Hersteller ermuntern jedoch inzwischen die Mieter und Käufer ihrer Anlagen zu neuen, eigenen Programmierleistungen an Bildschirmgeräten im Timesharing mit Dialogcompilern und Testhilfen. Weniger publik wird gemacht, daß diejenigen, die alle diese Komponenten bedienen können, sie schnellstens abschalten, weiterhin ihre fehlerhaften Programme schreiben, sie dem Rechner übergeben und dann anhand der Fehlerliste und in Ruhe die erforderlichen Korrekturen vornehmen. Nur Heroen bringen es fertig, sich in einer halbstündigen Sitzung vor einem Bildschirm vom Rechner in fast jeder Zeile einen Tipp- oder sonstigen Fehler nachweisen zu lassen. Damit soll natürlich nichts gegen den sinnvollen und vorteilhaften Einsatz von Bildschirmgeräten zum Testen, Ändern und Anwenden von (am besten eben doch am Schreibtisch entwickelten) Programmen gesagt werden.

Nicht unerwähnt bleiben darf, daß unter Schlagwörtern wie CAD - zu deutsch: rechnergestütztes Entwickeln und Konstruieren - heute insbesondere im universitären Bereich verfrühte Hoffnungen auf eine rasche Entlastung des Konstruktionsbüros geweckt werden. Hier wären Forschung in der Stille und Sorgfalt beim Umgang mit Vokabeln wie "praxisreif" dem Fortschritt dienlicher. Gute Algorithmen, die in

schlechten Programmen verpackt sind, helfen weder dem technischen
noch dem dv-technischen Fortschritt. Die Industrie schlägt hier
übrigens neuerdings vor, gute Hochschulalgorithmen zu übernehmen
und sie mit In- und Output-Teilen zu versehen, die das Ganze dann
zu einem guten Programm machen.

Im übrigen, so lernen wir ständig, können natürlich keinerlei Probleme bei der Programmierung mehr entstehen, da ja immer neue,
effizientere und ohne jegliche Programmierkenntnisse bedienbare
Sprachen entwickelt und (in unzureichenden Untermengen) in neuen
Compilern realisiert werden. Wie wohl an anderer Stelle in dieser
Tagung noch gezeigt werden wird, verbleiben aus diesen und zahlreichen anderen Gründen - insbesondere denen der Kompatibilität -
die mit beklagenswerten Schwachstellen ausgerüsteten FORTRAN- und
COBOL-Compiler offenbar bis in alle Ewigkeit auf den ersten Plätzen
der DV-Bestsellerliste.

Untersuchen wir noch kurz aus der Sicht eines potentiellen Anwen-
ders die Situation nach der "Fertigstellung" eines neuen Programms.
Zu den häufigsten Mängeln gehören neben den zunächst noch auftretenden, normalen Fehlern in diesem Stadium:

- das Programm ist nicht systematisch für alle Anwendungsfälle aus-
  getestet worden
- die Dokumentation fehlt
- das Programm kann daher weder richtig gepflegt noch adaptiert
  werden
- das Programm ist nicht portabel

Kumulieren sich diese Fehler, so ist das Fazit in der Management-
Etage zwangsläufig ein Akzeptanzverlust in der Leitungsebene.

Was kann man nun tun, um diese Landschaft vorteilhaft zu verändern?

Zunächst muß sicherlich die Ausbildung in Teilen neu ausgerichtet
werden. Die Ausbildung der späteren Systemanalytiker, Programmierer

und Software-Spezialisten erfordert mehr Flexibilität, mehr Konfrontation mit dem harten Wind der Praxis und mehr Hinführen auf die später zu lösenden Praxisprobleme. Wer auf der Universität immer wieder Standardabweichungen und große Gleichungssysteme programmieren muß, wird fast zwangsläufig zunächst ein schlechter Gesprächspartner in der Praxis sein. Warum wird beispielsweise der Studierende in der Programmierausbildung nicht in irgendein Institut seiner Universität geschickt, um die an diesem, ihm ansonsten fremden Institut gerade anstehenden Probleme zu programmieren?

Beim künftigen DV-Anwender muß insbesondere das Verständnis für die Datenverarbeitung geweckt werden. Ihm müssen Einblicke in ihre Möglichkeiten und Denkmodelle und auch ihre Grenzen vermittelt werden. "Think in English" war der Titel eines besonders guten Englischkurses der BBC und Titel und Geist des Programms stimmten ebenso überein, wie sie den Punkt trafen. Den "Geist der Rechnerunterstützung", computergerechtes Analysieren von Abläufen kann man sicher herausarbeiten und anschließend auch weitervermitteln.

In der Praxis muß man mit den Chefs sprechen. Auch sie müssen behutsam an die Datenverarbeitung herangeführt und dürfen nicht durch große Sprüche hinter's Licht geführt werden.

Künftige Anwender, Systemanalytiker, Programmierer und Hersteller schließlich müssen im engen Kontakt die Anwendung der Datenverarbeitung ständig weiter vorantreiben. Es ist symptomatisch, daß die sogenannte Benutzerfreundlichkeit bisher ausschließlich vom Hersteller definiert wird. Strenge Regeln für die Programmierung und Dokumentation von Programmen sowie systematische Testmethoden müssen entwickelt und in die Praxis eingeführt werden. Pragmatische Lösungen - man denke hier nur an die Kontroverse über die Entwürfe der Teile 2 und 5 der DIN 66 230 zur Dokumentation von DV-Programmen zwischen dem FNI und dem FNBau - müssen unterstützt und gegen puristischen Maximalismus verteidigt werden.

Hilfreich in der Praxis sind neben einer Definition portabler Untermengen gängiger Compiler insbesondere auch Anleitungen zur Er-

stellung von Strukturdiagrammen und Ablaufplänen. Notfalls helfen
hier automatisierte Flußdiagramm-Generatoren. Auch ins Detail ge-
hende automatisierte Fehlerinterpretationen von Compilern und Betriebssystemen sind wertvoll.

In der Forschungsförderung muß wahrscheinlich in noch verstärktem
Maße die Übernahme der Ergebnisse in die Praxis sichergestellt werden. So wäre es denkbar, daß etwa eine 1-jährige erfolgreiche Nutzung eines im Rahmen eines Forschungsvorhabens entwickelten CAD-
Arbeitsplatzes in einem Industriebetrieb zur Auflage gemacht wird,
ehe ein solches Forschungsvorhaben als erfolgreich abgeschlossen
gemeldet werden darf. Weiter wäre zu überlegen, ob geförderte
Software immer in fachliches Neuland vorstoßen muß oder ob nicht
die Schaffung modernerer, sichererer Programmsysteme zur Lösung von
Alltagsaufgaben endlich den Durchbruch bringen könnte.

Es lohnt sich, darüber nachzudenken, warum wir keine so informierte
Gesellschaft haben, wie die Informatik sie eigentlich schaffen
könnte. Und es lohnt sich, darüber nachzudenken, ob eine im Sinne
dieses Referates erreichte volle Akzeptanz der Datenverarbeitung
nicht zu jenem "know-how" gehören sollte, das uns im heute "Nord-
Süd-Dialog" genannten Miteinander als Tauschobjekt zur Verfügung
stehen muß.

Vielleicht brauchen wir also mehr Informatik für die Gesellschaft.
Und vielleicht vermag die Gesellschaft für Informatik im Sinne des
Gesagten den Weg dorthin zu ebnen.

PROZESSPROGRAMMIERSPRACHEN UND PORTABILITÄT

Bernd F. Eichenauer
GPP mbH, München

Übersicht

Seit einigen Jahren versucht man, die Vorteile höherer Programmiersprachen auch für
die Prozeßprogrammierung nutzbar zu machen. Bei der Entwicklung höherer Programmiersprachen für die Prozeßautomatisierung ergeben sich sowohl hinsichtlich
der vorzusehenden Sprachmittel als auch hinsichtlich der Implementierung völlig
neuartige Aufgabenstellungen. Einige charakteristische Problemstellungen werden
umrissen und Ansätze zu ihrer Lösung beschrieben.

1. Prozeßprogrammierung

Aufgabenstellung

Nach DIN 66203 versteht man unter einem technischen Prozeß einen Vorgang, der durch
Umformung oder Transport von Materie, Energie oder Information gekennzeichnet ist
und bei dem sich durch geeignetes Einwirken auf Einflußgrößen bestimmte Ergebnis-
größen erzielen lassen.

Aufgabe eines Prozeßrechensystems ist die Überwachung, Steuerung und Regelung von
technischen Prozessen.

Ein Prozeßrechensystem besteht normalerweise aus einem oder mehreren Prozeßrechnern und einer Prozeßperipherie, über die der oder die Prozeßrechner mit dem
technischen Prozeß verkehren. Da die technische Prozesse kennzeichnenden physikalischen Größen Funktionen der Zeit sind, muß die Kommunikation zwischen einem Prozeßrechensystem und einem technischen Prozeß zeitlich abgestimmt erfolgen.

Die Leistung von Rechenprozessen, die zur Automatisierung eines technischen Prozesses dienen, ist durch die sogenannte Automatisierungsfunktion /1/ bestimmt.
Durch sie werden sowohl die Rechenalgorithmen als auch die Ausführungsbestimmungen
für diese vorgegeben. Bei den Ausführungsbestimmungen unterscheidet man zwischen
"Rechtzeitigkeit" und "Gleichzeitigkeit" der Programmabläufe.

Unter Rechtzeitigkeit versteht man die zeitliche Synchronisierung des Programmge-
schehens mit den Abläufen im technischen Prozeß. Meßwerte müssen z.B. zyklisch in
festen Zeitabständen oder bei Eintreffen eines Unterbrechungssignals eingelesen
werden, um den Zustand des technischen Prozesses bestimmen zu können. Dabei kommt
es beim Prozeßrechnen, anders als in der kommerziellen Datenverarbeitung, nicht
auf Durchsatzoptimierung für das Rechensystem, sondern auf zeitgerechte Bearbeitung
aller Automatisierungsaufgaben an.

Häufig sind parallel ablaufende Vorgänge innerhalb eines technischen Prozesses
simultan zu bearbeiten. Die Automatisierungsprogramme müssen in diesem Fall zeitlich und logisch synchron zueinander und zu Abläufen im technischen Prozeß ausgeführt werden. Der simultane bzw. quasi-simultane Ablauf von Programmen wird unter
dem Stichwort "Gleichzeitigkeit" der Programmabläufe zusammengefaßt.

Während im kommerziellen und technisch-wissenschaftlichen Anwendungsfeld Rechen-
prozesse zeitunabhängige Ergebnisse liefern und die Kommunikation mit dem Benutzer
in standardisierter Weise möglich ist, muß bei der Erstellung von Prozeßautomatisierungsprogrammen darüber hinaus

-   die zeitliche und logische Synchronisation des Programm- und Prozeßgeschehens,

-   der parallele Ablauf von Automatisierungsprogrammen und

-   die sogenannte Prozeß-Ein/Ausgabe

formuliert werden.

Hilfsmittel für die Programmerstellung

Die Konfiguration der Hardware von Prozeßrechensystemen kann heute für vorgegebene
Anwendungen relativ schnell und preisgünstig unter Verwendung von Standard-Modulen
vollzogen werden. Bei der Erstellung von Software für Prozeßrechner ist jedoch kaum
ein Unterschied gegenüber den Methoden des vergangenen Jahrzehnts festzustellen.
Bis heute werden noch über 80% aller Prozeßautomatisierungsprogramme im Assembler
des jeweiligen Zielrechners erstellt.

Schon zu Beginn der sechziger Jahre erkannte man, daß eine Verbesserung der
Situation nur durch Anhebung des Niveaus erreicht werden kann, auf dem die Programmierung von Prozeßrechensystemen ausgeführt wird. In Analogie zu der Entwicklung auf dem Gerätesektor, wo eine funktionsorientierte Beschreibung verwendet
wird und der Anwender über den Aufbau und die Wirkungsweise eines Gerätes i.A.
nicht Bescheid wissen muß (schwarzer Kasten), wurden funktionsorientierte Programmpakete entwickelt, deren Arbeitsweise mittels weniger Steuerparameter festgelegt
werden kann (z.B. /2/, /3/).

Es zeigte sich jedoch sehr bald, daß Programmpakete zwar für die Lösung bestimmter
Problemkreise recht bequem aber zu wenig flexibel einsetzbar sind. Da sich das
Einsatzfeld von Prozeßrechensystemen ständig erweiterte, konnte häufig schon kurze
Zeit nach der Fertigstellung eines Pakets ein Teil des Anwendungsfelds, für welches
das Paket vorgesehen war, nicht mehr abgedeckt werden.

Um diesen Mangel an Flexibilität abzubauen, lag es nahe, nach dem Vorbild der
technisch-wissenschaftlichen und kommerziellen Programmiersprachen, die das
jeweilige Anwendungsfeld weitgehend abdecken, Programmiersprachen für die Prozeßautomatisierung zu definieren. Hierbei lassen sich derzeit drei verschiedene Wege
erkennen, auf denen eine Lösung des Problems gesucht wird und die sich durch unterschiedliche Anforderungen an den Ausbildungsstand des für die Programmerstellung
einzusetzenden Personals unterscheiden:

a)   Niedrige Programmiersprachen
      Diese Programmiersprachen (z.B. CORAL66 /4/; RTL/2 /5/; LTR /6/), zu denen
      auch die zahlreichen Realzeit-Fortrans zu rechnen sind, bieten in der Regel
      nur in effizienten Code übersetzbare Sprachmittel zur Beschreibung algo-
      rithmischer Zusammenhänge. Die Realzeit-Programmierung wird erledigt, indem
      Betriebssystemfunktionen des jeweiligen Zielrechners aufgerufen werden und/
      oder indem das Betriebssystem unter Verwendung der niederen Programmiersprache
      selbst erweitert wird.

      Die Bereitstellung algorithmischer Sprachmittel ermöglicht gegenüber der
      Programmierung in Assemblersprachen die schnellere Programmerstellung. Der
      Programmierer muß jedoch die umgebende Herstellersoftware (z.B. Aufrufe für
      die Parallelprogrammierung, Treiber für die Prozeß- und Standard-Peripherie)
      beinahe genau so gut kennen wie bei Verwendung von Assemblersprachen. Der
      Dokumentationswert und die Portabilität von Programmen ist wegen der Abhängig-
      keit von dem jeweiligen Zielrechner eingeschränkt.

b)   Prozeßorientierte Programmiersprachen

Bei der Entwicklung prozeßorientierter Programmiersprachen (z.B. INDAC8 /7/;
PAS1 /8/; HAL/S /9/; PROCOL /10/; PEARL /11/, /12/, /13/, /14/;
C.C.I.T.T. HLL /15/) versucht man, die zur Formulierung algorithmischer Zu-
sammenhänge erforderlichen Sprachmittel mit grundlegenden Sprachelementen für
die Realzeitprogrammierung zu verschmelzen. Ebenso wie die algorithmischen
Eigenschaften von technisch-wissenschaftlichen Programmiersprachen zur Darstellung beliebiger numerischer Algorithmen herangezogen werden können, erlauben die in prozeßorientierten Programmiersprachen vorgesehenen Ausdrucksmittel zur Beschreibung von Realzeitvorgängen eine problemgerechte Aufteilung von Prozeßautomatisierungsprogrammen in schwach gekoppelte Rechen-
prozesse und die Beschreibung der Wechselwirkung von Rechenprozessen mit
ihrer Umwelt.

Der wesentliche Unterschied gegenüber den unter Punkt a) genannten niederen
Programmiersprachen besteht in der Festlegung von maschinenunabhängigen
Modellen für die Parallelprogrammierung (Tasking und Synchronisation) und
für die Ein/Ausgabe. Mittels einer einmal zu erlernenden Menge von Ausdrucks-
mitteln können deshalb Automatisierungsprogramme in weitgehend maschinenunab-
hängiger Weise formuliert werden.Für die zweckmäßige Verwendung der gebotenen
Sprachmittel bedarf es allerdings meist einer guten Ausbildung im Programmieren.

c)   Problemorientierte Programmiersprachen

Für bestimmte Teilgebiete der Prozeßautomatisierung können außer den früher
schon erwähnten Paketen auch Spezialsprachen definiert werden, die in der Regel
ein bequemes und meist auch hinreichendes Hilfsmittel für die Formulierung
von Automatisierungsprogrammen darstellen. So wurden u.a. für die Gebiete
Telefonvermittlung, Werkzeugmaschinensteuerung und Automatische Geräteprüfung
eine Reihe von Programmiersprachen definiert (z.B. /16/, /17/, /18/). Da die
Sprachelemente von Spezialsprachen anwendungsbezogen gewählt werden, können
diese Sprachen in der Regel auch von dem in der Programmierung wenig erfahrenen
aber mit der jeweiligen Problemstellung gut vertrauten Anwender nach kurzer
Schulung eingesetzt werden. Es ergeben sich jedoch häufig die gleichen Schwierigkeiten, wie sie früher bei den Programmpaketen schon erwähnt wurden. Von Zeit
zu Zeit ist es erforderlich, die Sprachmittel einer Spezialsprache an den
aktuellen Stand der Technik anzupassen.

<u>Portabilität</u>

Bei einigen der zuvor genannten prozeßorientierten und problemorientierten Programmiersprachen wurde beim Entwurf darauf geachtet, daß die Erstellung von Automatisierungsprogrammen weitgehend unabhängig von der jeweils eingesetzten Hardware durchgeführt werden kann. Dies bietet u.a. den Vorteil, daß zumindest Teile von Automatisierungsprogrammen (z.B. Prozeduren für DDC) wiederverwendbar bzw. portabel werden und daß der Aufwand für die Ausbildung von Personal stark reduziert wird.

Um die genannten Programmiersprachen für die zahlreichen Prozeßrechnertypen mit vernünftigem Aufwand bereitstellen zu können, muß die Portabilität der Anwenderprogramme durch die portable Implementierung der Prozeßsprachen selbst ergänzt werden. Es ist nämlich nicht zu erwarten, daß die relativ hohen Implementierungskosten für eine Realzeitsprache für jeden neuen Rechnertyp von den Herstellern wieder aufgebracht werden können.

Die angestrebte Vereinfachung der Prozeßprogrammierung wird daher nur erreichbar sein, wenn es gelingt, möglichst große Teile der Implementierung einer Prozeßprogrammiersprache portabel zu gestalten. Das wäre sowohl vom technischen als auch vom volkswirtschaftlichen Standpunkt her gesehen wünschenswert /19/.

2.   <u>Einige Maßnahmen beim Entwurf von Prozeßsprachen zur Erhöhung der Portabilität von Prozeß-Automatisierungsprogrammen</u>

<u>Gerätezuordnung und Prozeß Ein/Ausgabe</u>

Bei der Automatisierung technischer Prozesse werden normalerweise neben wenigen Standard-Geräten für die Mensch-Maschine-Kommunikation (z.B. Blattschreiber, Bildschirm) und für die Kommunikation mit dem technischen Prozeß (z.B. Digitaleingabe, Analogeingabe) zahlreiche nicht standardisierte Geräte, Meßwertgeber und Stellglieder eingesetzt. Während die Bedienung der Standardgeräte in der Regel durch Funktionen des Betriebssystems wahrgenommen wird, hat die Bedienung der Spezialgeräte und die Bearbeitung der Meßwerte und Stellwerte im Rahmen des Automationsprogramms zu erfolgen.

Damit das Prozeßrechensystem programmgesteuert mit dem technischen Prozeß verkehren kann, muß eine Zuordnung zwischen den in Ein/Ausgabe-Anweisungen angesprochenen Geräten bzw. Prozeßendstellen und deren physikalischem Anschluß hergestellt werden. Für diese Zuordnung gibt es in prozeßorientierten Programmiersprachen im wesentlichen zwei Methoden:

Die erste Methode, die beispielsweise in PROCOL und in HAL/S realisiert wurde, verwendet die auch von einigen kommerziellen Programmiersprachen her bekannte "logische" Kanalnummer. Welcher physikalische Anschluß sich dahinter verbirgt, wird bei der Installation des Automatisierungsprogramms festgelegt. Es leuchtet unmittelbar ein, daß diese Methode wegen der normalerweise großen Anzahl von Prozeßendstellen neben der mangelhaften Dokumentationsfähigkeit auch leicht zu Fehlern führt, die häufig erst zur Laufzeit des Automatisierungsprogramms entdeckt werden.

Wesentlich eleganter und auch vom Standpunkt der statischen Prüfbarkeit befriedigender wird die Gerätezuordnung in INDAC8, PAS1 und PEARL gelöst. Diese Sprachen bieten eigene Programmteile, in denen die Konfiguration und Verdrahtung der jeweils eingesetzten Prozeßperipheriegeräte beschrieben werden kann.

In PEARL wird die Konfiguration des Prozeßrechensystems im sogenannten Systemteil beschrieben. Dabei werden die physikalischen Anschlüsse der Prozeßendstellen, die bei der Problembeschreibung im sogenannten Problemteil angesprochen werden sollen, durch Namen identifiziert. Beispielsweise ist in dem folgenden Beispiel:

```
COMP              <->        MULTIPLEX;
MULTIPLEX*1       <-         ANALOGEIN;
DRUCK:            ->         ANALOGEIN*27;
```

eine Druckdose an Kanal 27 der Analogeingabe ANALOGEIN angeschlossen. Der aktuelle Wert des Drucks, den die Druckdose liefert, kann unter dem Bezeichner DRUCK angesprochen werden. Die Analogeingabe selbst ist an Kanal 1 des Multiplexers MULTIPLEX und dieser wiederum am Rechner COMP angeschlossen. COMP, MULTIPLEX und ANALGEIN sind hier Standard-Geräte-Namen, die dem PEARL-Übersetzer - z.B. in einem Prelude - bekannt zu machen sind.

Um die ordnungsgemäße Verwendung der Endstelle DRUCK im Problemteil zu gewährleisten, ist dort die Endstelle DRUCK hinsichtlich für den Programmablauf relevanter Eigenschaften wie Transferrichtung und Datenart zu spezifizieren:

```
SPECIFY DRUCK DATION IN BASIC;
```

Die Spezifikation besagt, daß DRUCK eine Datenstation ist, von der binäre Werte eingelesen werden können. Der aktuelle Wert von DRUCK kann beispielsweise mit der Anweisung

```
TAKE MESSWERT FROM DRUCK;
```

einer Variablen MESSWERT zugewiesen werden.

Ersichtlich würde der Wechsel der Prozeßperipherie in diesem Fall lediglich den
Austausch des Systemteils erfordern, während der Problemteil unverändert bliebe.

In völlig anderer Weise wird die Gerätezuordnung in Programmiersprachen für die
automatische Geräteprüfung gehandhabt. Wir betrachten als Beispiel IEEE ATLAS.

Um die Prüfung zu ermöglichen, werden bei der Geräteentwicklung spezielle Ausgänge
in dem zu prüfenden Gerät vorgesehen und über einen standardisierten Stecker heraus-
geführt. Dieser wird häufig unter Zwischenschaltung eines Adapters (u.a. für die
Pegelangleichung) mit dem Stecker des Prüfgerätes verbunden.

Im Prüfprogramm selbst werden nur die an den Klemmen des Prüflingssteckers anzu-
legenden bzw. zu erwartenden Signale beschrieben.

Beispielsweise wird durch Anweisungsfolge:

```
    APPLY, DC SIGNAL, VOLTAGE 70 V ERRLMT +- 1 PC,
          CNX HI PIN-9 LO PIN-27$
    MEASURE, (VOLTAGE), DC SIGNAL, CURRENT MAX 0,1 MA,
          CNX HI PIN-12  LO EARTH$
```

an die Klemmen PIN-9 und PIN-27 des Prüflingssteckers eine Gleichspannung von
70 Volt mit einer Genauigkeit von 1 % angelegt. Danach ist zwischen PIN-12 und Erde
die Spannung einer Gleichspannung zu messen, wobei das Meßgerät maximal 0.1 Milli-
ampere aus dem Prüfling entnehmen darf. Die zusätzlichen Angaben wie ERRLMT und
CURRENT MAX ermöglichen die Auswahl eines Gerätes der Testperipherie mit den ge-
wünschten Eigenschaften.

Bevor auf die Geräteauswahl selbst eingegangen werden kann, muß kurz der prinzi-
pielle Aufbau einer Teststation beschrieben werden. Wir beschränken uns dabei auf
einen Stationstyp, welcher den wahlweisen Anschluß von Geräten an mehrere Klemmen
des Teststationssteckers ermöglicht.

In Abb. 1 ist eine derartige Station dargestellt. Ersichtlich können die verschiedenen Geräte der Testpheripherie je nach Ausbaustufe der meist dreidimensional ausge-
legten Schaltmatrix an die verschiedenen Kontakte des Steckers angeschlossen werden.
Bei automatischer Gerätezuteilung muß gleichzeitig eine Zuteilung der Schaltwege in
der Matrix erfolgen, wobei häufig Kenndaten der einzelnen Schaltwege (z.B. maximal
zugelassene Stromstärke) zu berücksichtigen sind.

Die automatische Gerätezuordnung für rechnergesteuerte Prüfautomaten wurde bisher
nur statisch, d.h. während der Übersetzung, vorgenommen (siehe z.B. /21/). Der Übersetzer hat aufgrund der Signalanforderungen im Programm den einzelnen Ein/Ausgabe-
Anweisungen Geräte und Schaltwege mit den jeweils geforderten Eigenschaften zuzuord-
nen und ggf. die Nichtdurchführbarkeit des Prüfprogramms auf der Station anzuzeigen.

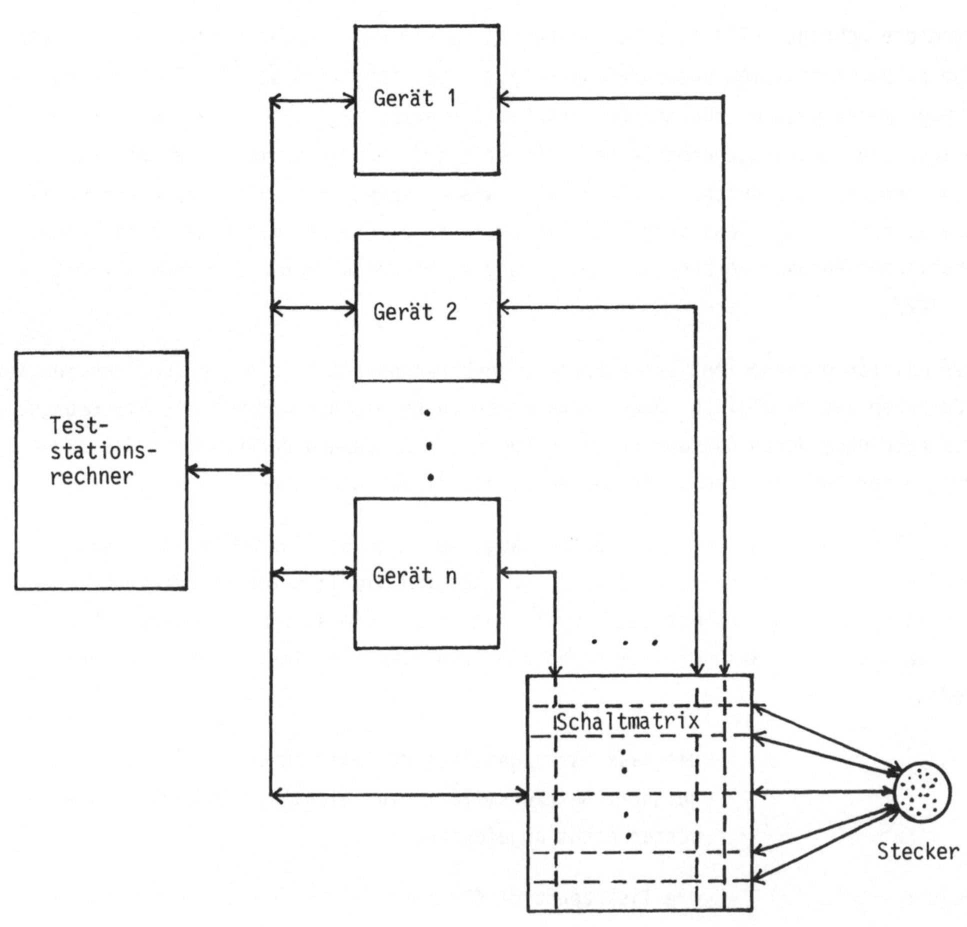

Abb. 1   Prinzipieller Aufbau eines rechnergesteuerten
               Prüfautomaten mit Schaltmatrix

Die automatische Gerätezuordnung erfolgt, indem der Geräte- und Wegebedarf in sämt-
lichen Programmzweigen bestimmt wird. Dies führt gelegentlich bei größeren Testpro-
grammen zu enormen Kompilierzeiten, entlastet aber den Testingenieur weitgehend von
Arbeiten, die er früher manuell erledigen mußte.

Parallelprogrammierung und Betriebsmittelverwaltung

Betriebssysteme für Prozeßrechner enthalten heute in der Regel Funktionen für die
Betriebsmittelverwaltung. Aufgrund einer Prioritätsangabe, die meist in Form einer
Prioritätsnummer beim Einbau eines Automationsprogramms in ein Programmsystem angegeben werden, kann dem Betriebssystem die Wichtigkeit eines Programms vorgegeben
werden. Die Betriebsmittelverwaltung sorgt dann dafür, daß den jeweils wichtigsten
lauffähigen Programmen die für ihren Ablauf erforderlichen Betriebsmittel (Prozessor,
Geräte der Prozeß- und Standard-Peripherie) zugeteilt werden.

Während die Schnittstelle zwischen Anwenderprogramm und Betriebssystem von Betriebssystem zu Betriebssystem unterschiedlich gestaltet ist, wird bei der Entwicklung von Programmiersprachen für die Prozeßautomatisierung versucht, eine möglichst einheitliche und anwendungsgerechte Schnittstelle zwischen Programm und Betriebssystem festzulegen. Nur hierdurch ist es möglich, wiederverwendbare Automatisierungsprogramme zu erstellen. Diese Vereinheitlichung wird allerdings meist durch mit nicht unerheblichem Aufwand verbundene Erweiterung vorhandener Betriebssysteme erkauft /21/, /22/.

In den meisten prozeßorientierten Programmiersprachen und in einigen problemorientierten Sprachen ist es möglich, Anweisungsfolgen zu bezeichnen und mittels Steuerungsanweisungen über deren Ausführung zu verfügen. In Anlehnung an PL/1 wird die Ausführung einer Anweisungsfolge in der Regel als "Task" bezeichnet.

Es ist üblich, die Zustände und die Übergänge zwischen den Zuständen von Tasks in einem Zustandsdiagramm darzustellen. In Abb. 2 sind die Task-Zustandsdiagramme für HAL/S und PEARL zusammen mit den jeweils vom Programmierer beeinflußbaren Übergängen dargestellt. Darin wird zwischen den folgenden vier Taskzuständen unterschieden:

"ruhend":   Die Task ist angemeldet und wird in der Taskverwaltung geführt. Betriebsmittel sind nicht bereitgestellt und werden nicht angefordert.

"bereit":   Die Task benötigt für den Start oder die Weiterführung Betriebsmittel, die ihr erst zugeteilt werden müssen.

"laufend":   Die Task besitzt alle für ihren Ablauf erforderlichen Betriebsmittel.

"unterbrochen":   Die Task wurde mit einer Steueranweisung unterbrochen oder wartet auf den Eintritt des Erfülltseins einer oder mehrerer Bedingungen.

Ein ähnliches noch feiner gegliedertes Modell findet man in /23/.

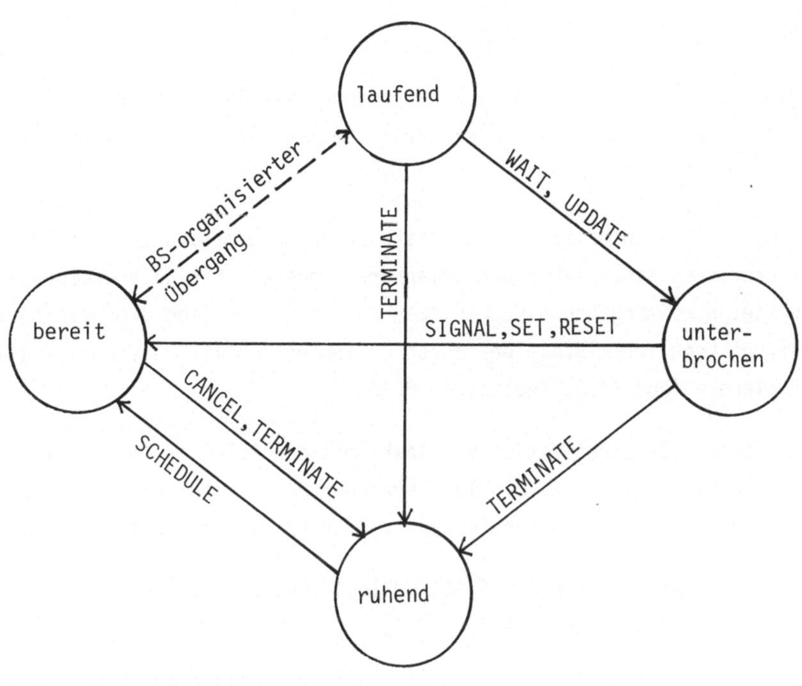

Abb. 2a   Task-Zustandsdiagramm für HAL/S

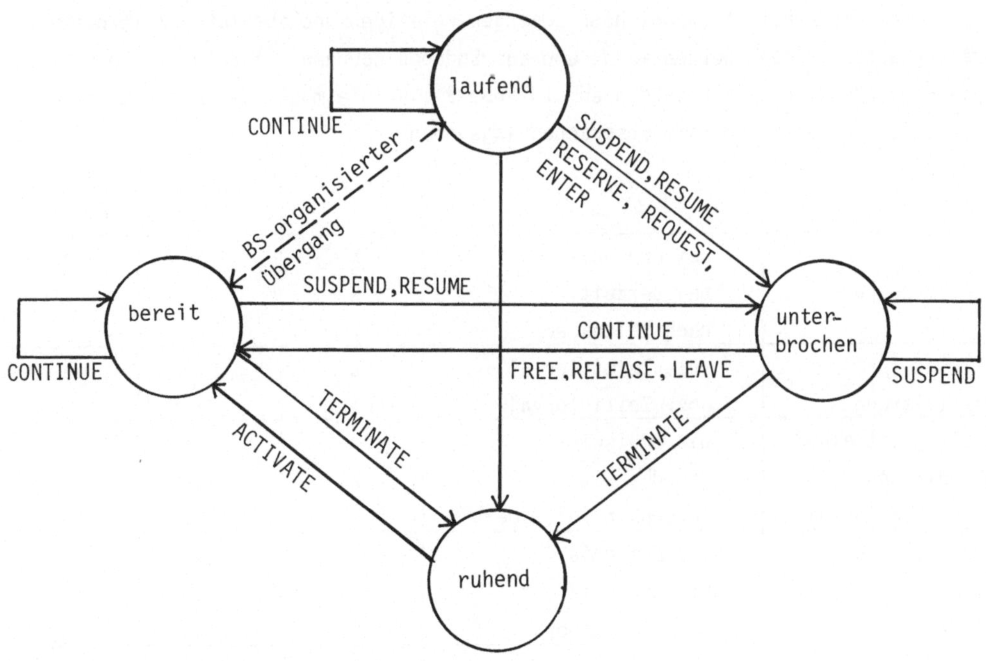

Abb. 2b   Task-Zustandsdiagramm für PEARL

Synchronisation

Wie eingangs schon bemerkt, muß in Prozeßrechensystemen sowohl die zeitliche als auch die logische Synchronisation des Programm- und Prozeßgeschehens beschrieben werden.

Für die logische Synchronisation von Tasks werden die bekannten Synchronisationsmethoden über Ereignisvariable und Semaphores geboten. Einige Prozeßprogrammiersprachen bieten weitergehende Mechanismen an, mit denen sich die Betriebsmittelkoordinierung bequemer als mit dem zuvor genannten einfachen Synchronisationsmethoden steuern läßt (z.B. "Bolts" in PEARL).

Für die zeitliche Synchronisation von Tasks mit den Abläufen im technischen Prozeß können Einplanbedingungen bei der Taskvereinbarung oder bei Kommandos für die Ablaufsteuerung von Tasks angegeben werden. Z.B. kann mit dem PEARL-Kommando:

```
AT 10:00:00 ALL 5 SEC UNTIL 11:00:00 ,
WHEN INTER    ACTIVATE T;
```

festgelegt werden, daß die Task T von 10 bis 11 Uhr alle 5 Sekunden und bei Eintreffen des Interrupt INTER jeweils vom Zustand "ruhend" in den Zustand "bereit" versetzt werden soll.

Eine Zeiteinplanung (Schedule) besteht aus Startbedingungen, aus Angaben über die zyklische Wiederholung, wobei hier zwischen relativen und absoluten Zeitintervallen unterschieden werden kann, und aus Endebedingungen. Einzelne Angaben, z.B. die Endebedingungen, können fehlen. In Abb. 3 sind die möglichen Elemente eines Schedules für drei Programmiersprachen angegeben.

		HAL/S	PEARL	PROZESS-FORTRAN
Aktivierung	bei Ereignis	X	X	X
	bei Uhrzeit	X	X	X
	nach Zeitdauer	X	X	
Zyklus für	rel. Zeitintervall	X	X	X
Aktivierung	abs. Zeitintervall	X	X	
Gültigkeit einer	bis Ereignis	X		
Einplanung	bis Uhrzeit	X	X	
(Endebedingung)	innerhalb Zeitdauer	X	X	
Unterbrechung	bis Ereignis	X	X	
einer	bis Uhrzeit	X	X	
Task	nach Zeitdauer	X	X	X

Abb. 3   Zugelassene Einplanbedingungen in 3 Programmiersprachen

3. **Maßnahmen bei der Implementierung von Prozeßprogrammiersprachen zur Erhöhung der Portabilität von Automationsprogrammen**

Schon anhand des zuvor diskutierten unvollständen Maßnahmenkatalogs bei der Definition von Prozeßprogrammiersprachen läßt sich unschwer erkennen, daß die Implementierung einer umfangreichen Prozeßsprache wie z.B. von ATLAS oder von PEARL mit großem Aufwand verbunden ist. In der Tat wurden z.B. für einen Übersetzer, der einen mittelgroßen Subset von ATLAS auf BASIC übersetzt und dabei die Geräte- und Schaltwegzuordnung vollständig erledigt, von einem amerikanischen Hersteller mehrere Mannjahrzehnte aufgewandt.

Angesichts solcher Aufwandszahlen muß bezweifelt werden, ob die vom Anwenderstandpunkt her gesehen wünschenswerte Einführung von Prozeßautomatisierungssprachen mit den heute bei Prozeßrechnern üblichen Implementierungsverfahren überhaupt möglich sein wird. Bei dem großen Spektrum von Prozeßrechnertypen wird die allgemeine Einführung einer Prozeßsprache erst dann realisierbar sein, wenn für sie eine hochportable Implementierung zur Verfügung steht. An solchen Implementierungen wird z.Z. intensiv gearbeitet; erste Erfolge konnten in den vergangenen Jahren erzielt werden (z.B. /24/, /25/, /26/).

Die abstrakte Maschine als Grundlage einer einheitlichen Implementierung

Bei der Implementierung einer Prozeßsprache sind, grob gesehen, folgende vier Arbeitspakete zu erledigen:

a) Erstellung des Compilers für die Prozeßsprache

b) Erstellung des Laufzeitpakets
   Zu diesem gehören u.a. Formatprozeduren für die Standard- und ggf. Prozeß-Ein/Ausgabe, Funktionsprozeduren für die Standard-Funktionen und Prozeduren für die Laufzeitüberwachung (z.B. Index- und Referenzen-Überwachung).

c) Unterstützungssoftware
   Dazu gehört ein Test- und Bediensystem, mit dem der Programmtest auf einem mit dem Niveau der Programmiersprache vergleichbaren Niveau durchgeführt werden kann. Weiter wird ein Bindesystem benötigt, daß auch die Verträglichkeit zwischen der Deklaration und den Spezifikationen globaler Größen überprüft.

d) Anpassung oder Neuerstellung des Betriebssystems
   Für die in der Sprache vorgesehenen Aufrufe (z.B. für die Parallelprogrammierung) müssen ggf. Systemdienste im Prozeßrechner-Betriebssystem bereitgestellt werden.

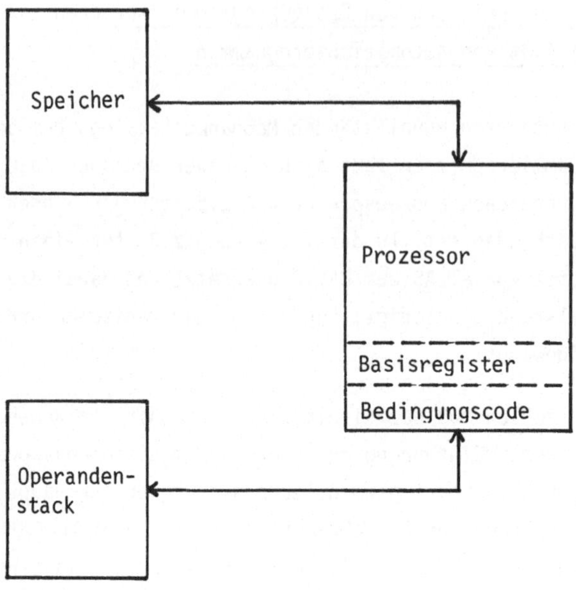

Abb. 4   CIMIC/C-Maschine

Um dieses Spektrum von Programmen in einheitlicher Weise bewältigen zu können,
bieten sich derzeit nur operative Verfahren an. Dabei hat sich in den vergangenen
Jahren eine Vorgehensweise bewährt, die an das JANUS-Konzept von W.M. Waite angelehnt ist /27/, /28/.

Grundlage für die portable Implementierung der off-line-Programme (z.B. Compiler
für Prozeßsprache,Binder) bildet die in Abb. 4 dargestellte vereinfachte JANUS-
Maschine. Sie besteht aus einem Prozessor, einem Speicher und einem Operandenstack. Im Speicher der abstrakten Maschine wird Platz für Befehle und benannte
Operanden vorgesehen. Sofern diese innerhalb von Rechenoperationen auftreten,
werden sie zuvor in den Operandenstack gebracht, wo auch unbenannte Zwischenergebnisse gespeichert werden. Der Operandenstack wird streng im LAST-IN/FIRST-OUT-
MODE betrieben. Je nach Art des Operators (monadisch oder dyadisch) wird nur auf
die oberste bzw. die beiden obersten Stackelemente zugegriffen. Das BASIS-Register
wird zur Adressierung des Speichers der abstrakten Maschine eingesetzt. Im Register
Bedingungscode wird das Vergleichsergebnis bei der Ausführung einer Vergleichsan-
weisung gespeichert. In Abhängigkeit davon kann bedingt verzweigt werden.

Für die in Abb. 4 dargestellte Maschine wurde eine einfache Assemblersprache
CIMIC/C entwickelt /29/, die mit sehr einfachen Codegeneratoren in den Assembler
oder die Binder/laderform gängiger Prozeßrechner übersetzt werden kann. In CIMIC/C
sind nur primitive Operatoren und Operanden (nur Ganzzahlen und Adressen) zugelassen.

Die Ein/Ausgabe wird über 8 maschinenabhängig zu erstellende Funktionen realisiert,
die normalerweise schon Bestandteil eines Prozeßrechnerbetriebssystems sind /30/.
Abb. 5 zeigt ein einfaches CIMIC/C-Programmbeispiel:

```
LOAD INT DISPØ $L21;        Inhalt von $L21 wird Top-Stack
ADD INT AINT 1;             Erhöhe um 1
STORE INT DISPØ $L21;       Top-Stack nach $L21
CMP(N) INT AINT 6;          Vergleiche Top-Stack mit 6
JMP LT R $L22;              Springe wenn kleiner nach $L22
```

Abb. 5   CIMIC/C-Programmbeispiel

Die Verwendung der relativ kleinen Zwischensprache CIMIC/C zur Darstellung von
off-line-Programmen bietet den Vorteil, daß sich die für die Programmentwicklung
erforderlichen Hilfsmittel relativ schnell und billig bereitstellen lassen. Dies
dürfte besonders für die indirekte Programmierung von Mikrorechensystemen von
Wichtigkeit sein. Andererseits haben die von uns in den vergangenen beiden Jahren
gewonnenen Erfahrungen mit CIMIC/C eine ausreichende Speicher- und Laufzeiteffizienz
der von dieser Schnittstelle aus generierten Maschinenprogramme gezeigt.

Bisher wurden in CIMIC/C u.a. Compiler für den PEARL-Basis-Subset und für mehrere
Subsets von IEEE ATLAS dargestellt, die an Großrechner und Prozeßrechner adaptiert
wurden (u.a. an CDC 6500 unter SCOPE 3.4, DIETZ 621, SIEMENS 404/3 und PR 330).
Die Compiler arbeiten auf den Prozeßrechnern in einem Laufbereich zwischen 40 K und
52 K Byte.

Für die Prozeßsprachen werden umfangreichere Versionen von CIMIC benötigt, die
eine Effizienzverbesserung bei der Codegenerierung ermöglichen und sprachspezifische
Teile enthalten. Aus Abb. 6 geht das Verhältnis der bisher entwickelten Zwischensprache für ATLAS und PEARL zueinander und zu CIMIC/C hervor /31/.

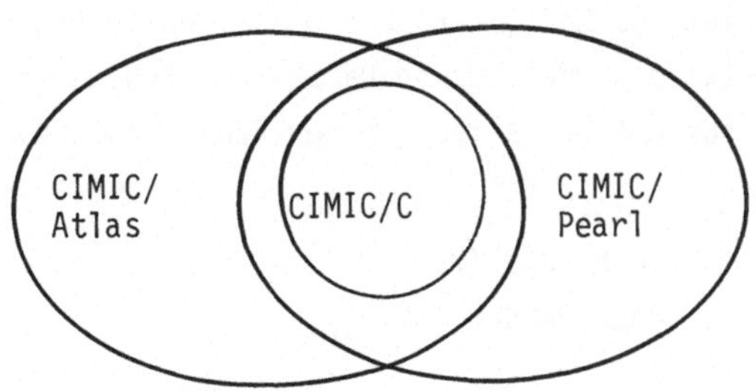

Abb. 6   Verhältnis verschiedener CIMIC-Versionen zueinander

Da vergleichbare algorithmische Sprachelemente auf den gleichen Satz von CIMIC-
Anweisungen abgebildet werden können, ist der Durchschnitt von CIMIC/Atlas und

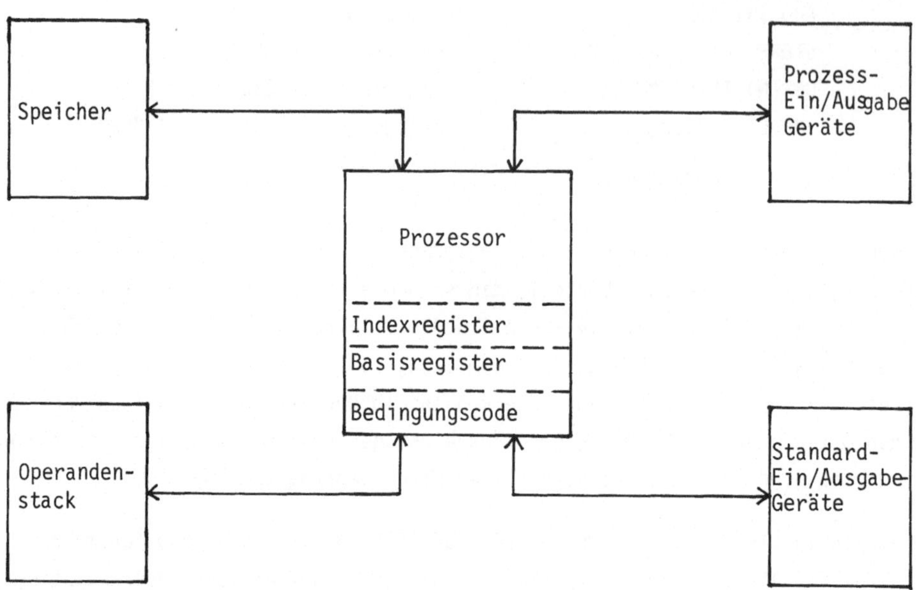

Abb. 7   CIMIC-Maschine

CIMIC/Pearl größer als CIMIC/C. CIMIC/Atlas und CIMIC/Pearl sind Assemblersprachen
für die in Abb. 7 dargestellte CIMIC-Maschine und unterscheiden sich im wesentlichen
durch Operatoren und Operandentypen für die Ein/Ausgabe, die Parallelprogrammierung
und die Synchronisation. Beispielsweise werden in CIMIC/Pearl die Datentypen
DURATION und CLOCK benötigt, da Zeitdauern und Uhrzeiten in Prozeßrechensystemen
nicht einheitlich dargestellt werden. Diese Datentypen fehlen in CIMIC/Atlas. In
Abb. 8 ist ein Beispiel für die Übersetzung einer PEARL-Taskdeklaration dargestellt.

```
T1Ø:      TASK PRIO 1Ø;
          CALL PROCED ('T1Ø');
          END;
```

Abb. 5a   Beispiel für eine Taskdeklaration in PEARL

```
TASK DISPØ $L6 PRIO 1Ø;
BLOCK 1 DISPØ;
SPACE STR.3 DISPØ $L9 S 84,49,48;
NCALL  DISPØ $L24;
NARGIS STR.3 DISPØ $L9;
NCEND  DISPØ $L24;
BLEND 1 DISPØ
TAEND  DISPØ $L6;
```

Abb. 5b   Darstellung der Taskdeklaration aus Abb. 5a in CIMIC/P.

Weiterführend Arbeiten

Während die Übertragung von off-line-Systemprogrammen und Anwenderprogrammen unter
Verwendung von Codegeneratoren für CIMIC heute schnell und problemlos ausgeführt
werden kann, sind für einen Teil der früher unter Punkt b) bis d) angeführten
Arbeitspakete noch weitere grundsätzliche Untersuchungen erforderlich.

Was die Pakete b) und c) betrifft, so handelt es sich weniger um Darstellungs-
probleme auf CIMIC-Niveau als um grundsätzliche Entwurfsfragen. Beispielsweise
sind vor der Erstellung von Standard-Funktionen in CIMIC geeignete Algorithmen
zu finden, die bei geringem Adaptionsaufwand und hinreichender Genauigkeit eine
sowohl hinsichtlich Speicherbedarf als auch hinsichtlich Laufzeit effiziente
Abbildung auf moderne Rechnerstrukturen ermöglichen. Weiter ist z.B. zu klären,
welche Teile eines Binders portabel realisiert werden können. Die hier anstehenden Fragestellungen befinden sich in Bearbeitung und dürften bis Ende 1978 in
zufriedenstellender Weise beantwortet sein.

Ob auch die Erstellung von effizienten Prozeßrechner-Betriebssystemen unter Verwendung von CIMIC möglich ist, kann derzeit nicht endgültig beantwortet werden.
Nach Arbeiten von COX /32/, der eine ähnliche Zwischensprache zur Darstellung
eines Modell-Betriebssystems verwendet, darf jedoch angenommen werden, daß auch
hier keine Probleme mit der Darstellungsmethode auftreten werden.

Literaturangaben

/1/   R. Lauber:
        Prozeßautomatisierung I,
        Springer Verlag 1976

/2/   BICEPS Summary Manual / BICEPTS Supervisory Control,
        GE Proc. Comp. Dept., A GET-3539 (1969)

/3/   Donald G. Bates: PROSPRO/1800,
        IEEE Transaction On Industrial Electronics And Control Instrumentation,
        Vol. IECI-15, no. 2, 70-75 (1968)

/4/   Official Definition Of CORAL 66,
        Inter-Establishment Committee on Computer Applications
        London Her Majesty's Stationery Office 1970

/5/   RTL/2 Language Specification
        Imperial Chemical Industries Limited 1974

/6/   LTR Programmer's Manual
        Délégation Ministerielle Pour L'Armement, Paris 1976

/7/   INDAC8, Industrial Data Acquisition and Control Language,
        Digital Equipment Corporation,Maynard Mass.

/8/   Prozeß-Automations-Sprache PAS1
        Sprachbeschreibung
        BBC System DP1000, BBC Mannheim (1971)

/9/   HAL/S Language Specifications

/10/   Système PROCOL T2000
        STERIA, Le Chesnay, France

/11/   PEARL, A Proposal For A Process- And Experiment Automation
        Realtime Language
        KFK-PDV1, GfK Karlsruhe 1973

/12/   B. Eichenauer, V. Haase, P.Holleczek, K. Kreuter, G.Müller:
        PEARL, Eine Prozeß- Und Experimentorientierte Programmiersprache
        Angewandte Informatik, 9, 363-372, (1973)

/13/   Full PEARL Language Description
        KFK-PDV 130, GfK Karlsruhe 1977

/14/   BASIC PEARL Language Description
        KFK-PDV 120, GfK Karlsruhe 1977

/15/   The HLL Team of Specialists:
        Proposal for a Recommendation for a C.C.I.T.T. High Level Programming
        Language
        C.C.I.T.T., Study Group XI, The "Blue Document", May 1977

/16/   Larry R. Dickison:
        Ground Operation Aerospace Language (GOAL)
        John F. Kennedy Space Center, Report TR-1228 and TR-1213 (1973)

/17/   IEEE/ARINC Standard ATLAS Test Language
        IEEE Std 416-1976
        New York 1976

/18/   BASIC EXAPT, Sprachbeschreibung, Bestellnr. 71.12.01
        EXAPT 1.1, Sprachbeschreibung, Bestellnr. 74.03.01
        Verein zur Förderung des EXAPT-Programmiersystems e.V. Aachen

/19/   R. Baumann und A. Schwald:
        PEARL im Vergleich mit anderen Echtzeitsprachen
        KFK-PDV 110, GfK Karlsruhe 1977

/20/   William Finch and Robert Grady:
        Allocation of ATE Resources for ATLAS, an UUT oriented Language,
        Proceedings of the Conference on Automatic Testing 1976,
        Session No. 6, 43-55

/21/   P. Holleczek:
        Das Filehandling für den "Erlanger ASME-PEARL-Subset",PDV-Entwicklungs-
        notiz PDV-E-83, GfK Karlsruhe 1976

        Programmstruktur und Laufzeitverhalten für den PEARL-Subset
        (Stufe 1) der ASME in der Zielmaschine Siemens 306 mit Hinweisen,
        PDV-Entwicklungsnotiz PDV-E-75, GfK Karlsruhe 1976

/22/   J. Bühler:
        Realisierung der PEARL-Realzeiteigenschaften auf dem Prozeßrechner
        AEG 60-10 durch Kopplung des AEG-Betriebssystems S10-02 mit einem
        neu erstellten PEARL-Betriebssystem
        PDV-Entwicklungsnotiz PDV-E-98, GfK Karlsruhe 1977

/23/   R. Baumann, B. Eichenauer, H. Hotes, F. Hofmann, J. Nehmer:
        Funktionelle Beschreibung von Prozeßrechner-Betriebssystemen,
        VDE/VDI Gründruck 1976

/24/   B. Eichenauer:
        Ein portabler Übersetzer für einen Subset der Prozeßprogrammiersprache PEARL
        Lecture Notes in Computer Science, 12, 576 - 585
        Springer Verlag 1974

/25/   B. Eichenauer:
        Implementation of a Portable ATLAS Compiler
        Proceedings of the Conference on Automatic Testing 1976,
        Session No. 6, 56-78

/26/   A. Frick:
        Implementierung und Anwendung von PEARL - erste Erfahrung -
        GI 77 Industrieprogramm

/27/   S.S. Coleman, P.C. Poole, W.M. Waite:
        The Mobile Programming System JANUS
        Software- Practice and Experiences, $\underline{4}$. 5-23 (1974)

/28/   W.M. Waite:
        Software Portability Via an Intermediate Language,
        Lecture Notes in Computer Science, $\underline{12}$, 564-575,
        Springer Verlag 1974

/29/   B.F. Eichenauer:
         Spezifikation der Zwischensprache CIMIC/C (PEARL-Compiler-Set)
         PDV-Entwicklungsnotizen PDV-E 88
         GfK Karlsruhe 1976

/30/   B.F. Eichenauer:
         PEARL-Adaptionsblatt,
         Technische Notiz GPP/14/77; GPP, München 1977

/31/   B.F. Eichenauer, R. Henn, K. Lucas, A. Zeh:
         Spezifikation von CIMIC/P (PEARL BASIS Subset)
         Technische Notiz GPP/5/77
         GPP, München 1977

/32/   George Wayne Cox:
         Portability and Adaptability in Operating System Design
         Thesis, Purdue University (1975)

IST COBOL UNSTERBLICH?

Peter Schnupp
SOFTLAB GmbH.

Zusammenfassung

Praktische Programmierung ist noch immer zu mehr als 50% COBOL-Programmierung, es folgen PL/1, Assembler und FORTRAN. Neuere Sprachen werden so gut wie nicht verwendet, allenfalls PASCAL beginnt in Anwenderkreisen langsam bekannt zu werden.

Es wird versucht, Gründe zu finden, warum sich die "besseren" neuen Sprachen gegenüber den älteren nicht durchsetzen.

1 "Lebende Sprachen" in der industriellen Programmierpraxis

Es gibt inzwischen viele hundert Programmiersprachen. Unter Informatikern sieht man viele davon als "schlecht"an. Das Kriterium für dieses Urteil ist in der Regel, wie weit die jeweilige Sprache einen guten Programmierstil unterstützt und dem Anwender eine durchsichtige, nachvollziehbare und - wenn möglich - beweisbar richtige Steuerfluß-Struktur des in ihr formulierten Programms nahelegt.

Beispiele für in diesem Sinne "schlechte" Sprachen sind COBOL, Assembler und FORTRAN, entschuldbar nur durch ihr inzwischen historisches Alter - obgleich das nicht viel jüngere ALGOL noch heute als "gut" gilt. Aber auch manche neue Sprache ist "schlecht": etwa BASIC, welches sicher noch weit unter FORTRAN einzuordnen ist, und PL/1, welches zwar eine saubere und leicht verständliche Programmierung ermöglicht, sie dem Durchschnittsprogrammierer jedoch sicher nicht nahebringt.

Meist aus ALGOL entwickelten sich aber auch zahlreiche neue, als "gut"
akzeptierte Sprachen - neben dem direkten Nachfolger ALGOL 68 etwa
PASCAL und MODULA für die allgemeine Programmierung, Implementierungs-
sprachen wie MARY, C, LIS, oder auch Sprachen, welche wie ELAN besonders auf die Schulung im algorithmischen Denken und Formulieren abgestimmt sind.

Daß diese neuen Sprachen die alten verdrängen, sollte selbstverständlich sein. Welcher praktisch arbeitende Programmierer wird bei diesem
reichen Angebot noch so töricht sein, eine schlechte Sprache zu benutzen?

Die Antwort auf diese Frage brachte eine Marktuntersuchung /INFR75/,
welche Infratest 1975 für uns bei Anwendern von Siemens- und IBM-Groß-
rechnern durchführte: *alle* ! Abb. 1 zeigt die Auswertung: es wird ausschließlich in den "schlechten" Sprachen programmiert, obwohl gerade
auf diesen häufigsten Großanlagen fast alle neueren Sprachentwicklungen
verfügbar sind. Der überragende Favorit ist noch immer COBOL, die neben
FORTRAN von der wissenschaftlichen Informatik am meisten angefeindete
Sprache.

Daß sich in den letzten beiden Jahren hier nicht viel geändert hat,
zeigt Abb. 2, eine statistische Aufschlüsselung der im November 1977
bei den aktuellen Projekten im SOFTLAB verwendeten Sprachen. Daß COBOL
hier mit einem knappen Viertel an Stelle eines guten drittels der Nennungen etwas schwächer vertreten ist, dürfte nicht an der zwischen den
beiden Untersuchungen verstrichenen Zeit sondern an der etwas untypi-
schen Verteilung der Programmieraufgaben im SOFTLAB liegen: weit mehr
als die Hälfte ist Basis-Softwareentwicklung, Prozeßrechnerprogrammie-
rung und Datenübertragung. Dies erklärt auch den hohen Anteil von PL/1
- es handelt sich hier fast ausschließlich um den Systemprogrammierungs-
Dialekt SPL.

Die einzigen Sprachen aus dem in Abb. 2 aufgeblätterten Spektrum, die
man als "moderne, gute" Sprachen im Sinne der neuen Informatik bezeichnen könnte, sind CDL2 und die PET-Prozedursprache, wobei die letztere
natürlich als ein durch Zufall in die Befragung hineingekommener Aus-

senseiter betrachtet werden muß.

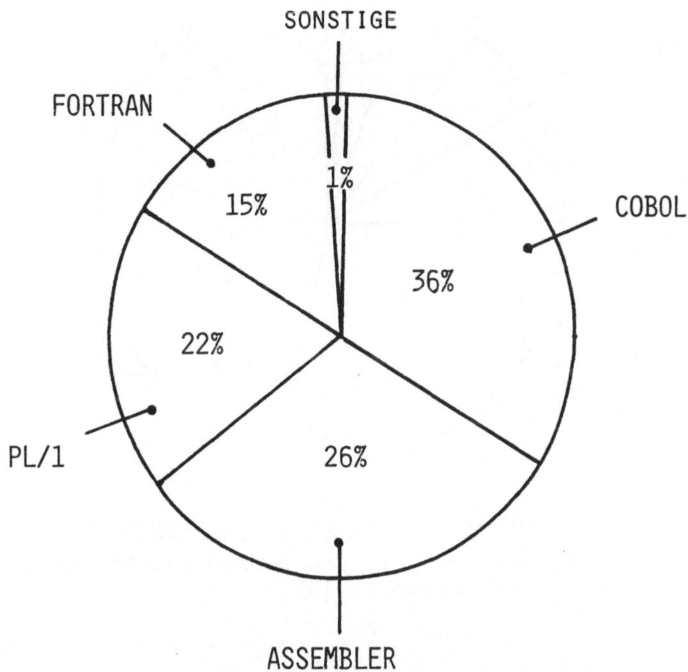

Abb. 1   Hauptprogrammiersprachen bei Großsystem-
                        Anwendern
         Quelle: Infratest-Studie /INFR75/
         (Grundgesamtheit: 99 Programmierungsleiter,
                        142 Nennungen)

Beide Befragungen lieferten also im wesentlichen das gleiche Ergebnis.
Betrachtet man - wie bei natürlichen Sprachen - eine Sprache dann als
lebendig, wenn sie im praktischen Leben verwendet wird, so sind fast
alle jungen, "guten" Programmiersprachen tot. Allenfalls einige zeigen schwache Lebenszeichen - bei PASCAL dürften sie zur Zeit am stärk-
sten sein, wenn es auch in den beiden hier angeführten Untersuchungen
nicht auftrat.

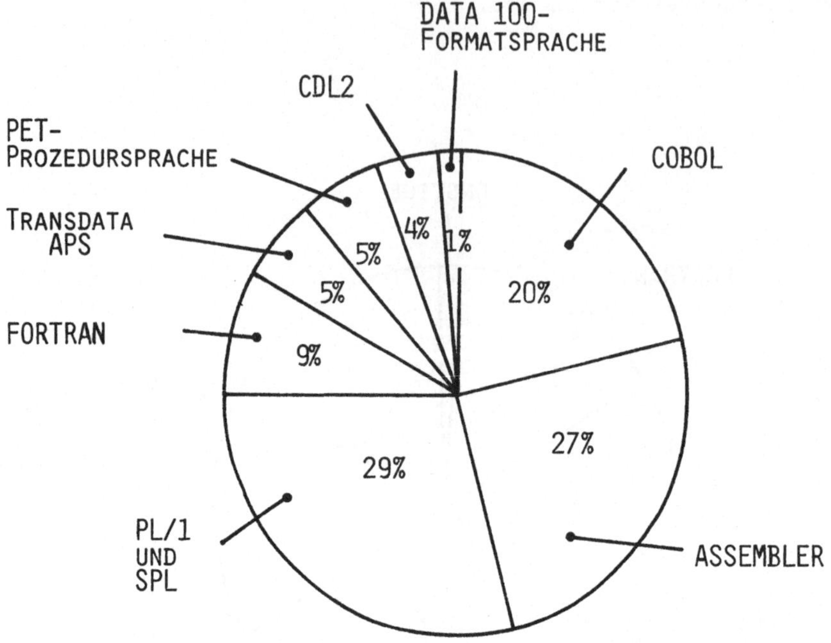

Abb. 2   <u>Im SOFTLAB verwendete Programmiersprachen</u>
(Grundgesamtheit: 70 Programmierer, 80 Nennungen.
Zeit: Anfang November 1977)

Die wirklich lebendigen Programmiersprachen sind immer noch die alten,
"schlechten"; und die gesündeste von allen ist COBOL.

2   Die Spracheinführung als Marketing-Problem

Die Situation ist absurd, unerfreulich und frustrierend. Bedenkt man
den hohen Einsatz an Zeit, Geist und Geld, welcher seit Jahren in die
Entwicklung immer besserer Programmiersprachen investiert wurde, so
sollten die entstandenen Produkte endlich auch außerhalb des Hochschul-
bereichs bekannt und praktisch genutzt werden.

Sicher gibt es Gründe für die mangelnde Akzeptanz der neuen Sprachen
in der Praxis. Die großen Hersteller werden häufig genannt, welche be-

wußt "eigene" Sprachen wie PL/1 forcieren und aus verschiedenen Gründen den anderen, neuen Entwicklungen feindlich gegenüberstehen würden.

Daß dieses Argument kaum stichhaltig ist, zeigt der Erfolg von BASIC,
einer neuen Sprache, die sich ohne jede Herstellerunterstützung vor
allem im Kleinrechnerbereich durchgesetzt hat, obwohl sie vielleicht
zu den "schlechtesten" überhaupt gehört.

Eine weitere, überzeugendere Begründung für den Wettbewerbsnachteil
einer jungen Sprache - und überhaupt eines jüngeren Softwareprodukts
- gegen ältere Konkurrenten ist das *Haufen-Gleichnis*: wenn zwei gleich-
große Teams die Aufgabe haben, einen hohen Erdhaufen aufzuwerfen, und
das eine beginnt bereits mit einem akzeptablen Haufen, so wird das andere sicher nur sehr schwer das erste einholen oder gar übertref-
fen. Und daß COBOL, FORTRAN und Assembler "akzeptable Haufen" von be-
trächtlicher Höhe sind, kann niemand leugnen ...

Aber auch hier zeigt der Erfolg von BASIC, daß selbst eine vom Null-
punkt beginnende Sprachentwicklung konkurrenzfähig sein kann. Sie muß
nur eine, irgendeine existierende Marktlücke füllen.

Marktlücke freilich ist weder in der Informatik noch in der EDV-Praxis
ein eingeführter Fachbegriff.

Könnte es sein, daß gerade dies der wichtigste Grund für das Versagen
praktisch aller neuen Sprachentwicklungen im breiten Markt der "Konsum-
programmierung" ist? Daß zwar viel über die technische Konstruktion
des Produktes *Programmiersprache* nachgedacht wird, nicht aber über seinen "Vertrieb"?

Kommt man als Techniker zufällig in eine Versammlung von Werbe- oder
Marketing-Fachleuten, so erlebt man - wie oft bei Kontakten zwischen
Angehörigen verschiedener Professionen - auffallende Diskrepanzen in
der Semantik bestimmter Fachausdrücke. Ein typisches Beispiel ist das
Wort *Produktentwicklung*. Für den Marketing-Fachmann ist ein Produkt
dann *entwickelt*, wenn es seine feste, eingeführte Stelle im Markt hat.

Daß dafür auch rein technische Planungs- und Realisierungsaufgaben durchgeführt werden müssen, ist selbstverständlich, aber keineswegs die Hauptsache. Die beiden Eckpfeiler der Produktentwicklung sind für ihn die Erforschung der *Marktbedürfnisse* auf der einen und die *Vermarktung* auf der anderen Seite.

Und Produktentwicklung in diesem Sinne betrieb auf dem Gebiet der Programmiersprachen bis jetzt allenfalls IBM mit PL/1 und APL ...

Vielleicht sollte man das Problem der Nichtakzeptanz der neuen Programmiersprachen einmal so angehen, wie es auf einer Tagung von Vertriebsspezialisten behandelt würde:

(1) Die Produktgruppe *neue Programmiersprachen* kann sich gegenüber der alteingeführten Konkurrenz nicht durchsetzen.

(2) Dies ist der Fall, obgleich nach Meinung aller technischen Fachleute die neuen Produkte besser sind als die alten.

(3) Also handelt es sich offensichtlich um Mängel im Produktmarketing, welche erfahrungsgemäß

- in den Persönlichkeitsstrukturen der Benutzer,
- in einer schlechten Anpassung an die aktuellen Benutzerbedürfnisse,
- in den Gebrauchseigenschaften der Produkte selbst oder
- in der Vertriebsunterstützung

liegen können (wobei das *oder* selbstverständlich inklusiv zu verstehen ist).

3 Akzeptanzprobleme im Benutzer

Häufig wird offenbar von Sprachentwicklern übersehen, daß der Programmentwickler in der Industrie und bei EDV-Anwendern kein Informatiker, kein Mathematiker und meist sogar noch nicht einmal ein Naturwissenschaftler ist. Deshalb liegt ihm oft das Denken in Algorithmen ferner als das in statischen Strukturen, vor allem Datenstrukturen und deren Transformationen. Das gilt vor allem in der kommerziellen Datenverarbeitung, wo die zu behandelnden Probleme in der Regel komplizierte Datenbasen, jedoch nur sehr einfache Verarbeitungsalgorithmen erfordern.

Dies erklärt den Erfolg strukturorientierter Sprachen und Programmiermethoden, seien es nun Entscheidungstabellen, Datenbank-Sprachen, RPGs und NPGs, oder auch der *Jackson-Methode* zur syntaxorientierten Entwicklung des Programms aus den Datenstrukturen /JACK75/. Und es erklärt teilweise die starke Stellung von COBOL, welches unter den älteren Sprachen die ausgefeiltesten sprachlichen Mittel zur Beschreibung von Datenbasen zur Verfügung stellt und darin auch nur von wenigen modernen Sprachen übertroffen wird.

Daß COBOL für die Steuerflußbeschreibung keine Blockstruktur und einen sehr primitiven Prozedur-Mechanismus besitzt, wird dagegen von den meisten Anwendern nur als kleiner Nachteil empfunden: die Verwaltung eines Stacks oder gar die Rekursion sind ohnehin den meisten Anwendungsprogrammierern zumindest keine alltäglichen Begriffe.

Was bei der Entwicklung neuer Programmiersprachen offenbar häufig versäumt wird ist etwas, was jeder ordentliche Anwendungsplaner inzwischen als selbstverständlichen Teil der Problemanalyse empfindet: die Erforschung und exakte Definition eines *Benutzermodells* mit einer möglichst genauen Beschreibung der Aufgaben, Wünsche, Fähigkeiten, Vorlieben und Arbeitsweisen der künftigen Anwender.

4 Akzeptanzprobleme in den Benutzerbedürfnissen

Wie immer die Benutzer eines Produktes aussehen und welche Vorbildung,
Kenntnisse und Fähigkeiten sie haben mögen - eines haben sie sicher
gemeinsam. Sie sind Menschen. Und fast alle Menschen, von einigen extrem unsteten Forschernaturen abgesehen, haben *eine* Eigenschaft: sie
sind nur dann bereit, die Mühen und Risiken einer Umstellung auf neue
"Konsumgewohnheiten" auf sich zu nehmen, wenn sie vom neuen Produkt
eine nennenswerte Verbesserung in Bezug auf die gerade am drückendsten
empfundenen Unzulänglichkeiten erhoffen. Andernfalls sind die Produkte
"am Markt vorbeientwickelt" und haben nicht die geringste Aussicht, in
nennenswertem Umfang überhaupt zur Kenntnis genommen zu werden - es
sei denn, das Bedürfnis wird durch massive Werbung angeheizt, was sich
auf dem Gebiet des *Programmiersprachen-Marketings* sicher nicht empfiehlt
und auch kaum durchführbar wäre.

Daß die neueren Programmiersprachen fast nicht zur Kenntnis genommen
werden, ist jedem, der viel mit Anwendungspraktikern verkehrt, offensichtlich. Also liegt der Verdacht nahe, daß ihre Vorteile gegenüber
den alten als nicht sehr wesentlich empfunden werden.

Welche Vorteile werden denn für die neueren Sprachen propagiert? Es
ist primär die bessere Eignung für die *strukturierte Programmierung*
im engeren Sinne, die Möglichkeit, in ihnen die logische Ablaufstruk-
tur eines Algorithmus klarer und problemnäher zu codieren als in COBOL
oder FORTRAN. Manche Anwender halten dies aber nicht einmal für sinnvoll /ATKI77/, und kaum einer glaubt, daß dadurch die Programmproduk-
tion nennenswert verbessert wird.

Abb. 3 beweist dies an Hand von Ergebnissen einer Umfrage bei amerikanischen Großanwendern /HOLT77/. Auf den fünf Abszissen-Abschnitten ist
jeweils abgetragen, wieviele der befragten Anwender überhaupt eine
Auswirkung der strukturierten Programmierung auf das betreffende Ent-
wicklungsziel zu erkennen glaubten. Die Ordinate gibt die durchschnitt-
liche Einschätzung ihrer Effektivität zum Erreichen dieses Ziels zwischen *nicht* (=0) und *sehr* (=3) an. Wären alle Anwender der Überzeugung
gewesen, daß die strukturierte Programmierung "sehr" zum Erreichen

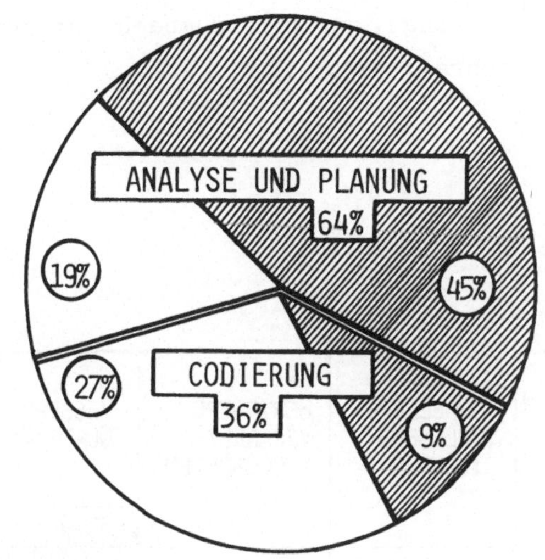

Abb. 5   Ursachenverteilung der Fehler in
Systemen

Nach Abb. 3 bringen die strukturierte Programmierung und dann wohl
auch die sie unterstützenden Programmiersprachen noch den meisten Ef-
fekt in der Qualitätserhöhung und Wartungserleichterung. Und die Wartung ist nach Abb. 4 sogar der wichtigste Kostenfaktor. Durch bessere
Produktqualität die vielen Fehler zu vermeiden, die in der Wartung
mühsam gesucht und behoben werden müssen - das ist das zentrale Problem des Software-Praktikers.

Hierbei können gute, moderne Sprachen sicher eine Hilfe sein. Die Frage ist nur, wieviel sie helfen.

Abb. 5 schlüsselt die Fehler in Softwareprodukten nach ihren Ursachen
auf. Und da zeigt es sich, daß von den während der Wartung zu finden-
den, in der Abbildung schraffiert gezeichneten Fehlern nur ein Sechstel Codierungsfehler sind, welche bei der Programmierung in einer
besseren Sprache vielleicht vermieden worden wären oder zumindest besser zu finden sind.

eines der Teilziele beiträgt, so wäre demnach der zugehörige Kasten
in der Graphik voll schraffiert.

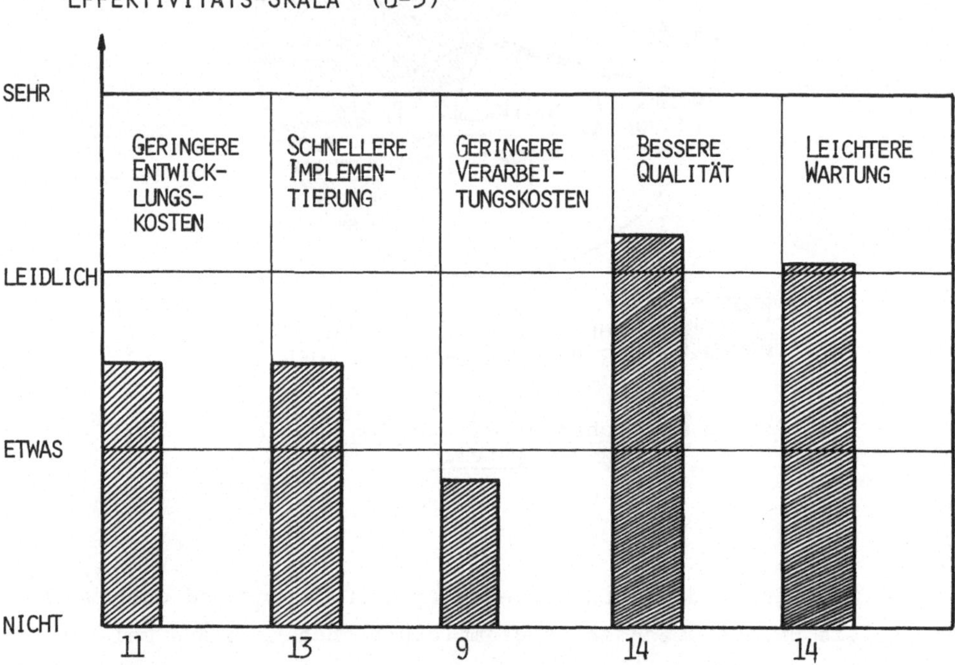

Abb. 3 Geschätzte Auswirkungen der strukturierten Programmierung
auf die entstehende Software nach /HOLT77/

*)Basis: 33 kommerzielle Installationen. Davon hatten nur
14 überhaupt Erfahrung mit strukturierter Programmierung!

Ein Blick auf die Abbildung zeigt, wie wenig überzeugt die Anwender
vom praktischen Nutzen der strukturierten Programmierung tatsächlich
sind. Ist es da zu verwundern , daß ihre Unterstützung durch eine
Programmiersprache kaum jemand ernstlich interessiert?

Welche Probleme zur Zeit den Softwareentwickler in der Praxis wirklich drücken, zeigt eine Analyse der Abbildungen 4 und 5. Beide stellen Daten aus einer Untersuchung der Kostenstruktur typischer Anwen-

dungssoftware zusammen /ROSS76/.

ANALYSE UND PLANUNG	35%
CODIERUNG, KOMPONENTENTEST	20%
INTEGRATIONSTEST UND INSTALLATION	45%

WARTUNG,

PFLEGE,

ERWEITERUNG

=

2 - 4 FACHE

ENTWICKLUNGSKOSTEN

Abb. 4   Verteilung der Kosten eines typischen
Anwendungs-Programm-Systems

Nur etwa 4 bis 8% des Gesamtaufwands entfallen nach Abb. 4 auf die
Codierung und den Komponententest - denjenigen Teil des Softwareent-
wicklungsprozesses, welchen die Wahl der Programmiersprache primär
zum besseren oder schlechteren beeinflußt. Lohnt es sich wirklich,
darüber viel nachzudenken?

Freilich, diese Argumentation ist ein wenig oberflächlich.

Fünf Sechstel des Fehlerbehebungsaufwands in der Wartung hat ihre Ursache in einer Softwareentwicklungsphase, in welcher die gewählte Programmiersprache allenfalls als Entwurfssprache eine Nebenrolle spielen könnte und in der gegenwärtigen Anwendungspraxis völlig bedeutungslos ist: in der Analyse und Planung!

Hier findet der Softwarepraktiker so gut wie gar keine Unterstützung in den angebotenen Sprachen - vermutlich ist dies gerade der Grund für den desolaten Zustand dieser Programmentwicklungsphase. Und hier wird auch jeder der meist graphischen Ansätze zu einer formalisierten Analyse- und Planungssprache gierig aufgenommen, seien es nun HIPOS, *strukturierte Analyse* /ROSS77/, Entscheidungstabellen, *Interaktionsdiagramme* /DENE77/ oder Struktogramme /NASS73/. Leider stammt auf dem Gebiet der Ausdrucksmittel und Sprachen für Analyse und Planung nur wenig aus der Informatikforschung, die sich unverständlicherweise völlig auf die eigentlichen "Programmiersprachen" zur Umsetzung des analysierten und grob geplanten Problems in das ablauffähige Maschinenprogramm beschränkt.

Und die damit - wie gesagt - an den Benutzerbedürfnissen weitgehend vorbeiproduziert ...

5 Akzeptanzprobleme im Produkt

Selbst wenn die neueren Programmiersprachen einwandfrei besser wären als die alten, wäre somit ihre breite Durchsetzung in Folge des zu geringen Bedürfnisses bei den prospektiven Anwendern nicht ganz einfach. Oft werden jedoch bei ihrem Entwurf Entscheidungen getroffen, die vielleicht für ihre Anwendung in wissenschaftlichen Instituten Vorteile bringen, vom Standpunkt des Praktikers in der industriellen Softwareproduktion jedoch als grobe Designfehler gewertet werden müssen und ihre Vorteile gegenüber den älteren Entwicklungen zumindest teilweise wieder aufheben.

Einige Beispiele aus ALGOL 68 mögen dies zeigen.

Eine der Grundforderungen für die Zusammenarbeit in einem Programmier-
team ist, daß jeder Mitarbeiter mühelos die Programme jedes anderen
lesen kann. Daraus folgt die Forderung nach einer *kleinen* Sprache :
ein logischer Sachverhalt sollte auf eine und nur eine Weise aus-
drückbar sein. PASCAL kommt diesen Ideal ziemlich nahe - sicher auch
ein Grund für seine relativ große Beliebtheit. Dagegen verstößt
ALGOL 68 grob gegen diese Forderung: so können etwa das *goto* weggelassen und Kommentare in *comment*, *co*, ¢ oder # eingeschlossen werden.

Umgekehrt sollte ein Symbol immer das gleiche bedeuten, und an COBOL
und PL/1 wird mit recht kritisiert, daß das Gleichheitszeichen sowohl
die Zuweisung als auch den logischen Gleichheits-Operator bedeuten
kann. Dies ist aber vergleichsweise harmlos gegen den Gebrauch der
Klammern in ALGOL 68, welche neben den gewohnten Funktionen in arith-
metischen Ausdrücken und zur Abgrenzung einer Parameterliste je nach
dem Kontext auch für ein *begin* oder ein *if* stehen können. Wenn in einem ALGOL 68-Lehrbuch steht, daß man sich daran schnell gewöhnt, so
mag dies für den Einzelprogrammierer gelten, es ist aber absurd für
den Leiter eines 20-Mann-Projekts.

Auch die Erweiterbarkeit von ALGOL 68 ist ein Konzept, welches dem
Entwickler größerer Programmsysteme keineswegs sympathisch ist. Es
ist schon schwer genug, ein größeres Team zur Einhaltung von Konven-
tionen zu bringen. Die Vorstellung, daß sich jeder Programmierer je-
derzeit willkürlich etwa eine eigene Multiplikation irgendwelcher
beliebiger Datenobjekte definieren kann, ist für den Praktiker in der
industriellen Softwareentwicklung erschreckend. Eine neue "multipli-
kationsähnliche" Operation - möge sie auch noch so sinnvoll und plau-
sibel sein - ist ein neues prozedurales Objekt und muß mit eigenem
Namen als Prozedur oder Makro eingeführt werden. Sie *darf* sich nicht
hinter dem unverdächtigen Multiplikationszeichen verstecken - der zusätzliche Wartungsaufwand, den einige derartige Fallen in ein größeres Softwareprodukt hereinschleppen können, läßt sich durch hundert
geniale Ideen im Sprachentwurf nicht ausgleichen.

6 Akzeptanzprobleme in der Vertriebsunterstützung

Gleichgültig, wie gut eine Programmiersprache ist - sie braucht ebenso wie jedes andere Produkt eine *Vertriebsunterstützung*. Dazu gehören

- Prospekte, Beschreibungen, Gebrauchsanleitungen,
- Referenzen und Benutzungsbeispiele.

In beiden Punkten mangelt es bei neuen Sprachentwicklungen. Die Literatur besteht oft nur aus der Sprachbeschreibung, manchmal überhaupt nur aus der formalen Definition der Syntax und Semantik, welche für 90% der praktisch arbeitenden Programmierer unverständlich ist. Und wenn es sich dann gar noch um eine mehrstufige Grammatik handelt, wie etwa im Falle von ALGOL 68, steigt dieser Prozentsatz sicher auf 99%!

Das wäre vielleicht nicht so schlimm. Denn kaum ein Programmierer erlernt in der Praxis eine Sprache aus dem Manual oder gar der formalen Beschreibung. Der Praktiker läßt sie sich von einem Kollegen erklären oder absolviert eine kurze Schulung, und greift dann zu Programmlisten, die er durchliest und - zumindest am Anfang seiner Bemühung um die neue Sprache - ausschnittsweise abwandelt und kopiert. In dem vielleicht klügsten Aufsatz, der bis jetzt über Programmiersprachen geschrieben wurde /NAUR75/, beklagt *Naur* den Mangel an programmiersprachlicher Literatur, und zwar nicht Literatur *über* Sprachen sondern *in* ihnen. Vor allem in den neueren Sprachen beschränkt sie sich oft auf die *8 Damen* und die *Türme von Hanoi*. Sammlungen echter Programme existieren allenfalls in älteren Sprachen und in PL/1 (vgl. etwa /KERN74/). Und wenn, wie *Naur* bemerkt, es noch keinen Shakespeare in der Programmliteratur gibt, so existiert in COBOL doch wenigstens Karl May ...

7 Sprachentwicklung für den "Massenmarkt"

Um die alten Sprachen nicht nur in einzelnen Forschungsprojekten, sondern auf dem breiten Markt der Anwendungsprogrammierung zu verdrängen, müssen neue Sprachentwicklungen nicht nur besser sein son-

dern auch als besser empfunden werden. Da man in COBOL, FORTRAN und
Assembler durchaus gut programmieren kann, ist das letztere nur durch
das zu erreichen, was im Marketing *Zusatznutzen* genannt wird: neue
Sprachentwicklungen müssen mehr sein als konventionelle Programmiersprachen. Sie müssen dem Programmierer helfen, Software zu entwickeln
und nicht nur zu kodieren.

Und industrielle Softwareentwicklung ist weit mehr als die eigentli-
che Formulierung des Programms, ob strukturiert oder unstrukturiert.
Das zeigte schon Abb. 4. Es ist eine ständige Auseinandersetzung in
einem komplexen Problemfeld, das die - zugegebenermaßen dem Marx'schen
Viereck nachempfundene - Abb. 6 zeigt. Für die Formulierung jeder der
Wechselbeziehungen zwischen

- Programmentwickler,
- Aufgabe,
- Auftraggeber und
- Zielrechner

werden sprachliche Mittel und Darstellungsmethoden benötigt - nicht
nur zur Abbildung der Aufgabe auf dem Zielrechner.

Solange die Programmiersprachen-Entwickler sich ausschließlich mit
dieser relativ kleinen Teilaufgabe beschäftigen, wird COBOL unsterb-
lich sein. COBOL ist bekannt, überall implementiert und gar nicht so
schlecht, wie manche Ästheten es machen möchten.

Sprachen oder Sprachfamilien, die es ablösen möchten, müssen nicht
nur mindestens ebenso gut sein - wobei gut hier nicht nur im Sinne
der Ablaufstrukturierung verstanden werden soll, sondern auch die

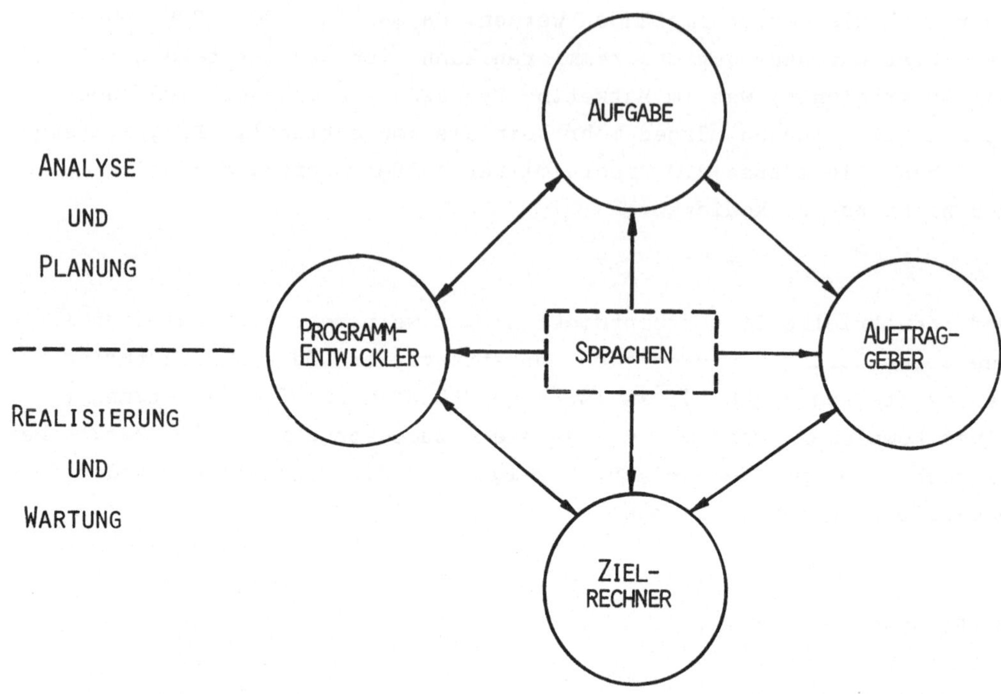

Abb. 6   Das "Marx-sche Viereck" des Programm-Entwicklers

Datenstrukturierung, das Datenmodell für die Ein/Ausgabe und die Integration in das Betriebssystem umfaßt. Sie müssen vor allem auch die
Planung und Analyse unterstützen: die Durchdringung und Formulierung
der eigentlichen Aufgabe und ihre Diskussion mit dem Auftraggeber.
Daß PASCAL bisher als einzige neuere Sprache von Praktikern überhaupt
wahrgenommen wird, dürfte daran liegen, daß es genau diesen "Zusatznutzen" bringt. Es ist zur Zeit die beste Planungs- und Entwurfssprache. Vielleicht kann ihr ELAN in diesen Punkten den Rang ablaufen.
Aber dazu gehört noch viel Marketing ...

Literatur

ATKI77   G.Atkinson, "The non-desirability of structured programming
         in user languages", Sigplan Notices 12 (July 1977), S. 43

DENE77   E.Denert, "Specification and design of dialogue systems with
         state diagrams", Int. Comp. Symposium (ICS), Liege (5.-7.
         April 1977), S. 417

HOLT77   J.B.Holton, "Are the new programming techniques being used?",
         Datamation 23 (July 1977), S. 97

INFR75   "Der Bedarf an interaktiven Programmiersystemen", Infratest
         Wirtschaftsforschung, München (1975)

JACK75   M.A.Jackson, "Principles of program design", A.P.I.C. Studies
         in Data Processing 12, Academic Press, London (1975)

KERN74   B.W. Kernighan, P.J.Plauger, "The elements of programming
         style", Mc Graw-Hill, New York (1974)

NASS73   I.Nassi, B. Shneidermann, "Flow chart techniques for struc-
         tured programming", Sigplan Notices 8 (1973), S. 12

NAUR75   P.Naur, "Programming languages, natural languages, and
         mathematics", CACM 18 (1975), S. 676

ROSS76   D.T. Ross, "Homilies for humble standards", CACM 19 (1976),
         S. 595

ROSS77   D.T. Ross, "Structured analysis (SA): a language for com-
         municating ideas", IEEE Trans. Software Eng. SE-3 (Jan.
         1977), S. 16

<u>Vergleichende Betrachtung modularer Sprachkonzepte</u>

Helmut Balzert
Universität Kaiserslautern

Zusammenfassung

Als wichtiges Strukturierungsmittel für das "Programmieren im Großen"
wird die Modularisierung - oft in Verbindung mit der Datenabstraktion -
angesehen. Ein Modul wird als kontextunabhängige Systemkomponente angesehen, die eine Funktion erledigt oder eine Datenabstraktion bereitstellt, durch eine Schnittstellenbeschreibung definiert ist, geringe
Querbezüge zu anderen Moduln besitzt, als Arbeitseinheit dient und im
Umfang handlich, überschaubar und verständlich ist. Die Sprachkonzep-
tionen MIL 75 [De Remer/Kron], BALG [Goos], SLAN und CDL2 [Koster],
CLU [Liskov], Alphard [Wulf/London/Shaw] und MODULA [Wirth] werden beschrieben und verglichen. Es zeigt sich, daß die Vorstellungen über
modulare Sprachkonzepte noch divergent sind.

Stichworte

Modularisierung, Modul, Datenabstraktion, Programmieren im Großen, kooperative Programmierung, Software-Engineering, Spezifikationen, Schnittstellenbeschreibung, modulare Sprachkonzepte, MIL, BALG, SLAN, CDL2, CLU,
Alphard, MODULA.

1. Einleitung

Die Probleme, die bei der Entwicklung von komplexen Softwaresystemen ent-
stehen [Baker], [Boehm 76], [Brinch Hansen 73], [Brown 74], [De Remer/
Kron 74], [Hiemann 74], [Parnas 74b], [Scheidig 75], [Schnupp/Floyd 76],
[Schuchmann 75], [Stay 76], [Wedekind 73], [Wulf et al. 76], u.a. führten
zu verschiedenen Sprachkonzepten, die das "Programmieren im Großen"
[De Remer/Kron 74] bzw. die "Kooperative Programmierung" [Parnas 74b],
[Schnupp/Floyd 76] unterstützen. Als wichtige <u>Strukturierungsmittel</u> für
das "Programmieren im Großen" kristallisieren sich die <u>Hierarchisierung</u>
und <u>Modularisierung</u> - oft verbunden mit der <u>Datenabstraktion</u> - von Pro-
blembeschreibungen heraus. Viele in letzter Zeit entstandene Sprachkonzepte enthalten "modulare" Sprachelemente. Im folgenden werden die Ziele
der Modularisierung bzw. des modularen Programmierens und der Begriff
des Moduls näher untersucht und eine Definition vorgeschlagen. In den
sich anschließenden Abschnitten werden sieben verschiedene Sprachkonzep-
tionen in bezug auf ihre modularen Sprachelemente charakterisiert und
vergleichend dargestellt. Im Anhang sind Beispiele dieser Sprachen aufgeführt.

2. Modularität und Moduln

Modularität und Moduln werden sehr unterschiedlich definiert; entsprechend verschieden sind auch die entwickelten Konzeptionen. Die vorge-

---

Die Arbeit wurde im Rahmen der Forschungsgruppe PROGRAMMIERSPRACHEN UND
COMPILER erstellt.

schlagenen Konzepte definieren z.T. eine Systemprogrammiersprache,
geben Methoden für den Systementwicklungsprozeß an, betrachten Modularisierung als Systemstrukturierungsmittel, wobei z.T. die Hierarchiebildung durch die Modularisierung entsteht, sehen in Moduln nur Untersysteme mit bestimmten Eigenschaften oder betrachten Moduln als Er-
gänzung des Blockkonzepts. Die Ziele der Modularisierung bzw. des modularen Programmierens, die in der jeweiligen Literatur angegeben werden, sind in Tabelle 1 zusammengestellt. Wie die Tabelle zeigt, decken
sich viele Ziele der Modularisierung mit den Forderungen an Software-
Produkte (Korrektheit und Zuverlässigkeit, Strukturierung, Einfachheit,
Stabilität, Wartbarkeit, Allgemeingültigkeit). Bei den meisten Autoren
wird besonderer Wert auf die Verbesserung der Systementwicklungseffi-
zienz und der Arbeitsorganisation gelegt. Wie diese Ziele erreicht werden sollen, zeigt sich an den Eigenschaften, die von den Moduln verlangt werden, die sich aus der Modularisierung ergeben. Die Eigenschaften eines Moduls, die die einzelnen Autoren fordern, sind in Tabelle 2
zusammengefaßt.

Der Begriff des Moduls hat sich im Laufe der Zeit gewandelt. Zunächst
wurde versucht die angestrebten Ziele der Modularisierung durch geeignete Verwendung der "klassischen" Programmiersprachen zu erreichen
(ein Modul ist ein Unterprogramm, kann gerufen werden und kann andere
Moduln rufen, hat einen Ein- und einen Ausgang, kommuniziert über Parameter). Es setzte sich jedoch die Erkenntnis durch, daß die angestrebten Ziele mit den bisherigen Programmiersprachen nicht in der geeigneten Weise erreicht werden können.

Beeinflußt durch Arbeiten auf dem Gebiet der Datenabstraktion entsteht
ein Modulbegriff, der Algorithmen bzw. Algorithmen und Datenstrukturen
zu einer Einheit zusammenfaßt. Ein Modul ist damit dann nicht mehr iden-
tisch mit einem Unterprogramm, die Zerlegung in Moduln spiegelt nicht
mehr die Aufrufstruktur wieder. Folgende Definition erscheint sinnvoll:

Ein <u>Modul</u> ist ein <u>Untersystem</u>, das folgende Eigenschaften besitzt:

1. Bereitstellung einer Funktion (die Elemente des Moduls sind funktio-
   nell gebunden) oder einer Datenabstraktion (Datenstruktur und zugehörige Zugriffsfunktionen).
2. Kontextunabhängigkeit (logisch in sich abgeschlossen, Inneres von
   außen unsichtbar, black box). Die Kontextunabhängigkeit beinhaltet,
   daß der Modul von der Modulumgebung unabhängig
   2.1 entwickelbar,
   2.2 übersetzbar,
   2.3 testbar bzw. verifizierbar,
   2.4 wartbar,
   2.5 verständlich ist.
3. Spezifizierung durch Schnittstellenbeschreibung (zur Modulumgebung
   hin nur Schnittstellen sichtbar)
4. Niedrige Schnittstellenkomplexität (minimale Querbezüge)

Tabelle 1

Ziele der Modularisierung bzw. des modularen Programmierens

	Cohen 72	May-nard 72	Dennis 72	CCA 73	Wede-kind 73	Parnas 71-74	Ste-vens 74	Goos 74-76	De Remer 74-76	Koster 74-76	Wulf et al. 76	Cheval et al. 77	Wirth 77	Liskov 76-77
1.Verbesserung der Programmzuverlässigkeit bzw. Programmqualität		x	x	x	x		x		x	x	x	x		x
2.Verbesserung der Systementwicklungseffizienz (Erhöhte Produktivität,Reduktion der Kosten, verkürzte Entwicklungszeit)		x	x	x		x	x	x			x			x
3.Verbesserter Programmentwurf		x		x			x				x	x		
4.Leichterer Test (getrennte Modultests,einfacherer Integrationstest)	x			x	x	x								
5.Effizientere Wartung		x		x		x					x			x
6.Reduktion der Systemkomplexität durch Bildung einfacher Moduln	x						x				(x)			
7.Erleichterung der Arbeitsorganisation (bessere Arbeitsaufteilung, grössere Arbeitsflexibilität,besserer Personaleinsatz)		x			x	x								
8.Verbesserte Standardisierung, (Moduln können mehrfach eingesetzt werden)		x	x				x					x		
9.Bessere Systemstrukturierung					x				x			x		
1o.Bessere Systemverständlichkeit					x	x								x
11.Erhöhte Systemflexibilität					x	x	x				x	x		x
12.Einführung von Abstraktionsebenen								(x)	(x)	x	x		(x)	x
13.Leichteres Codieren	x													
14.Bessere Arbeitszeitplanung	x													
15.Bessere Arbeitskontrolle	x													
16.Geringerer Maschinenzeit-und Speicherbedarf	x													

(x) = trifft nur z.T. zu bzw. keine eindeutige Aussage

Eigenschaften eines Moduls

Tabelle 2

Ein Modul ...	Cohen 72	Maynard 72	Dennis 72	CCA 73	Wedekind 73	Parnas 71-74	Stevens 74	Goos 74-76	De Remer 74-76	Köster 74-76	Wulf et al. 76	Cheval et al. 77	Wirth 77	Liskov 76-77
1. ist kontextunabhängig (black-box; Inneres von außen unsichtbar)	x		x	x	x	x	x	x		x	x	x	x	x
2. wird nur durch seine Schnittstelle nach außen definiert								x		x		x	x	
3. ist in sich (logisch) abgeschlossen	x			x				x						x
4. löst eine einfache logische Aufgabe (logisches Teilproblem, logische Funktion)	x	x		x				x						
5. ist funktionell gebunden							x							
6. besitzt niedrige Schnittstellenkomplexität (minimale Querbezüge)			x			x	x							x
7. ist klein, handlich, leicht überblickbar und leicht verständlich	≈2oo COBOL-Anw.	x		<1oo CO-BOL-Anw.			≈3o Anw.		ein bis mehr. Seiten					x
8. kann unabhängig von der Modulumgebung getestet werden bzw. auf Richtigkeit überprüft werden.		x	x	x	x	x		x		x	x			
9. ist getrennt übersetzbar		x		x				x	x	(x)		x		x
1o. ist eine Arbeitseinheit für 1 Programmierer bzw. 1 Programmteam					x		x							
11. ist allgemein gehalten, so daß er in verschiedenen Zusammenhängen verwendet werden kann.			x				x				(x)			
12. kann eine Datenstruktur mit Zugriffsalgorithmen bereitstellen						(x)		x		x	x	x	x	x
13. ist getrennt von der Modulumgebung entwickelbar (siehe auch 1)							x				x			x
14. ist getrennt von der Modulumgebung wartbar (siehe auch 1)							x							
15. ist gegen einen anderen austauschbar					x		x					x		
16. kann in einer anderen Sprache geschrieben sein als andere Moduln									x					
17. kann andere Moduln enthalten (rekursive Definition)								x		(x)	x		x	
18. ist eine Einheit (definiert Objekte, benutzt Objekte) oder eine Sammlung von Einheiten											x			
19. ist ein Unterprogramm	x						x							x
2o. kann für sich allein existieren		x												
21. hat wenig Verarbeitungspfade		x												
22. verarbeitet nur kleine Datenmengen		x												
23. kann gerufen werden und kann andere Moduln rufen				x										
24. hat einen Ein- und einen Ausgang	x	x		x										
25. hat eine Standardschnittstelle				x										
26. existiert in Hierarchien	x	x		x				(x)	x					
27. besteht vollständig aus Moduln				x										
28. ist unabhängig von der Modulumgebung codierbar				x										
29. kommuniziert über Parameter				x										x
3o. ist rekursiv aufrufbar				x										

(x)= trifft nur z.T. zu bzw. keine eindeutige Aussage

5. Arbeitseinheit
6. Im qualitativen und quantitativen Umfang handlich, überschaubar
   und verständlich.

Diese Definition macht im wesentliche inhaltliche Aussagen über einen
Modul. Offen ist wie die Eigenschaften beim Systementwicklungsprozeß
und in einer Programmiersprache realisiert werden. Die Vorschläge, wie
man von einem gestellten Problem zu einer Systemunterteilung in Moduln
gelangt, sind sehr unterschiedlich. Manche Autoren beschreiben ausführ-
lich den Systementwicklungsprozeß, der zu einer geeigneten Aufteilung
führt [Maynard], [Stevens], [De Remer], [Liskov], andere Autoren postu-
lieren nur Moduleigenschaften, machen aber keine Aussagen darüber, wie
man zu Moduln mit diesen Eigenschaften kommt [Goos], [Koster], [Wirth].
Unterschiedlich sind auch die Auffassungen darüber, wie die Moduln zum
Gesamtsystem zusammengesetzt werden. Bei manchen Autoren entsteht eine
Systemhierarchie durch die Modulaufteilung selbst (z.B. bei [Goos]),
andere betonen, daß die Hierarchiebildung und die Aufteilung in Moduln
voneinander unabhängig ist ([Parnas 74a], [Habermann et al. 76]). Die
Kriterien für die Modularisierung bzw. die Gesichtspunkte und die Reihenfolge nach der Systeme in Moduln unterteilt werden, sind noch sehr
divergent. Unter Modularisierung wird oft der gesamte Systementwicklungsprozeß verstanden. Da durch die Bildung von Moduln nur ein Teil-
aspekt der Software-Produktion und der Forderungen an das fertige Software-Produkt abgedeckt wird, erscheint folgende Definition sinnvoll:

Modularisierung bezeichnet die Berücksichtigung der Aspekte beim Systementwicklungsprozeß, die zur Bildung von Moduln nötig sind.

In den folgenden Abschnitten werden sieben modulare Sprachkonzepte vorgestellt.

3. MIL 75 von [De Remer/Kron]

Nach [De Remer/Kron] läßt sich eine Systementwicklung in drei logisch
voneinander getrennte Vorgänge aufteilen; für jeden Vorgang sollte eine
Programmiersprache zur Verfügung stehen. Folgende Sprachen sind nötig:
1. MIL: Module interconnection language
2. MSL: Module-subsystem specification language
3. LPS: Language for programming in the small.
Die vorgeschlagene Konzeption befaßt sich mit Punkt 1.

Konzeption

Eine MIL dient zum Zusammenfügen von Moduln zu einem integrierten Ganzen und zur Bereitstellung eines Überblicks über ein gegebenes System
(Ein Modul ist ein Segment LPS-Code, das ein oder mehrere benannte

Resourcen definiert). Der Überblick soll die Intentionen der Programmierer wiedergeben und durch einen Compiler auf Konsistenz geprüft werden können. Durch die explizite, kompakte und formale Beschreibung der Systemstruktur wird die Zuverlässigkeit erhöht.

Eigenschaften von MIL 75

MIL besteht im wesentlichen aus Namen: den Namen der Resourcen, die ein Modul bereitstellt; den Namen der Moduln selbst und den Namen der Untersysteme oder Systeme, die diese Moduln enthalten. Ein MIL 75-Programm beantwortet die Frage, wer wen innerhalb einer Sammlung von Moduln kennt; es definiert den Gültigkeitsbereich der Namensdefinitionen zwischen den Modul- und Untersystemgrenzen.

a. Systemhierarchie

Während der Systementwicklung entsteht eine <u>Baumstruktur</u> als <u>organisatorische Hierarchie</u> (Hierarchie zur (Projekt-) Organisation oder zum Systementwurf [Balzert 77]). Dieser <u>Systembaum</u> zeigt die hierarchischen Beziehungen zwischen Systemen und Untersystemen. Die Zerlegung in einen Baum erfolgt so, daß jeder Knoten letztlich einen intellektuell handhabbaren Teil des Gesamtproblems umfaßt (die Relation R, die zur Bildung der Hierarchie führt, lautet: $R : x_j$ <u>ist Teilproblem</u> von x_i).
Für jedes Untersystem ist ein Entwerfer verantwortlich.

b. Bereitgestellte und hergeleitete Resourcen

Die nächsten Entscheidungen betreffen die <u>Funktion</u> jedes Untersystems. Eine Funktion kann durch die Resourcen, die sie benutzt und bereitstellt, beschrieben werden. Letztlich müssen alle Resourcen von LPS-Moduln bereitgestellt werden. Beim top-down-Vorgehen meldet jeder Entwerfer eines Untersystems p die Menge der Resourcen, die p bereitstellt. Diese können entweder direkt von einem LPS-Modul stammen, der an den p-Knoten angehängt wird(siehe unten) oder sie müssen von den Kindern von p stammen. Der Entwerfer muß festlegen, welche Resourcen jedes Kind q von p bereitstellen muß. Diese Anweisung spezifiziert die gewünschte Funktion von q. Die Resourcen, die p von seinen Kindern verlangt, sind hergeleitete Resourcen: (q)······▸(p)
p darf diese Resourcen an seine eigenen Eltern weiterreichen. Jede Resource kann durch "read only" oder "write only" qualifiziert werden.

c. Zugriffserlaubnis

Die Eltern (d.h. die Entwerfer) können Interaktionen zwischen den Geschwistern erlauben: (a)◂——(b) R: b <u>hat Zugriff auf Resource von</u> a. Zugriffsrechte sind <u>nicht transitiv</u>. Die Unterstruktur der Geschwister

ist gegenseitig nicht sichtbar. Die Zugriffspfade ergeben einen <u>gerich-
teten Graphen</u>. Die Eltern könen gegenseitige Rekursionen zwischen Resourcen der Kinder erlauben.

Ein Kind <u>erbt</u> in der Regel (by default) alle Zugriffsrechte, die auch
die Eltern besitzen. Alternativ können Eltern einem Kind keine oder
eine explizit spezifizierte Untermenge der eigenen Zugriffsrechte be-
willigen.

Die Eltern haben Zugriff auf die Resourcen, die sie von jedem ihrer
Kinder verlangen. Alle Nachkommen der Kinder sind jedoch für die Eltern
unsichtbar. Dadurch entstehen <u>Schichten von virtuellen Maschinen</u>, mit
den priviligiertesten Untersystemen am Boden. Durch das Vererben des
Zugriffs ergibt sich eine <u>baumförmige geordnete Menge von Schichten</u>.

d. Modulanordnung

In den Systembaum werden Moduln plaziert:
- mit jedem Blatt des Baumes muß ein Modul verbunden werden.
- ein Modul, der mit einem Nicht-Blatt s verbunden ist, dient als
  Driver oder Monitor des Untersystems s. s muß alle Resourcen definieren, die von s bereitgestellt, aber nicht von einem Untersystem
  von s geliefert werden.
- ein Nicht-Blatt ohne Wurzelmodul dient nur als strukturelle Einheit.

e. Ursprung und Gebrauch von Resourcen.

Für jeden Modul m an einem Knoten gibt es zwei Anweisungen in MIL:
(1) die <u>Ursprungsanweisung</u>, eine Liste von Resourcen, die in m defi-
    niert sind, und
(2) eine <u>Benutzungsanweisung</u>, eine Liste von Resourcen, die in m be-
    nutzt, aber nicht definiert sind.
Der Compiler muß die aktuelle Benutzung der Resourcen durch den Modul
m überprüfen und sicherstellen, daß die Zugriffsrechte zu s eingehalten
und daß jede Resource entweder von den Kindern von s oder von m selbst
bereitgestellt wird. Der Compiler ist nun in der Lage die Benutzungs-
verbindungen (usage links) herzuleiten.
Ein vollständiges MIL-Programm besteht aus einer Sequenz von Ein-Ebe-
nen-Systembeschreibungen. Jede kann allein oder mit anderen (re-) com-
piliert werden.

Kommentar

Bei dem Ansatz von [De Remer/Kron] werden mehrere - meist hierarchische -
Strukturen übereinandergelagert. MIL 75 integriert die Programmentwicklung in den Systementwicklungsprozeß. Der System-Baum - vom Ansatz her
eine organisatorische Hierarchie - bleibt als statische Hierarchie wei-

ter bestehen, d.h. der Systementwicklungsprozeß wird mit dokumentiert. Funktionen werden durch Resourcen beschrieben, die bereitgestellt bzw. hergeleitet werden müssen. Ein subtiler Mechanismus wird zur expliziten und impliziten Steuerung des Zugriffs auf Resourcen benutzt. Moduln werden im Systembaum plaziert. An Moduln werden keine Anforderungen gestellt. Zusammengefaßt läßt sich sagen, daß die Konzeption von MIL auf einer gründlichen Analyse des Systementwicklungsprozesses beruht, daß durch MIL die Systementwicklung frühzeitig formal beschrieben werden kann und daß ausreichende Systemstrukturierungsmittel zur Verfügung gestellt werden.

4. BALG von [Goos]

Benutzt man die logische Dreiteilung von [De Remer/Kron] in MIL, MSL und LPS, dann umfaßt die Konzeption von [Goos] MSL und LPS (als Einheit). Die Systemstrukturierung die bei [De Remer/Kron] durch MIL vorgenommen wird, erfolgt bei [Goos] durch eine Baumstruktur. Die Konzeption ordnet sich in die "klassischen" Systemprogrammiersprachen ein in dem Sinne, daß Systemsoftware entwickelt werden soll.

Konzeption
BALG (Basis Algorthmic Language) "muss als ein Schritt auf dem Wege zu wirtschaftlicheren und technisch befriedigenderen Hilfsmitteln der Programmkonstruktion betrachtet werden" [Goos 75, S.1]. Ansätze für BALG finden sich in SIMULA und PASCAL.

Eigenschaften von BALG
Jedes BALG-Programm besteht aus einer Schnittstellenbeschreibung und einem Programmodul bei dem es sich entweder um eine Prozedur oder einen Strukturmodul handelt. Der Rumpf eines Programmoduls kann aus dem Wortsymbol inner bestehen - der Programmodul ist dann woanders definiert. Ein BALG-Programm kann sowohl als Einheit übersetzt werden, als auch aus mehreren getrennt übersetzten Programmen zusammengefügt werden.

a. Eigenschaften eines Moduls

Moduln sind logisch in sich abgeschlossene und zusammenhängende Programmeinheiten (funktionale Modularität). Der interne Aufbau eines Moduls als auch seine externe Verwendung hängen lediglich von einer genau zu definierenden Schnittstelle ab. Moduln können aus noch kleineren Moduln zusammengesetzt sein (Schachtelung, ergibt Baumstruktur).
Es werden Prozeduren und Strukturmoduln unterschieden.
Prozeduren sind Moduln, die einen einzelnen Algorithmus wiedergeben (ALGOL-ähnliches Prozedurkonzept).

<u>Strukturmoduln</u> sind Moduln, die eine Datenstruktur evtl. zusammen mit Zugriffsprozeduren erklären (<u>Datenabstraktion</u>). Aufrufe von Strukturmoduln sind nur in Form von <u>Strukturvereinbarungen</u> möglich. Ein Aufruf ergibt einen Verbund, der aus den lokalen Größen dieses Moduls besteht (<u>Struktur</u> genannt). Die <u>Struktur</u> existiert bis zum Verlassen des Blocks, der die Strukturvereinbarung enthält. In diesem Zeitraum können Operationen mit der Struktur ausgeführt werden, d.h. die Datenstruktur kann durch Aufrufe der lokalen Prozeduren <u>aktiviert</u> werden. Strukturmoduln können mit einem Datentyp parametrisiert werden. Durch eine solche Parametrisierung erhält man <u>Strukturkonstruktoren</u>, das sind Strukturmoduln, deren Aufbau weitgehend unabhängig vom Typ der Elemente der resultierenden Datenstrukturen ist. In einem Modul kann man Objekte eines formalen Datentyps bilden, zuweisen oder als Prozedurergebnisse abgeben. Weitere Operationen sind nicht zulässig.

<u>b. Schnittstellenbeschreibung</u>

Moduln können ineinander geschachtelt werden. Globale Größen sind in innenliegenden Moduln i.a. unzugänglich; sie werden nur zugänglich, wenn sie explizit als externe Größen in einer Schnittstellenbeschreibung für den Modul aufgeführt sind. Umgekehrt können Namen lokaler Grössen eines Strukturmoduls nur dann außerhalb des Moduls benutzt werden, wenn sie als Eingänge des Moduls in der Schnittstellenbeschreibung genannt sind. Aus Gründen der Praktikabilität kann bei Moduln, die im Kontext ihrer Umgebung übersetzt werden, die Spezifikation der externen Größen weggelassen werden. Dagegen muß bei getrennter Übersetzung die Schnittstellenbeschreibung zweimal angegeben werden, einmal im Text der Umgebung des Moduls und zweitens im Vorspann des Moduls. Diese Doppelspezifikation ermöglicht dem Übersetzer die Prüfung der Konsistenz der beiden Angaben. Durch die Schnittstellenbeschreibung kann außerdem das Zugriffsrecht auf Variable eingeschränkt werden (variabel, unveränderlich, unzugänglich).

<u>Kommentar</u>

Mit der Konzeption von BALG lassen sich Moduln beschreiben, die der Definition in Abschnitt 2 weitgehend entsprechen. Die Möglichkeiten der Systemhierarchisierung sind jedoch auf die "klassische" Baumstruktur beschränkt. [Koster 76], [De Remer/Kron] und [Wirth 77] zeigen jedoch, daß die Baumstruktur zur optimalen Strukturierung von Systemen nicht ausreicht. Im Bereich der Datenabstraktion enthält BALG weitreichende Ansätze. Der Gültigkeitsbereich globaler Größen kann eingeschränkt werden. Jedoch können globale Größen prinzipiell nur von oben nach unten, d.h. vom umfassenden Modul zum eingeschlossenen Modul weitergegeben werden (<u>gerichtete Baumstruktur</u> mit $R:x_j$ <u>hat Zugriff auf</u> x_i; statische und dynamische Hierarchie).

5. SLAN von [Koster]

Ähnlich wie BALG umfaßt die Konzeption von [Koster] MSL und LPS (als Einheit). Die Systemstrukturierung erfolgt implizit durch die Reihenfolge der Moduln.

Konzeption

SLAN ist eine Familie von Programmiersprachen, die aus vier in der Komplexität zunehmenden Programmiersprachen besteht (Ebene 4: <u>S</u>ystem <u>La</u>nguage). Die vier Sprachen sind abwärts kompatibel und erfüllen verschiedene Zwecke.[1]

Eigenschaften von SLAN

a. Pakete

Ein SLAN-Programm besteht aus einer Folge von Moduln, die Pakete genannt werden. Eines dieser Pakete (das letzte niedergeschriebene) ist dadurch ausgezeichnet, daß von ihm aus die Ausführung des gesamten Programms gestartet wird (main packet). Pakete kommunizieren untereinander über fest definierte <u>Schnittstellen</u>. Die <u>Kommunikation</u> besteht in der gegenseitigen Benutzung von <u>Algorithmen</u>, <u>Typen</u>, <u>Operatoren</u> und <u>Konstanten</u>. Von Paketen bereitgestellte Größen können nur von <u>nachfolgenden Paketen</u> benutzt werden [Bartling et al. 76] (strikt geordnete Menge von Schichten mit $R:x_i$ <u>benutzt bereitgestellte Größen</u> <u>von</u> x_j). Prozeduren, die sich indirekt rufen, müssen daher in einem Paket liegen. Jede Abstraktionsebene entspricht einem Paket. Die Einhaltung der genauen Reihenfolge der Pakete ist wesentlich. Pakete können <u>nicht</u> ineinander geschachtelt werden. Variable können von einem Paket nicht nach außen zur Verfügung gestellt werden (nur Konstante). Variable können nur durch Prozeduren oder Operatoren über Paketgrenzen hinweg verändert werden.

b. Algorithmen (Prozeduren) und Operatoren

Algorithmen-Definitionen sind die Grundbausteine jedes Pakets. Jeder Algorithmus definiert seinen eigenen Datenraum (lokal), der in den Datenraum des Pakets (global) eingebettet ist. Eine weitere Schachtelung von Datenräumen ist nicht möglich. Operator-Definitionen haben die gleiche Struktur.

---

1) Die Schulsprache ELAN, die in die Sprachfamilie SLAN eingebettet ist, ist exakt definiert und implementiert. Eigenschaften, die für SLAN noch nicht festliegen, wurden aus ELAN-Unterlagen entnommen.

Globale Größen in einem Paket sind nur innerhalb des Pakets zugreifbar, existieren jedoch für die Laufzeit des ganzen Programms.

c. Schnittstelle eines Pakets

Die Schnittstelle eines Pakets (zur Außenwelt) wird ausschließlich beschrieben durch die _defines_-Liste, die alle die Namen von Prozeduren, Operatoren, Datentypen und Konstanten aufzählt, die das Paket zur Anwendung außerhalb bereitstellt.

d. Paket-Bibliotheken und generische Identifikation

Es werden keine externen Prozeduren, sondern Pakete in Paketbibliotheken abgelegt. Prozeduren, die in einem Programm aufgerufen, aber nicht vereinbart sind, werden bei der Übersetzung in der Paketbibliothek gesucht und in das Programm hineingenommen. Es ist zulässig, daß mehrere Prozeduren den gleichen Namen besitzen. Dann ist allerdings notwendig, daß sie sich wenigstens in der Anzahl der Parameter oder den Typattributen der Parameter unterscheiden. Es erfolgt eine generische Identifikation.

e. Ausführung eines Programms

Ein Programm wird durch die Ausführung des 'main packets' abgearbeitet. Werden bei der Elaboration dieses Paketes Objekte anderer Pakete benutzt, so werden diese Pakete _genau einmal_ bei der _ersten_ Benutzung (Initialisierung usw.) eines Objekts aus dem entsprechenden Paket ausgeführt.

Kommentar

Bei SLAN handelt es sich um ein Konzept, das primär die Datenabstraktion und nur bedingt die modulare Programmierung unterstützt. Insbesondere fehlen Beschreibungsmöglichkeiten für die übergeordnete Systemstruktur. Zur Benutzung eines Moduls genügt nicht die Kenntnis der Modulschnittstelle (_defines_-Liste); dort wird nur angegeben, welche Größen der Modul nach außen zur Verfügung stellt, aber nicht welche Größen er von außen benutzt. Diese Kenntnis ist jedoch erforderlich, um zu wissen, welche anderen Moduln noch zum System gehören bzw. in den Bibliotheken vorhanden sein müssen. In der _defines_-Liste stehen nicht alle Angaben, die man benötigt, um die bereitgestellten Größen von außen zu benutzen (z.B. Prozedurparameter). Wenn aber die Feinstruktur eines Moduls nach außen unsichtbar sein soll, dann muß die Schnittstellenbeschreibung sowohl vollständig sein (bereitgestellte und benutzte Größen) als auch an einer Stelle stehen (Prinzip der Lokalität).

6. CDL2 von [Koster]

In CDL2 (Compiler Description Language) wird ein Programm als eine abstrakte Maschine angesehen, die aus Schichten von Einheiten (units) besteht. Es wird von folgendem Modell der Modularität ausgegangen: Einheiten bzw. Moduln innerhalb einer Schicht benötigen Zugriff zu der unmittelbar vorangehenden Schicht sowie zu anderen Einheiten und Daten innerhalb der Schicht. Das Modell der Modularität basiert auf dem Unterschied zwischen vertikalen Abstraktionsschnittstellen und horizontalen Ausdehnungsschnittstellen. Aufgabe der Schnittstellen ist es, die Sichtbarkeit von Objekten präzise zu begrenzen. Zwischen Schichten - in Richtung der Abstraktion - wird eine strikte Hierarchie erzwungen; in Richtung der Ausdehnung sind weniger strenge Restriktionen für die Sichtbarkeit erforderlich.

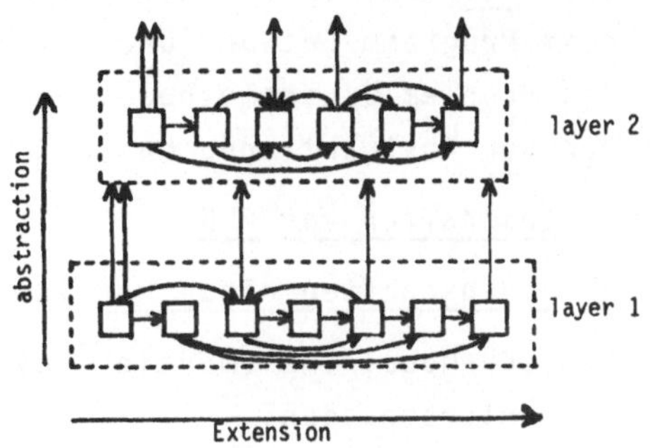

[Koster 76, S. 184]

Schnittstellen

Zwischen den Schnittstellen können folgende Größen ausgetauscht werden:

Abstraktionsschnittstelle vertikal	Ausdehnungsschnittstelle horizontal
1) Algorithmen	Algorithmen
2) Konstanten	Konstanten
3) -	Variable

Unterschiede zu SLAN

Innerhalb einer Schicht befinden sich Moduln, in SLAN Prozeduren. Moduln innerhalb einer Schicht verkehren über Schnittstellen; in SLAN innerhalb eines Pakets klassisches Konzept, jedoch keine statische Prozedurschachtelung. In SLAN transitive Ordnungsrelation zwischen den Schichten, in CDL nicht transitiv.

Kommentar

Ein Modul wird als Einheit angesehen, die Objekte definiert und Objekte benutzt. Eine Modulstrukturierung geschieht durch die Relation R:x_i sieht x_j. Die Sichtbarkeit wird als Verallgemeinerung der Gültigkeitsregeln aufgefaßt und zum alleinigen Strukturierungskriterium gemacht. Die Beschreibung der übergeordneten Systemstruktur ist nicht möglich. Es fragt sich, ob die nicht-transitive Ordnungsrelation zwischen den

Schichten für unterschiedliche Problembereiche realistisch ist
([De Remer/Kron] kommen zu anderen Strukturen). Erhält man immer eindeutige Abstraktionsebenen?

7. CLU von [Liskov]

Die Konzeption von CLU umfaßt im wesentlichen das Programmieren von
Moduln.

Konzeption

CLU (cluster) unterstützt strukturiertes Programmieren und Modularität
beim Programm-Entwurf und bei der Implementierung. Ausgangspunkt ist
die Problemlösungsmethode, bei der die Problemzerlegung auf dem Erkennen von Abstraktionen basiert.

Eigenschaften von CLU

a. Eigenschaften eines Moduls

Ein CLU-Modul implementiert eine Abstraktion. Es werden zwei Modul-Ar-
ten unterschieden:
- Prozeduren, die die abstrakten Operationen bereitstellen.
- Clusters, die die abstrakten Datentypen ermöglichen
  (Datentypen und zugehörige Zugriffsoperationen)
Innerhalb eines Moduls kann eine Block-Struktur verwendet werden. Moduln
können jedoch nicht ineinander geschachtelt werden. In Moduln werden
nur lokale Variablen benutzt, auf die von außerhalb nicht zugegriffen
werden kann. Die Kommunikation zwischen Moduln geschieht durch Ein- und
Ausgabeparameter.
Moduln können getrennt übersetzt werden.
CLU-Objekte existieren unabhängig von Prozedur-Aktivierungen. Theore-
tisch besteht die Lebensdauer aller Objekte während der gesamten Laufzeit.

b. Eigenschaften eines "clusters"

Eine "cluster"-Definition besteht aus drei Teilen:
1. Die Schnittstellenbeschreibung beinhaltet den "cluster"-Namen und
   eine Liste der Operationen, die den Datentyp definieren. Ein Datentyp wird äquivalent zu einer Gruppe von Operationen angesehen.
2. Die Objektbeschreibung legt die interne Repräsentation für die Datenobjekte fest; sie ist außerhalb des "clusters" nicht sichtbar.
3. Die Operationsdefinitionen stellen die Implementationen der zuläs-
   sigen Operationen auf dem Datentyp bereit. Sie entsprechen Proze-
   durdefinitionen, außer daß die Operationskörper Zugriff auf die Repräsentation des Datenobjekts haben. Operationen sind keine Moduln;
   sie dürfen nur als Teile eines "clusters" geschrieben werden.

"clusters" müssen explizit kreiert werden z.B. durch Aufruf einer Initialisierungsoperation (Parallele: Strukturvereinbarung in BALG). Abstrakte Objekte können als Parameter übergeben werden. "clusters" können mit einem Datentyp parametrisiert werden (Parallele: Strukturkonstruktoren in BALG). Die Operationen, die für den parametrisierten Datentyp vorhanden sein müssen, werden gesondert aufgeführt (Erweiterung gegenüber BALG).

c. Die CLU-Bibliothek

Die CLU-Bibliothek enthält Informationen über die Abstraktionen und stellt bereits definierte Abstraktionen für die weitere Programmentwicklung zur Verfügung. Für jede Abstraktion gibt es eine Beschreibungs-Einheit, die die systemrelevanten Informationen über die jeweilige Abstraktion enthält (Schnittstellenspezifikation für die Typüberprüfung, Parameterangaben usw.).
Eine Abstraktion wird in die Bibliothek aufgenommen, wenn die Schnittstellenspezifikation vorliegt, die Implementierung ist noch nicht erforderlich. Da jede Benutzung und auch Implementation gegenüber der Schnittstellenspezifikation geprüft wird, kann die aktuelle Auswahl der Implementation bis zur Ausführung aufgeschoben werden.

Kommentar

CLU unterstützt in ähnlicher Weise wie BALG die Datenabstraktion (parametrisierte "clusters"). Die Schnittstellenbeschreibung entspricht weitgehend SLAN. Es wird nur aufgeführt, was bereitgestellt wird, nicht das was benutzt wird. Ebenso wie in SLAN ist die Schnittstellenbeschreibung nicht vollständig, da die Parameter erst bei den Operationen aufgeführt sind. Die Moduleigenschaften werden daher nur z.T. erfüllt. Objekte mit globalem Gültigkeitsbereich gibt es nicht; das Innere von Moduln ist nach außen unsichtbar. Eine explizite Beschreibung der Systemstruktur gibt es nicht; das CLU-Bibliotheksystem stellt die Verbindungen zwischen den Moduln her.

8. Alphard von [Wulf/London/Shaw]

Ähnlich wie BALG und SLAN umfaßt die Konzeption von Alphard MSL und LPS (als Einheit). Eine Systemstrukturierung erfolgt in Anlehnung an das ALGOL-Blockkonzept.

Konzeption

In Alphard wird versucht, eine Einheit zwischen Programmierungsmethodik und Programmverifikation herzustellen. Syntax und Semantik sind der verwendeten Verifikationstechnik angepaßt. Die wichtigste Eigenschaft der Sprache ist die Fähigkeit, die Benutzung einer Abstraktion (form) von

der Definition und damit auch von der Implementierung zu trennen.
Eine "form" entspricht einem Strukturmodul in BALG oder einem "cluster"
in CLU. Jede "form" wird für sich verifiziert.

Eigenschaften von Alphard

Eine "form" besteht aus 3 Teilen. Der 1. Teil umfaßt die Spezifikationen, die das externe Verhalten der "form" für den Bentuzer formal beschreiben. Anhand dieser Beschreibung kann die "form" benutzt werden,
ohne daß Kenntnisse der Implementierung, die im 2. und 3. Teil beschrieben ist, nötig sind. Von außerhalb kann nur auf die Teile einer "form"
zugegriffen werden, die in den Spezifikationen zur Verfügung gestellt
werden. Formen können ineinander geschachtelt werden. Die Gültigkeitsregeln in Alphard sind ALGOL-ähnlich mit zwei Ausnahmen:

1. Nur die Namen, die im Spezifikationsteil einer "form" erscheinen,
   können außerhalb der "form" benutzt werden.
2. Nur "form"-Namen befolgen die übliche Block-Struktur-Konvention.
   Innerhalb einer "form" sind nur solche Variablen, die außerhalb
   einer "form" definiert sind, zugreifbar, die durch Parameter übergeben werden.

Diese Regeln stellen sicher, daß jede Abhängigkeit einer "form" von
ihrer Umgebung explizit durch die Parameterliste ausgewiesen ist. Die
Verifikation von Alphard-Programmen erfolgt parallel zur Programmzer-
legung.

Die <u>Spezifikationen</u> beschreiben das abstrakte Verhalten der "form".
Im Gegensatz zu den anderen beschriebenen Konzepten wird zu den Funktionen im Spezifikationsteil auch die Wirkung durch <u>pre</u> und <u>post</u> formal
beschrieben. Anhand der Spezifikationen ist nicht erkennbar, welche
anderen Abstraktionen, d.h. "forms", verwendet werden. Unter dem Gesichtspunkt der Modularisierung sind die Spezifikationen daher nicht
vollständig.

Die <u>Repräsentation</u> definiert die konkrete Datenstruktur, die zur Ob-
jektimplementierung benutzt wird. Außerdem werden bestimmte Eigenschaften festgelegt.

Die <u>Implementation</u> enthält die Körper der Prozeduren. Repräsentation
und Implementation erfolgen mit Termen von abstrakten Objekten und
Operationen einer niedrigeren Ebene.

Der Beweis eines jeden Programms, das eine Abstraktion benutzt, wird
von dem Beweis der Repräsentation und Implementation dieser Abstraktion
getrennt.

Kommentar

In der Grundkonzeption entspricht eine "form" in Alphard einem Strukturmodul in BALG bzw. einem "cluster" in CLU, von der Motivation her

steht Alphard den Ansätzen von SLAN und CDL nahe (Bereitstellung einer
Abstraktion). Im Gegensatz zu allen anderen Ansätzen steht im Mittelpunkt die Verifikation einer "form"; es fragt sich, ob für den normalen
Programmierer die vorliegende Spezifikationsformulierung erlernbar ist.
Die Möglichkeiten der Systemstrukturierung sind nicht ausreichend (Anlehnung an ALGOL-Block-Konzeption). Zur Systementwicklung (Aufteilungs-
kriterien usw.) werden keine konkreten Aussagen gemacht.

9. MODULA von [Wirth]

MODULA (<u>Modu</u>lar programming <u>lan</u>guage) ist eine Programmiersprache für
kleine Maschinen. Sie basiert auf PASCAL und enthält neue Konzepte für
modularen Entwurf, Multiprogramming und "device operation".

Konzeption
Zusätzlich zur konventionellen Block-Struktur wird eine Modul-Struktur
eingeführt. Der Programmierer hat eine genaue Kontrolle über die Namen,
die von der Umgebung des Moduls benutzt werden (importierte Objekte)
und die der Umgebung des Moduls zur Verfügung gestellt werden (exportierte Objekte).

Eigenschaften von MODULA

a. Moduln
Moduln bestehen aus Konstanten-, Typen-, Variablen- und Prozedur-Ver-
einbarungen. Sie können im Vereinbarungsteil des Hauptprogramms oder
im Vereinbarungsteil von Prozeduren deklariert und auch geschachtelt
werden.

b. Schnittstelle eines Moduls
Ein Modulkopf enthält eine "<u>define-list</u>", in der alle Modulobjekte, auf
die außerhalb des Moduls zugegriffen werden kann bzw. die außerhalb des
Moduls sichtbar sind, aufgeführt sind. Steht ein Typ auf der "define-
list", dann wird nur sein Name, aber nicht seine strukturellen Details
exportiert. Auf Variablen eines solchen Typs kann nur über ebenfalls
exportierte Prozeduren desselben Moduls zugegriffen werden. Exportierte
Variable können nur innerhalb des Moduls, in dem sie lokal sind, verändert werden, d.h. sie erscheinen nach außen als "read-only"-Variable.
In einer "<u>use-list</u>" werden alle Objekte angegeben, die außerhalb des
Moduls deklariert sind und innerhalb sichtbar sein sollen.

c. Lebensdauer und Gültigkeit
Die Objekte eines Moduls beginnen zu existieren, wenn die Prozedur aufgerufen wird, in der der Modul vereinbart ist. Ein Modul bestimmt also
nicht die Lebensdauer seiner lokalen Objekte. Er legt nur einen neuen

Gültigkeitsbereich fest. Die Lebensdauer der Modulobjekte endet, wenn die Prozedur, in dersich der Modul befindet, ausgeführt ist. Die Anweisungsfolge, die in einem Modulkörper steht, wird ausgeführt, wenn die Prozedur zu der der Modul lokal ist, aufgerufen wird. Sind mehrere Moduln deklariert, dann werden die Körper in der Reihenfolge ausgeführt, in der die Moduln erscheinen. Die Modulkörper dienen zur Initialisierung lokaler Variablen.

<u>Kommentar</u>

Ein Modul in MODULA hat eine und nur eine Funktion, nämlich einen statischen Gültigkeitsbereich für Bezeichner festzulegen, dessen Sichtbarkeitsgrenze durch den Programmierer gesteuert werden kann [Wirth 77b]. Da i.a. nur eine Instanz eines Moduls benötigt wird, wird bewußt auf die Möglichkeit verzichtet, Moduln wie in BALG, CLU und Alphard zunächst zu definieren und anschließend zu vereinbaren. Auch ist eine Parametrisierung von Moduln nicht möglich. Gewisse Parallelen zu BALG sind vorhanden (Lebensdauer, Gültigkeit). Da die Zielsetzung für die Sprachkomponente "Modul" sehr speziell ist, sind nur geringe Übereinstimmungen mit der in Abschnitt 2 angegebenen Definition vorhanden.

10. Zusammenfassung

Den behandelten modularen Sprachkonzepten liegen z.T. sehr unterschiedliche Zielvorstellungen und Motivationen zugrunde. Dementsprechend verschieden sind auch die Sprachkonstruktionen, die zur Realisierung von "Moduln" vorgeschlagen werden. Tabelle 3 zeigt zusammenfassend nochmals die wesentlichen Eigenschaften der behandelten Sprachkonzepte. Wesentlich für den Vergleich sind die Systemstrukturierungsmöglichkeiten, die Moduleigenschaften und die Art der Datenabstraktion.

MIL berücksichtigt am konsequentesten den Systementwicklungsprozeß und die industrielle Softwareproduktion. Eine praxisorientierte Reihenfolge der Entwurfsentscheidungen wird nahegelegt. Unterschiedliche Hierarchien und die impliziten und expliziten Sichtbarkeitsregeln erlauben eine flexible Anpassung an die Problemerfordernisse. Die fehlende Integration von Modulkonzepten erweist sich als nachteilig.

Fragen der geeigneten Systemstrukturierung und der Softwareproduktion werden - außer bei MIL - vernachlässigt. Die Konzepte von BALG, SLAN, CDL2, Alphard und MODULA befassen sich mit der Systemprogrammierung ohne Berücksichtigung des Systementwicklungsprozesses.

Die Möglichkeiten der Systemstrukturierung sind in BALG, Alphard und MODULA auf die unzureichende Baumstruktur beschränkt. In SLAN, CDL2 und CLU ist die Systemstruktur nicht explizit beschreibbar.

Sprachen / Sprachkonzepte	(1) MIL	(2) BALG	(3) SLAN	(4) CDL2	(5) CLU	(6) Alphard	(7) MODULA
1. Systemstrukturierung							
a) Strukturierungskonzept	mehrere ubereinandergelagerte Strukturen (explizit und implizit)	modifiziertes ALGOL 60-Blockkonzept (explizit)	strikt geordnete Menge von Schichten (implizit)	strikt geordnete Menge von Schichten (implizit)	Verknupfung von Moduln durch CLU-Bibliothek (implizit)	modifiziertes ALGOL 60-Blockkonzept (explizit)	eingebettet in PASCAL-Blockkonzept (explizit)
b) Relation, die zur Bildung der Hierarchie fuhrt (x_i, x_j = Systemkomponenten bzw. Moduln)	1. x_i ist Teilproblem von x_i 2. x_i hat Zugriff auf Resourcen von x_j	Block x_j ist in Block x_i enthalten	x_i benutzt bereitgestellte Großen von x_j	x_i sieht x_j	x_i benutzt Abstraktion von x_j	Block x_j ist in Block x_i enthalten	Block x_j ist in Block x_i enthalten
2. Modulbegriff							
a) Funktion, Prozedur		x	x		x		
b) Datenabstraktion		x	x		x	x	x
c) Sonstiges	benannte Resource			Einheit			
d) getrennt übersetzbar	?	x	x	?	X		
3. Datenabstraktion							
a) Name		Struktur	Packet	Unit	Cluster	Form	Modul
b) Schnittstellenbeschreibung							
– bereitgestellte Größen		x	x		x	x	x
– benutzte Großen		x					x
– Parameterangaben		x				x	
c) Schachtelbar		x				x	x
d) Parametrisierbar		x					
– explizite Angabe der Operationen					x	x	
e) Lebensdauer		identisch mit Block, in dem vereinbart	während der gesamten Laufzeit		während der gesamten Laufzeit	identisch mit Block, in dem vereinbart	identisch mit Prozedur, in der vereinbart
f) Gultigkeit		abhangig von Schnittstellenbeschreibung	global in Paket. lokal in Algorithmus		nur innerhalb der "clusters"	abhangig von Schnittstellenbeschreibung	abhangig von Schnittstellenbeschreibung

Der Modulbegriff wird noch unterschiedlich aufgefaßt. Je nach Konzeption
sind Moduln "Funktionen bzw. Prozeduren und Datenabstraktionen" (BALG,
SLAN, CLU) oder nur "Datenabstraktionen" (Alphard, MODULA). In BALG,
SLAN und CLU sind Moduln getrennt übersetzbar.

Die Kontextunabhängigkeit eines Moduls hängt auch von der geeigneten
Schnittstellenbeschreibung ab. Die Trennung der Benutzung eines Moduls
von seiner Implementierung wird am konsequentesten durch die Schnittstellenbeschreibung in BALG ermöglicht.

Durch die Beachtung des Prinzips der Lokalität und die Vollständigkeit
der Angaben genügt die Kenntnis der Schnittstelle, um den Modul zu benutzen. Demgegenüber werden in SLAN und CLU nur die Namen bereitgestell-
ter Operationen aufgeführt. In Alphard werden die Wirkungen der Zugriffsoperationen noch formal in der Schnittstellenbeschreibung angegeben.

Die parametrisierbaren Datenabstraktionen in BALG, CLU und Alphard zeigen einen Weg in die Richtung, wie allgemeine Beschreibungen von Datenstrukturen einschließlich Zugriffsalgorithmen definiert werden (Parallele: Baupläne von Fertighausherstellern). Soll eine solche Beschreibung
realisiert werden, dann wird sie unter Angabe der Wünsche des Benutzers
vereinbart (Sinn der Parametrisierung, Parallele: Kauf eines Fertighauses,
Anpassung im Rahmen der Baupläne an die Wünsche des Käufers).
Während man in BALG nur Objekte des parametrisierten Datentyps bilden,
zuweisen und als Ergebnis abgeben kann, ermöglichen CLU und Alphard die
explizite Angabe der erlaubten Operationen für den parametrisierten Datentyp. Ob parametrisierte Datenabstraktionen in der Praxis erforderlich
sind, muß sich erst noch zeigen (siehe Verzicht darauf in MODULA).

Bei Alphard steht die Verifikation im Mittelpunkt. Es muß sich zeigen,
ob das vorgeschlagene Konzept für einen breiten Anwenderkreis erlernbar
ist.

Die untersuchten Konzeptionen stellen Ansätze dar, um die geeignete Entwicklung von Software-Produkten zu unterstützen. Sie gehen alle über die
heutigen im Einsatz befindlichen Sprachen hinaus. Ein integriertes Ge-
samtkonzept, das insbesondere eine geeignete Systemhierarchisierung ermöglicht, es erlaubt bereits den Systementwicklungsprozeß formal zu beschreiben, sowie die Projektorganisation unterstützt, fehlt noch.

Herrn Prof. Dr. H.-W. Wippermann sei für Hinweise und für die Durch-
sicht des Manuskripts gedankt.

Literatur

[Baker 72]   Baker, F.T., Chief programmer team management of pro-
                    duktion programming, IBM System Journal, No. 1, 1972,
                    S. 56-73

[Baker 75]   __________, Structured Programming in a Production
                    Programming Environment, Proceedings, International
                    Conference on Reliable Software, Los Angeles, USA,1975

[Balzert 76]   Balzert H., Informatik 1 - Vom Problem zum Programm,
                    München 1976

[Balzert 77]   __________, Systementwicklung, hierarchische Struk-
                    turen, Modularisierung, Datenabstraktion (Kurzfassung),
                    Bericht, Universität Kaiserslautern, Juli 1977

[Bartling et al.76] Bartling U., Hahn R., Liedtke J., SLAN3B/ELAN Benutzer-
                    handbuch, Arbeitsbericht 4/76, Hochschulrechenzentrum,
                    Universität Bielefeld

[Boehm 76]   Boehm B.W., Software-Engineering, IEEE Transactions
                    on Computers, Vol. C-25, No. 12, Dec.1976, S.1226-1241

[Brinch Hansen 73] Brinch Hansen P., Operating Systems Principles,
                    Prentice Hall, Englewood Cliffs, New Jersey, 1973

[Brown 74]   Brown P.J., Programming and Documenting Software
                    Projects, Computing Surveys, Vol. 6, No. 4, Dec.1974,
                    S. 213-220.

[CCA 73]   Central Computer Agency Guide No. 1, Implications
                    of Using Modular Programming, London 1973

[Cheval et. al. 77] Cheval J.L., Christian F., Krakowiak S., Montuelle J.,
                    Mossiere J., An Experiment in Modular Programm Design,
                    Information Processing 77, Toronto, S. 17-21

[Cohen 72]   Cohen A, Modular Programs: Defining the Module, Data-
                    mation, Jan. 1972, S. 34-37

[Dennis 72]   Dennis J.B., Modularity, Advanced Course of Software
                    Engineering, Lecture Notes in Economies and Mathem.
                    Systems 81/72, S. 128-182

[De Remer/Kron]   De Remer F., Kron H., Programming-in-the-large versus
     74/75/76   Programming-in-the-small, Bericht Sept. 1974, Univer-
                    sity of California at Santa Cruz; Proceedings, Inter-
                    national Conference on Reliable Software, Los Angeles,
                    USA, 1975; Informatik-Fachbericht Nr. 1, 1976

[Goos 72]   Goos G., Hierarchies, Advanced Course on Software
                    Engineering, Lecture Notes in Economics and Mathem.
                    Systems 81/72, S. 29-46

[Goos 74a]   __________, Systemprogrammiersprachen und strukturiertes
                    Programmieren, Lecture Notes in Computer Science 23,
                    1974, S. 2o3-224

[Goos 74 b]   ________, Zum Begriff des Programmoduls, Interner
Bericht Nr. 1/74, Institut für Informatik II,
Universität Karlsruhe

[Goos 74 c]   ________, Some Thoughts on Variables, Working Paper
IFIP-Working Group 2.4, Bericht-Nr. 19/74,
Fakultät für Informatik, Universität Karlsruhe

[Goos 75]   ________, Die Programmiersprache BALG, vorläufige
Fassung, Bericht Nr. 6/75, Fakultät für Informa-
tik, Universität Karlsruhe

[Goos 76]   ________, Einige Eigenschaften der Programmiersprache BALG, Informatik-Fachbericht Nr. 1, 1976

[Habermann et al.76] Habermann A.N., Flon L. Cooprider L., Modulariza-
tion and Hierarchy in a Family of Operating Systems,
CACM, Vol. 19, Nr. 5, May 1976, S. 266-272

[Hiemann 74]   Hiemann P., A New Look at the Program Development
Process, Lecture Notes in Computer Science 7, 1974,
S. 11-34

[Koster 74a]   Koster C.H.A., Beating the Global, Proceedings of
the IFIP WG 2.4 Meeting in La Grande Motte, France,
May 1974

[Koster 74b]   ____________, Provisional of Description of SLAN,
Arbeitspapier, TU Berlin, Nov. 1974

[Koster 75]   ____________, The Algorithmic Notation of Type,
Arbeitspapiere, TU Berlin, März 1975

[Koster 76]   ____________, Visibility and Types, Proceedings
of Conference on Data, Salt Lake City, USA, 1976,
S. 179-190

[Liskov 76]   Liskov B.H., An Introduction to CLU; Computation
Structures Group Memo 136, MIT, Febr. 1976

[Liskov/Zilles 74]   Liskov B.H., Zilles S., Programming with Abstract
Data Types, SIGPLAN Notices 9,4 (1974)

[Liskov et al. 77]   Liskov B.H., Snyder B., Atkinson R., Schaffert C.,
Abstraction Mechanisms in CLU, Computation Struc-
tures Group Memo 144-1, MIT, Jan. 1977

[Maynard 72]   Maynard J., Modular Programming, London, 1972

[Myers 73]   Myers G.J., Characteristics of Composite Design,
Datamation, Sept. 1973, S.100-102

[Parnas 71]   Parnas D.L., Information Distribution Aspects of
Design Methodology, Information Processing 71,
North-Holland Publishing Company 1972, S. 339-344

[Parnas 72a]   ________, A Technique for Software Module Specification with Examples, CACM, Vol. 15, No. 5,
May 1972, S. 330-336

[Parnas 72b]   ________, On the Criteria to be used in Decom-
posing Systems into Modules, CACM, Vol. 15,No.12,
Dec. 1972, S.1053-1058

[Parnas 74a]   __________, On a 'Buzzword', Hierarchical Structure,
Information Processing 74, North Holland Publishing
Company, 1974, S. 336-339

[Parnas 74b]   __________, Software-Engineering or Methods for the
Multi-Person Construction of Multi-Version Programs,
Lecture Notes in Computer Science, Vol. 23, 1974,
S. 225-235

[Parnas 75]   __________, The Influence of Software Structure on
Reliability, Proceedings International Conference
on Reliable Software, Los Angeles, USA, 1975,
S. 358-362

[Parnas 77]   __________, The Use of Precise Specifications in the
Development of Software, Information Processing 77,
Toronto, S. 861-867

[Scheidig 75]   Scheidig H., Einige Überlegungen zur Modularisierung
von Systemen und Systemprogrammiersprachen, TUM, In-
stitut für Informatik, Bericht-Nr. 7506

[Schnupp/Floyd 76]   Schnupp P., Floyd C., Software:Programmentwicklung
und Projektorganisation, Berlin-New York 1976

[Schuchmann 75]   Schuchmann H.R., Strukturierte Programmierung - ein
pragmatischer Ansatz für eine umfassende Software-
Technologie, Elektron. Rechenanlagen 17, 1975, H.1,
S. 35-39

[Stay 76]   Stay J.F., HIPO and integrated program design, IBM
System Journal, No. 2, 1976, S. 143-154

[Stevens et al. 74] Stevens W.P., Mayers G.J., Constantine L.L.,
Structured design, IBM System Journal, No. 2, 1974,
S. 115-139

[Wedekind 73]   Wedekind H., Systemanalyse, München 1973

[Wirth 71]   Wirth N., Program Development by Stepwise Refinement,
CACM, Vol. 14, No. 4, April 1971, S. 221-227

[Wirth 74]   On the Composition of Well-Structured Programs,
Computing Surveys, Vol. 6, No. 4, Dec. 1974, S.247-259

[Wirth 77a]   __________, Modula: a Language for Modular Multiprogramming, Software-Practice and Experience, Vol. 7,
3-35 (1977)

[Wirth 77b]   __________, Design and Implementation of Modula, Software Practice and Experience, Vol. 7, 67-84 (1977)

[Wulf et al. 76a]   Wulf W.A., London R.L., Shaw M., Abstraction and
Verification in Alphard: Introduction to Language
and Methodology, Carnegie-Mellon University-USC Information Science Institute Techn. Reports, June 1976

[Wulf et al. 76b]   Wulf W.A., London R.L., Shaw M., An Introduction to
the Construction and Verification of Alphard Pro-
grams, IEEE Transactions on Software Engineering
Vol. SE-2, No.4, Dec.1976 (Kurzfassung von Wulf et
al. 76a)

Anhang

Der Anhang enthält Beispiele zur Verdeutlichung der einzelnen Sprach-
konzeptionen. Bis auf die Sprache MIL wurde weitgehend dasselbe Beispiel verwendet.

Beispiel: MIL

Entwicklung eines "theorem proving"-Programms [De Remer/Kron 74].

1. Hierarchische Zerlegung R:x_j ist Teilproblem von x_i

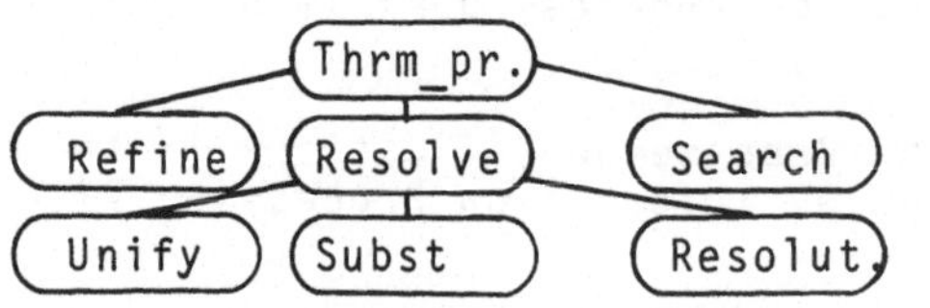

Kein Untersystem ist Teil von mehr
als einem anderen Untersystem.

Ausschnitt aus dem entspr.MIL-Programm:
```
system Thrm_prover
     subsystem Refine
     subsystem Resolve
     subsystem Search
system Resolve
     subsystem Unify
     subsystem Subst
     subsystem Resolution
```

2. Funktion des Untersystems R:x_i erhält Resourcen von x_j

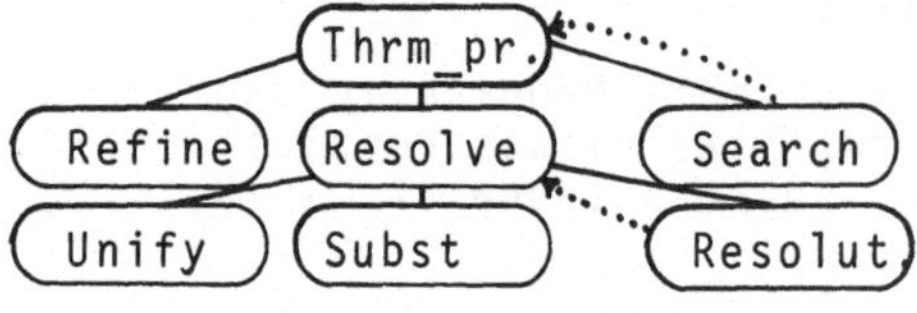


```
system Thrm_prover
     provides Search_strategy
subsystem Refine
     must provide Refine
subsystem Resolve
     must provide Resolve
subsystem Search
     must provide Search_strategy
```

3. Zugriff unter Geschwistern R:x_i hat Zugriff auf Resourcen von x_j

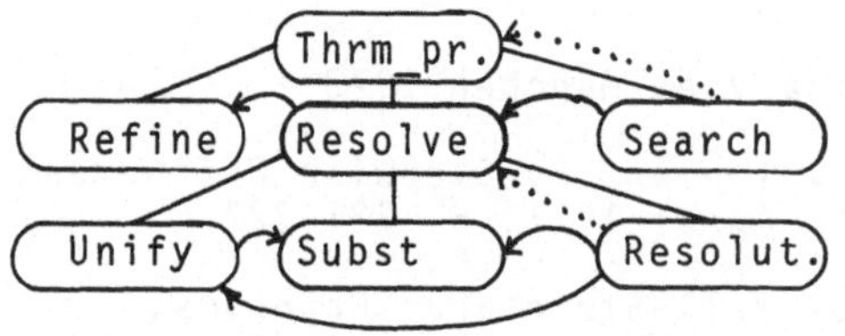


```
system Thrm_prover
   provides Search_strategy
subsystem Refine must provide
Resolve
     has access to Refine
subsystem Search must provide
Search_strategy
     has access to Resolve
```

4. Anordnung der Moduln im Systembaum

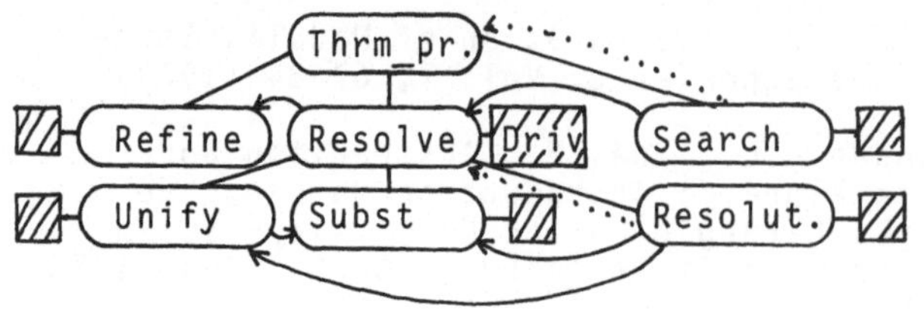


```
system Thrm_prover

     provides Search_strategy
     consists of no root module

        ⋮
```

<u>Beispiel:</u>   <u>BALG</u>

<u>a) Definition eines Strukturmoduls</u>

<u>Vorspann</u>

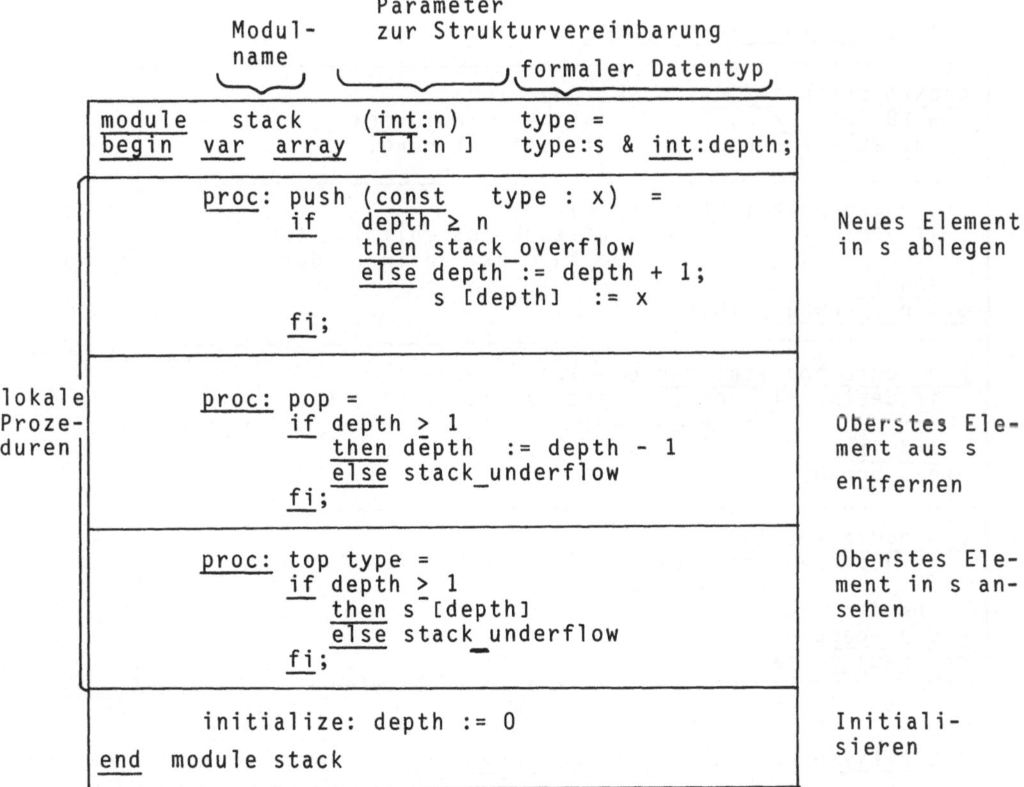

<u>Modul</u>

(b) <u>Strukturvereinbarung</u>

<u>struct</u> stack (35) <u>int:</u> si; stack (14) <u>real:</u> sr;

Anzahl der Elemente   aktueller Datentyp

(c) <u>Aktivierung einer Struktur</u>
si. push (17)   } Aktivierung von si

Im Beispiel ist "type" ein formaler Datentyp; bei der Strukturvereinbarung ersetzt durch den aktuellen Typ <u>int</u> bzw. <u>real</u>.

Beispiel: <u>SLAN</u>

Allgemeine Konzeption:

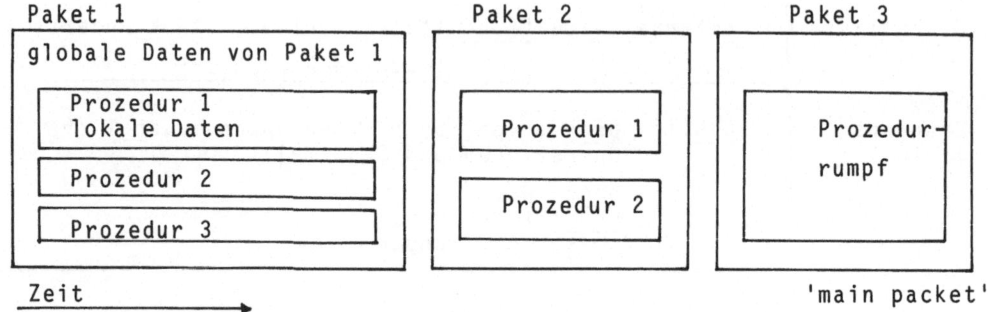

(a) <u>Definition eines Pakets</u>

```
packet stack defines push, pop, top:
row 99 int var s;           {globale Variable}
count 99 var depth := 1   {Initialisierung}

procedure push (int const x):
   if depth = 99 then put ("stack ist voll"); stop
                 else s (depth) :=x; depth := depth + 1
   end if
end procedure push;

procedure pop (int var elem):
   if depth = 1 then put ("stack ist leer"); stop
                 else depth := depth - 1; elem := s(depth)
   end if
end procedure pop;

procedure top int:
   if depth = 1 then 0; put ("stack ist leer"); stop
                 else s (depth)
   end if
end procedure top;
end packet stack;
```

(b) <u>Aktivierung von Paketprozeduren</u>

push (1), push (3), put (pop).
s und depth existieren für die Laufzeit des ganzen Programms, sind
jedoch nur innerhalb des Pakets zugreifbar.

Beispiel: <u>CLU</u>

a) <u>"cluster" - Definition</u>

"cluster"   formaler
 Name   Datentyp

```
stack = cluster [element_type: type]
           is  create, push, pop, top;
```
                  } Schnittstellen-
                  beschreibung

```
rep   = record [depth : int; stack: array [element_type]];
```
                 } Objektbeschreibung

```
create = proc () returns (cvt);
           return rep ${depth : 0, stack : create (1)}
           end  create

push   = proc (s:cvt, v : element_type);
           s. depth := s. depth +1;
           s. stack [s.depth] := v
           end  push;

pop    = proc (s:cvt) returns (element_type);
           if s.depth = 1 then error;
             s.depth := s. depth - 1;
             return  s.stack [s. depth]
           end pop;

top    = proc  (s:cvt) returns  (element_type);
           if s. depth = 0 then error;
               return s.stack [s.depth]
           end top;

end stack
```
                 } Operationsdefinitionen

<u>Bemerkungen:</u> <u>rep</u> steht synonym für die rechte Seite nach dem Gleichheitszeichen.
<u>cvt</u> (conversion type) beschreibt die Konversion des abstrakten Datentyps in die
Objektrepräsentation. Felder sind dynamisch. create (1) bedeutet die Kreierung eines
Feldes mit der unteren Grenze 1.

b) <u>"cluster"-Vereinbarung</u>

 si : stack := stack [int] $ create();
 sr : stack := stack [real] $ create();

c) <u>Aktivierung von Operationen</u>

 stack $ push (si, 10); stack $ pop (sr,r)

Beispiel: <u>Alphard</u>

Verwendete Begriffe:
$\langle s_1,...s_k \rangle$ = Sequenz von spezifizierten Elementen
$s \sim x$ = Konkatenation (x am Ende)
leader (s) = s ohne letztes Element
last (s) = letztes Element von s
seq (v,n,m)= Abkürzung für $\langle v_n, v_{n+1},...,v_m \rangle$
s'   = Wert vor Ausführung der Operation

(a) Definition einer "form"

"form"-Name   formaler Datentyp   Parameter zur
"form"-Vereinbarung

```form stack (type:form <←→> , n:integer) =``` ```beginform```	**Abstraktes Verhalten von stack**

```specifications```
```requires n > o;```
```let stack = <...x_i... >where x_i is type;```
```invariant O ≤ length (stack) ≤ n;```
```initially stack = nullseq;```
	Restriktionen für die
	}β req "form"-Parameter
	
	} I_a abstrakte Invariante
	
	Initialisierungswert des
	}β init abstrakten Objekts
	bei der Vereinbarung

```function```
``` push (s:stack, x: type)```
```   pre o<length (s) <n post s = s'~x;```
``` pop (s:stack)```
```   pre o<length (s)≤n post s = leader (s'),```
 	
``` top (s:stack) returns (x:type)```
```   pre o<length (s)≤n post x=last (s'),```
``` empty (s:stack) returns (b:boolean)```
```   post b = (s = nullseq);```
	Neues Element in s ablegen
	}β pre,βpost E/A-Relation
	Oberstes Element aus s entfernen
	}β pre,βpost
	
	Oberstes Element ansehen
	}β pre,βpost
	Prüfung, ob leer
	}β post

```representation```
 	
```unique v:vector(integer,1,n),sp:integer init sp←o;```
	Definition der konkreten Datenstruktur
	} C_{init} Repräsentation durch Vektor und stackpointer.
	unique gibt an, daß jede Vereinbarung eine eindeutige Datenstruktur besitzt (im Gegensatz zu common)

``` rep (v,sp) = seq (v,1,sp);```
 	
``` invariant o≤sp≤n;```
``` states```
``` mt when sp=o,```
``` normal when o<sp<n,```
``` full when sp=n,```
``` err otherwise;```
	} Abb. der konkreten Objekte auf die abstrakten.
	} I_c konkrete Invariante
	
	vector und integer sind ebenfalls "form"-Namen; werden automatisch vom Compiler bereitgestellt (Parallele: SLAN, CDL).

```implementation```	**Körper,der oben spezifizierten Funktionen zusammen mit den konkreten E/A-Zusicherungen (βin,βout)**

```body push out (s.sp=s.sp'+1∧s.v=α(s.v',s.sp,x))=```
```   mt, normal::(s.sp←s.sp+1;s.v[s.sp]←x);```
```   otherwise:: FAIL;```
	Der Status (state) einer Repräsentation wird bestimmt, wenn eine Funktion der "form" aufgerufen wird. Der Status wird zur Auswahl einer von mehreren Körpern benutzt.

```body pop out (s.sp=s.sp'-1)=```
```   normal, full:: s.sp←s.sp-1;```
```   otherwise:: FAIL;```
	Der Status kann als zusätzliche Eingabe-Zusicherung verwendet werden.

```body top out (x=s.v[s.sp])=```
```   normal, full:: x←s.v[s.sp];```
```   otherwise:: FAIL;```
	$α(V,i,x)$ bedeutet einen Vektor identisch zu V außer daß V_i=x.

```body empty out (b=(sp=o)) =```
```   normal, full:: b←false;```
```   mt:: b←true;```
``` otherwise:: FAIL;```	

```endform```	

Repräsentation und Implementation erfolgen mit Termen von abstrakten Objekten und Operationen einer niedrigeren Ebene (im Beispiel: vector, integer; Modell abst rakter Maschinen, Parallele zu SLAN, CDL, CLU).
<->besagt, daß der aktuelle "form"-Name "type" eine Zuweisungsoperation besitzen muß. Der Spezifikationsteil der aktuellen Parameter-"form" muß eine Zuweisungsoperation zur Verfügung stellen. Allgemein kann durch eine Liste $\langle a_1,\ldots a_n\rangle$ hinter formalen Parametern spezifizeirt werden, über welche Eigenschaften $a_1,\ldots,a_n$ die korrespondierenden aktuellen Parameter verfügen müssen. $\langle\rangle$ stellt eine Erweiterung der gewohnten Notation der Typüberprüfung in Programmiersprachen dar. Durch eine besondere Notation können auch Nicht-Anforderungen spezifizeirt werden.

(b) <u>Vereinbarung einer "form"</u>

    <u>local</u> si: stack(integer,35), sr: stack(real,14)

(c) <u>Aktivierung einer "form"</u>

    push(si,5)   auch: si.push(5) möglich

    ....

    <u>if</u> top(sr) = 23 <u>then</u> ...

Beispiel: <u>MODULA</u>

```
procedure A(......);
   ....
   procedure B(......);
   var stack_underflow,stack_overflow: boolean;......

      module stack;                                          ⎫ Schnittstellen-
      define push, pop, top; {exportierte Größen}            ⎬ beschreibung
      use    stack_overflow, stack_underflow;                ⎭
             {importierte Größen}

      var depth:integer; s:array 1:n of integer;             ⎬ lokale Objekte

         procedure push (const x:integer);                   ⎫
            begin if depth≥n then stack_overflow := true      ⎪
                            else s[depth] := x;               ⎪
                                 depth := depth + 1           ⎪
                 end                                          ⎪
            end push;                                         ⎪
                                                              ⎪
         procedure pop;                                       ⎪
            begin if depth≥1 then depth := depth - 1          ⎬ Operationen
                            else stack_underflow := true      ⎪
                 end                                          ⎪
            end pop;                                          ⎪
                                                              ⎪
         procedure top: integer;                             ⎪
            begin if depth≥1 then top := s[depth]             ⎪
                            else stack_underflow := true      ⎪
                 end                                          ⎪
            end top;                                          ⎭

      begin {Initialisierung} depth := 0                     ⎬ Modulkörper
      end stack;

   .....
   begin  pop(10); push(z);....                              ⎬ Aktivierungen
   ....
   end B
begin  ....
      B(....);
end A;
```

$$\text{TOWARDS A WIDE SPECTRUM LANGUAGE}$$
$$\text{TO SUPPORT PROGRAM SPECIFICATION AND PROGRAM DEVELOPMENT }^{*)}$$

F.L. Bauer, M. Broy, R. Gnatz, W. Hesse, B. Krieg-Brückner

Institut für Informatik, Technische Universität München

A *wide spectrum language* for systematic program development by correctness-preserving source-to-source transformations is outlined. Such a *program development language* comprises different styles of programming in one coherent framework ranging from predicate-calculus like formulations to machine-oriented algorithms, i.e. from a *problem specification language* to *genuine programming language styles*.

1 Program development and wide spectrum languages

Program development by transformations

Experience has shown in the past that it is difficult - and frequently too difficult - to produce, in one sweep, a program which is correct, easy to verify and efficient with respect to time and storage demands. Consequently, program development should be done stepwise in order to master the complexity of the programming task. It has therefore been proposed to use program transformations as a methodological (cf. e.g. [BAUER 73]). Starting with an informal problem description, an exact problem specification should be formulated at first (e.g. in terms of mathematical logic). From this, an algorithmic version in a "high level" formulation may be deduced using e.g. recursive functions and abstract object structures. The program should then be transformed step by step applying correctness preserving, source-to-source program transformations which should lead to more efficient program versions with respect to a particular machine.

This methodology of programming and its support by a system are investigated in the project CIP (Computer-aided, Intuition-guided Programming) at the Technical University of Munich (cf. [BAUER et al. 77b]). Such a system should help to unburden the programmer when developing a program by numerous transformation steps. The programmer, using his knowledge, experience and intuition, will guide the development process and make deliberate design and implementation decisions at each stage.

Brief comparison to conventional approaches

Programming languages and their compilers aim to relieve the programmer of the tedious mechanical work of programming on the machine instruction level. A conven-

---

$^{*)}$This paper was partially sponsored by the Sonderforschungsbereich 49 - Elektronische Rechenanlagen und Informationsverarbeitung -

tional compiler transforms the program automatically. Although optimizing compilers may effect some improvements in efficiency, such a compilation is still schematic and cannot, in practice, consider all possibilities for optimization; it always transforms the total program into a fixed target language without any possible interference by the programmer.

In contrast, if the programmer himself tries to take advantage of all possibilities for optimization and produces a machine-oriented program all at once, the use of constructs, which are very efficiently executed on stored-program computers such as goto's etc, makes human understanding and verification extremely difficult.

So the programmer is torn between the conflicting goals of constructing a well-structured (possibly inefficient) program close to the problem or an efficient (possibly unstructured) program close to a machine.

The usual answer to this dilemma is to make a sufficiently machine-oriented version first and then prove its correctness. In essence, this amounts to an *additional* "high-level" specification of the program properties, e.g. by inserting assertions and finding invariants after the program has been built, thus duplicating the programming effort in a way.

The approach advocated by the project CIP is to start with a high-level formal description and to derive correct versions by applying formal transformation rules.

One coherent wide spectrum language

During this process of program development, different versions of a program will arise which may range from formal problem specifications to algorithms oriented towards a particular machine. Since most current programming languages do not comprise all the concepts needed for the formulation of all the different versions, the programmer is forced to use different languages.

To avoid this transition from one language to another, it seems desirable to have one coherent language frame covering the whole spectrum outlined above, i.e. a wide spectrum language. If program transformations concern only parts of a program version, then other parts can remain unchanged, whereas, when switching to another language, the whole program has to be transliterated. The transformations may be described by pairs of program schemes formulated in the language (cf. e.g. [BAUER et al. 77b]). It is convenient to have one coherent language as the syntactical frame for a semi-automatic system which supports the development process. The programmer has the freedom to choose, in a flexible way, that language style which is appropriate for the program version under consideration or for the intended character of the final program (experiments with a wide spectrum language consisting of a family of discrete language layers (cf. [GEISELBRECHTINGER et al. 73]) have shown that that approach was not flexible enough to accomodate these requirements). The formal problem specification can be formulated in the same language such that even non-operational formulations may coexist with operational ones and can gradually be eliminated.

Thus, the wide spectrum language is more than an "algorithmic language" in the classical sense since "programs" may be formulated containing expressions which are not immediately executable on any machine. Only certain language styles may be operational with respect to a given interpretative system (e.g. a concrete machine) or translatable by a standard transformation into a machine language style ("compiler"). If a fully operational version is completed, the programmer can either stop the process of development and use a compiler, or develop the program further to improve its efficiency with respect to a particular target machine.

The design of a program development language

A wide spectrum language which meets the criteria outlined above is being developed for the project CIP. For this language, the code-word CIP-L is used in this paper. Its design must incorporate a variety of concepts and language features, but should still retain a manageable size. An ALGOL-like notation ("ALGOL 77") is presented here; it is, however, not a proper extension of ALGOL 68 (some of its concepts have deliberately been excluded or changed, e.g. a strict distinction is made between variables and references). It is envisaged to have a PASCAL-like notation as well.

One of the principles in the language design has been to establish transitions between different language styles in order to ease the transformation process. As a result, transformation rules have influenced the language design considerably. Transformations, while forming a basic stock for the user of the language, can conveniently be used for the language description itself relative to a language kernel (as has been done in a similar way in the "extensible language" area). Due to lack of space, only a few of these rules can be presented in this paper.

The design of CIP-L has not yet been completed; current work focusses on abstract specifications for computation structures ("abstract data types"), concurrency and machine oriented concepts. An informal outline of the language is presented in [BAUER et al. 77a]. Some of its less conventional aspects are highlighted in this paper.

To get a first impression of the language, consider the different versions of the (toy-) problem "compute the quotient and remainder of two natural numbers" formulated in the wide spectrum language:

$\underline{mode} \ \underline{nat} \equiv (\ \underline{int} \ x: x \geq 0 \ ), \ \underline{mode} \ \underline{pnat} \equiv (\ \underline{nat} \ x: x > 0 \ )$

1) Specification using a descriptional expression ($\underline{that}$):

```
funct div ≡ ( nat a, pnat b ) ( nat, nat ):
   that ( nat q, nat r ): a = b * q + r ∧ r < b,
print(div(17,4))
```

2) Recursive formulation, which can formally be derived from (1):

```
funct div ≡ ( nat a, pnat b ) ( nat, nat ):
  if a ≥ b then ( nat q, nat r ) ≡ div(a-b,b),  (q+1,r)
           else                          ( 0 ,a) fi,
print(div(17,4))
```

3) Introduction of program variables, iteration and collective assignment:

```
funct div ≡ ( nat a, pnat b ) ( nat, nat ):
  ⌈( var nat va, var nat vq ) := (a,0);
    while va ≥ b do (va,vq) := (va-b, vq+1) od;  (vq, va) ⌋,
print(div(17,4))
```

4) Result variables, complete sequentialisation and use of conditional jumps:

```
proc div ≡ ( nat a, pnat b, var nat vq, var nat vr ) void:
   ⌈     var nat va := a; vq := 0;
     11: if va < b then goto 12 fi; va := va-b; vq := vq+1; goto 11;
     12: vr := va                                                    ⌋,
var nat q; var nat r; div(17,4,q,r); print(q,r)
```

5) Transition to a machine-oriented language style: the variables AC, QR corresponding to registers and an (incomplete) description of the machine operations

```
mode mint ≡  int[-2^48+1 .. 2^48-1], var mint AC, var mint QR,
proc loadAC    ≡ ( var mint x ) void:    AC := val x,
proc enterAC   ≡ ( mint x ) void:        AC := x, ...
proc storeQR   ≡ ( var mint y ) void:    y  := val QR,
proc sub       ≡ ( var mint x ) void:    AC := val AC - val x,
proc incrQR    ≡ ( mint x ) void:        QR := val QR + x,
proc jumpifAClt ≡ ( mint y, label l ) void: if val AC < y then goto l fi
```

form the environment of the program, which reads:

```
mode mpnat ≡ ( mint x: x > 0 ), var mpnat b;   goto start;
div:    co arguments in AC, b must be of the modes mnat, mpnat oc
        enterQR(0);
11:     jumpifAClt(b,12); sub(b); incrQR(1); goto 11;
12:     return; co results in QR, AC oc
start:  enterAC(17); enterQR(4); storeQR(b); exec div; printQR; printAC
```

2 Modes and objects

As is reflected by the use of the same terminology, the notions of "mode" and "object" are employed in CIP-L in a similar way as in ALGOL 68. Modes and objects may be declared by the programmer using a mode declaration or object declaration, resp.

In analogy to the PASCAL "enumerated scalar types", atomic modes are introduced by enumeration of their elements ("atoms"), which are denoted by identifiers, e.g.

$\quad$ mode suit $\equiv$ atomic { club, spade, heart, diamonds }

or, indicating a linear order,

$\quad$ mode size $\equiv$ atomic { small < medium < large }

Collective declaration

The *(collective) object declaration* in an associated block

$$\lceil (\underline{m}_1\, x_1,\, \underline{m}_2\, x_2,\, \ldots,\, \underline{m}_n\, x_n\,) \equiv (E_1,\, E_2,\, \ldots,\, E_n\,),\, E(x_1,\, x_2,\, \ldots,\, x_n\,)\rfloor$$

can be explained by (for functions see below):

$$((\underline{m}_1\, x_1,\, \underline{m}_2\, x_2,\, \ldots,\, \underline{m}_n\, x_n\,)\ \underline{r}\colon E(x_1,\, x_2,\, \ldots,\, x_n\,))\ (E_1,\, E_2,\, \ldots,\, E_n\,)$$

This illustrates the way in which the *block concept* is related to the λ-calculus.

Of course, an identifier f for the above function can be introduced:

$$\lceil \underline{funct}\ f \equiv (\underline{m}_1\, x_1,\, \underline{m}_2\, x_2,\, \ldots,\, \underline{m}_n\, x_n\,)\ \underline{r}\colon E(x_1,\, x_2,\, \ldots,\, x_n\,),$$

$$\qquad f(E_1,\, E_2,\, \ldots,\, E_n\,) \qquad\qquad\qquad\qquad\qquad\qquad \rfloor$$

We stress the point that object declarations belong to the so-called applicative language style.

Cartesian products

In contrast to the collective object declaration

$$(\underline{m}_1\, x_1,\, \ldots,\, \underline{m}_n\, x_n\,) \equiv (E_1,\, \ldots,\, E_n\,)$$

stands a single object declaration, introducing one new identifier for a tuple:

$$(\underline{m}_1\, x_1,\, \ldots,\, \underline{m}_n\, x_n\,)\ x \equiv (E_1,\, \ldots,\, E_n\,)$$

The i-th component of the tuple object x is selected by x_i of x . In our example, $x_1,\, \ldots,\, x_n$ are *selectors* for components of the tuple object x . Now $(\underline{m}_1\, x_1,\, \ldots,\, \underline{m}_n\, x_n\,)$ is defined as the *cartesian product* mode of the object x and can consequently be abbreviated by $\underline{m}$ by means of a mode declaration:

$$\underline{mode}\ \underline{m} \equiv (\underline{m}_1\, x_1,\, \ldots,\, \underline{m}_n\, x_n\,),\ \underline{m}\, x \equiv (E_1,\, \ldots,\, E_n\,)$$

Cartesian product modes may also be declared and used without explicit selectors, e.g. as result modes of functions.

Unions

For any finite number of disjoint modes $\underline{m}_1, \ldots, \underline{m}_n$ the *union*

$$\underline{mode}\ \underline{m} \equiv \underline{m}_1\ |\ \ldots\ |\ \underline{m}_n$$

may be formed. $\underline{m}_1, \ldots, \underline{m}_n$ are called *variants* of $\underline{m}$. For any given union object x , its variant is always known and can be checked using a conformity test of the form $\underline{m}_i :: x$.

Recursive modes

The concepts of mode declaration, cartesian product and disjoint union can be used for the declaration of *recursive modes* as e.g.

$$(*)\ \underline{mode}\ \underline{m} \equiv \underline{p}\ |\ (\ \underline{m},\ \underline{p}\ )\quad \text{(with some primitive mode } \underline{p}).$$

To give an interpretation for this declaration, consider the following scheme for mode declarations:

$$\underline{mode}\ \underline{m}_1 \equiv \underline{p},\ \underline{mode}\ \underline{m}_{i+1} \equiv \underline{p}\ |\ (\ \underline{m}_i,\ \underline{p}\ )$$

establishing the following sequence of modes monotonically growing with respect to set inclusion:

$$\underline{mode}\ \underline{m}_1 \equiv \underline{p}$$
$$\underline{mode}\ \underline{m}_2 \equiv \underline{p}\ |\ (\ \underline{p},\ \underline{p}\ )$$
$$\underline{mode}\ \underline{m}_3 \equiv \underline{p}\ |\ (\ (\ \underline{p}\ |\ (\ \underline{p},\ \underline{p}\ )\ ),\ \underline{p}\ ) = \underline{p}\ |\ (\ \underline{p},\ \underline{p}\ )\ |\ (\ (\ \underline{p},\ \underline{p}\ ),\ \underline{p}\ )$$
$$\ldots$$

The infinite union $\overset{\infty}{\underset{i=1}{\cup}}\ \underline{m}_i$ is a solution of equation $(*)$ defining mode $\underline{m}$.

Note, however, that a computation process successively constructing objects of mode $\underline{m}$ from single objects of mode $\underline{p}$ can only produce finite (i.e. finitely generated) objects. Under certain conditions this applies to arbitrary recursive mode declarations and may be extended to systems of mutually recursive declarations in a straightforward way. As an example, consider the following representation of the LISP-objects and associated basic functions:

$$\underline{mode}\ \underline{lispatom} \equiv \underline{atomic}\ \{\ldots\},\ \underline{mode}\ \underline{constree} \equiv (\ \underline{lisptree}\ left,\ \underline{lisptree}\ right\ ),$$
$$\underline{mode}\ \underline{lisptree} \equiv (\ \underline{lispatom}\ |\ \underline{constree}\ )\ ;$$

$$\underline{funct}\ cons \equiv (\ \underline{lisptree}\ x,\ \underline{lisptree}\ y\ )\ \underline{constree}\ :\ (\ x,y\ ),$$
$$\underline{funct}\ isatom \equiv (\ \underline{lisptree}\ x\ )\ \underline{bool}\ :\ \underline{lispatom} :: x,$$
$$\underline{funct}\ car \equiv (\ \underline{constree}\ x\ )\ \underline{lisptree}\ :\ left\ \underline{of}\ x,$$
$$\underline{funct}\ cdr \equiv (\ \underline{constree}\ x\ )\ \underline{lisptree}\ :\ right\ \underline{of}\ x,\ \ldots$$

Note, that the concept of recursive modes as illustrated above naturally goes along with an applicative language style. In contrast to ALGOL 68, however, references need not occur in these declarations.

Arrays

Arrays, e.g. m _array_ n, are cartesian powers of a given component mode n with
an explicit index mode m, used to represent vectors, matrices etc. It is characteristic for array objects, that individual components can directly be accessed by
index selection. While any linearly ordered index mode is allowed in principle,
notably cartesian products for multi-dimensional arrays, some language styles may
impose constraints by insisting on the index mode m of m array n to be an in-
terval-submode of int (probably from 1 or 0 to some fixed bound b), such that
other index modes have to be transformed to this (cf. the example search below).

3 Expressions

Functions

The function declaration of CIP-L resembles the ALGOL 68 procedure declaration,
but in contrast to procedures (see below), functions do not depend on global variables and have no side effects. The function application is used to build up expressions the semantiçs of which is intuitively clear (*applicative language style*, see
[TENNENT 76]).

Unary / binary functions can also be declared as *operators* to be used in prefix /
infix notation (e.g. mod); they are syntactically distinguished from mode indica-
tions and identifiers.

Functions with boolean result are called *predicates*; applications of predicates
are called boolean expressions (but note that there are other boolean expressions,
too; see below).

Constructs for problem specification

Specifications are an important tool for program development, since they permit
the unambiguous definition of a "contract" to specify a programming task, as
well as the definition of precise interfaces between parts of a particular program.
These constructs are all based on boolean expressions:
- *Descriptional expression:* that m x : p(x) which is allowable only if there
  exists one and only one object x satisfying p , and which denotes this object.

- *Choice expression:* some m x : p(x) which is allowable only, if there exists
  an object x satisfying p , and which denotes one such object.

- *Quantification:* ∀ m x : p(x) and ∃ m x : p(x) having the usual meaning and
  forming again boolean expressions.

- *Set comprehension* denoting set objects and being used for forming submodes,
  too (see below).

In all these expressions x is a bound identifier (just as in functions, blocks, and procedures) with restriction to a given mode m .

Submodes

A mode y may not only be formed by composition of more primitive ones, as explained in the above sections, but also by restriction of a previously defined mode x . In this case, y is called a *submode* of x . There are three ways to formulate restrictions when declaring a submode:
- by enumerating a finite set of elements of a mode, e.g. int {3,5,7,11},
- by specification of an interval of a (linearly ordered) mode, e.g. int [3..6] ,
- by comprehension using a boolean expression which describes an appropriate set
  of elements, e.g.

        mode odd   ≡ (int i: i mod 2 = 1),

        mode list ≡ (lisptree l, lisptree r: isatom(l) ∧ (isatom(r) ∨ list :: r))

The use of submodes for argument and result modes of functions comprises the notation of "assertions" acting as "preconditions" or "postconditions". CIP-L submodes are a proper generalisation of the PASCAL subrange types. Note that a submode condition formulated by comprehension cannot necessarily be checked effectively. During the process of development by transformation, submode predicates may be eliminated, if the context guarantees the satisfaction of the desired conditions.

Set modes

Let m be some mode, then set m denotes the mode of all objects which are sets of elements with mode m . Thus the mode set bool consists of the objects {} , {false} , {true} , {false, true} where {} denotes the empty set. There are analogous possibilities as for submodes to denote subsets. For set objects, the usual set operations of union, intersection, set difference, set inclusion and membership are available.

Deterministic and nondeterministic conditionals

The conditional clause has the following basic form (cf. [DIJKSTRA 75], *guarded commands*)

$$if\ P_1\ then\ S_1$$
$$\square\ \ P_2\ then\ S_2$$
$$\cdots$$
$$\square\ \ P_n\ then\ S_n\ \ fi$$

where the P_i are boolean expressions and the S_i are expressions (or statements). The elaboration of the conditional clause proceeds with the elaboration of some

S_k for which the resp. P_k is true. If no P_i yields true, then the value of the conditional clause is undefined (in case of the S_i being statements, the conditional clause is then equivalent to the empty statement <u>skip</u>).

The above conditional clause is a means to formulate *nondeterministic* programs. They may be considered as not fully specified algorithms. Hence strictly speaking, they specify a whole class of algorithms. For this reason the nondeterministic conditional clause is useful in the process of program development to avoid premature decisions. All branches of the conditional are prefixed with the resp. preconditions. The order in which the branches of the conditional are written is arbitrary; this permits an easy rearrangement and combination of overlapping branches and nested conditionals.

For special deterministic cases of the basic conditional clause a shorthand is introduced:

$$\underline{if}\ P\ \underline{then}\ S_1$$
$$\underline{else}\ S_2\ \ \underline{fi}$$

$$\underline{if}\ P\ \underline{then}\ S_1$$
$$[]\neg P\ \underline{then}\ S_2\ \ \underline{fi}$$

As in ALGOL 68, <u>elif</u> ... can be used as an abbreviation for <u>else</u> <u>if</u> ... <u>fi</u> .

4 An example: Search in a sorted array

Let a be an array of mode <u>int</u> [m .. n] <u>array</u> <u>int</u> , whose elements are in monotonic order, i.e. $\forall$ <u>int</u>[m+1 .. n] i: a[i-1] $\leq$ a[i]. Problem: determine for a given <u>int</u> x some index j , such that a[j] = x . The result is not uniquely determined if there are several occurrences of x in a . Let <u>index</u> be declared as follows:

    <u>mode</u> <u>index</u> $\equiv$ <u>int</u> | <u>atomic</u> { none }

Specification of the problem:

    <u>funct</u> search1 $\equiv$ (<u>int</u> x, <u>int</u> min, <u>int</u> max) <u>index</u>:
        <u>if</u> $\exists$ <u>int</u>[min .. max] i: a[i] = x <u>then</u> <u>some</u> <u>int</u>[min .. max] j: a[j] = x
                                        <u>else</u> none   <u>fi</u>;
    search1 (x, m, n)

The following version is obtained by using the linear order of the indices and some index j to partition the search domain:

```
funct search2 ≡ ( int x, int min, int max ) index:
    if min > max then none
                    else int j ≡ some int k: ( min ≤ k ) ∧ ( k ≤ max ) ;
                        if  a[j] = x then j
                        []  a[j] < x then search2 ( x, j+1, max )
                        []  a[j] > x then search2 ( x, min, j-1 )  fi fi
```

search2 (as well as search1) is essentially the specification of a class of algorithms. Now by additional design decisions, one can select special deterministic
algorithms, implementing the remaining choice expression
some int k: (min ≤ k) ∧ (k ≤ max) , for example by min . In this case a linear search is obtained:

```
funct search3 ≡ ( int x, int min, int max ) index:
    if min > max then none
                    elif a[min] = x then min
                        []  a[min] < x then search3 ( x, min+1, max )
                        []  a[min] > x then none                      fi
```


Implementing the choice expression by the mean of min and max we get a binary
search:

```
funct search4 ≡ ( int x, int min, int max ) index:
    if min > max then none
                    else int j ≡ ( min + max ) ÷ 2 ;
                        if  a[j] = x then j
                        []  a[j] < x then search4 ( x, j+1, max )
                        []  a[j] > x then search4 ( x, min, j-1 )  fi fi
```


5 Constructs oriented towards a machine

Variables, sequentialization and procedures

The availability of only a limited number of storage cells or registers in existing
machines motivates the introduction of *program variables* , indicated by var . The
operator val yields the value of a variable; usually, its application is implicit.
(Variables are distinct from references, indicated by ref .)

The order of evaluation is now explicitly sequentialized by use of the ";". Expressions may have side-effects, since constituent statements (e.g. assignments)
may change the value of a variable. If a routine has a variable x in common with
the outside scope where it is defined either as an explicit or an implicit variable
parameter, then it is called a *procedure* since it may have or depend on a side-
effect on x , in contrast to a function which must not.

Consider the following transformation rule as an example for a rule which leads
from a purely applicative style to a statement oriented one:

```
funct F ≡ ( m x ) n:                    funct F ≡ ( m x ) n:
    if P1(x) then E1(x)          ←┼→       ⌈var m vx := x;
    ▯ P2(x) then F(E2(x)) fi ,              proc G ≡ n:
                                               if P1(vx) then E1(vx)
                                               ▯ P2(vx) then vx := E2(vx);
                                                          G          fi;
                                  G                                      ⌋
```

Collective assignment

Instead of just one parameter x there may be several (i.e. m may be a cartesian
product), say   (m1 x1 , m2 x2) . Consequently, a tuple of variables is declared
and initialized *collectively*, e.g. (var m1 vx1, var m2 vx2) := (x1, x2) , and
values of variables may be changed by a *collective assignment* (corresponding to a
collective parameter transfer), e.g. (vx1, vx2) := (E1(vx1, vx2), E2(vx1, vx2)).
The order of evaluation of the tuple clause on the right-hand side is undefined;
and upon its completion the resulting objects are assigned collectively to
vx1, vx2 ,   resp. The sequentialization of a collective assignment into a sequence
of individual assignments is not arbitrary, nor is it equivalent to a collateral
evaluation of individual assignments; in general, additional "temporaries" may
have to be introduced, e.g. (u, v) := (u+v, u-v) can be transformed to
⌈int t ≡ u; u := u+v; v := t-v⌋ but the sequentialization to ⌈u := u+v; v := u-v⌋
would be wrong in this case (but cf. div , versions 3,4).

No two variable parameters of a procedure must have an actual variable in common
(this condition is slightly stronger than that in [KRIEG-BRÜCKNER 77]); an analogous *"alias"-taboo* holds for the left-hand side of a collective assignment. The
prevention of unintended interactions of side-effects even leads to the strong
rule that no component units of a collateral tuple clause may have any variable in
common, which is assigned to in that collateral clause, possibly in an indirect
way. No transformation must invalidate this rule. Note that in (u := u+v, v := u-v) ,
the two assignments would have the variables u and v in common and are thus
illegal.

Iteration

The particularly simple form of recursion in the transformation above suggests a
special construct for *iteration* or *repetition* :

```
         proc G ≡ n:                    proc G ≡ n:
(**)         if P1 then E        ←→         do if P1 then E leave
             ▯ P2 then S; G fi              ▯ P2 then S        fi od
```

where E leave indicates termination of the do ... od iteration with a result
value E . This transformation rule can be generalized to allow several terminating
and several iterative alternatives and nesting of conditionals, and even to a system of mutually recursive functions which will be transformed into mutual iteration. Some conventional control structures for special cases of iteration have been
included in CIP-L, such as:

```
  ⌈while P do S od; E⌋    ←→   do if P then S else E leave fi od
  ⌈do S until P od; E⌋    ←→   do S; if P then E leave fi od
```

The usual for ...-clause is available. The $"n+\frac{1}{2} \, loop"$ (cf. [KNUTH 74]) needs no
special abbreviation and can be expressed without duplication:

```
  do S1; if P then E leave fi; S2 od
```


Labels and references

An analogous transformation scheme to (**) leads to a formulation using labels:

```
    proc G ≡ n:                       proc G ≡ n:
        if P1 then E        ←→            g: if P1 then E return
        ▯ P2 then S; G fi                 ▯ P2 then S; goto g fi
```

Machine-oriented program development requires the introduction of such objects as
labels ("control-pointers") and *references* ("object-pointers") which finally cor-
respond to addresses in a stored-program computer (see div , version 5). References are needed e.g. for discretely implementing recursive object structures in
a machine-oriented way and can be utilized to denote graphs explicitly. In contrast
to ALGOL 68, the distinction between var and ref is made explicitly, and modes
like ref m, ref var m, var ref m, var ref var m are distinguishable in CIP-L.

Acknowledgement

We thank our colleagues of the project CIP for many discussions.

Literature

[BAUER 73] Bauer F.L.: A philosophy of programming. A course of three lectures
given at the University of London, Oct. 1973. Springer Lecture Notes in Comp.
Science 46 (1976)

[BAUER et al. 77a] Bauer F.L., Broy M., Gnatz R., Hesse W., Krieg-Brückner B.:
Notes on the project CIP: Towards a wide spectrum language to support program
development by transformations. Technische Universität München, Institut für
Informatik, TUM-INFO-7722, 1977

[BAUER et al. 77b] Bauer F.L., Partsch H., Pepper P., Wössner H.: Notes on the project CIP: Outline of a transformation system. Technische Universität München, Institut für Informatik, TUM-INFO-7729, 1977

[DIJKSTRA 75] Dijkstra E.W.: Guarded commands, nondeterminacy and formal derivation of programs. Comm ACM $\underline{18}$, 453-457 (1975)

[GEISELBRECHTINGER et al. 73] Geiselbrechtinger F., Hesse W., Krieg B., Scheidig H.: Language layers, portability and program structuring. In: v.d. Poel W.L., Maarssen L. (eds): Machine-oriented higher-level languages. Amsterdam: North Holland 1974, 79-104

[KNUTH 74] Knuth, D.E.: Structured programming with goto statements. Computing Surveys $\underline{8}$, 261-301 (1974)

[KRIEG-BRÜCKNER 77] Krieg-Brückner B.: Prevention of side-effects from functions. In: Cousot, P.M. (ed): MOL Bulletin $\underline{6}$ (IFIP WG 2.4), Le Chesnay: IRIA, 1976

[TENNENT 76] Tennent R.D.: The denotational semantics of programming languages. Comm. ACM $\underline{19}$, August 1976, 437-453

DEFINITION EINER PROGRAMMANALYSEMASCHINE IN VDL

G. Bengel
Institut für Informatik, Abt. III
Universität Bonn

0. Zusammenfassung

Bevor ein Programm optimiert werden kann, muß zur Übersetzungszeit
Information bestimmt und gesammelt werden. Die Techniken, die zur Bestimmung der Optimierungsinformation verwendet werden, gehen meist von
der Darstellung des Programmes als Flußgraph aus [U 75, K 73, AC 76].
Bei dieser Darstellung geht Information über die Struktur des Programm-
mes verloren, die aus dem Flußgraphen rekonstruiert werden muß; z.B.
werden Schleifen (for ..., while ..., do ...) durch die Bestimmung der
streng zusammenhängenden Gebiete [A 69] oder über Intervalle [A 70,
AC 76] des Graphen erkannt. Liegen blockstrukturierte Sprachen vor,
geht bei der Erstellung des Graphen die Information über Blöcke verloren. Globale Optimierung wurde bisher auf unstrukturierten Sprachen,
vor allem Fortran, betrachtet. Um die Strukturinformation, wie sie in
Algol oder PL/1 automatisch anfällt, auszunutzen, wird hier ein Ansatz
vorgestellt, der von der Darstellung eines Programmes in abstrakter Syntax [LLS 70, L 68] ausgeht. Zur Gewinnung der Optimierungsinformation
wird der iterative Algorithmus von Kildall [K 73], der auf Flußgraphen
arbeitet, auf abstrakte Syntaxbäume übertragen. Außerdem wird gezeigt,
daß es bei dieser Darstellung möglich ist, schleifeninvariante Ausdrücke
ohne Kenntnis von streng zusammenhängenden Gebieten zu bestimmen [A 69].

Um den Prozeß des Sammelns der Optimierungsinformation formal zu beschreiben, wird eine Programmanalysemaschine definiert. Die Arbeitsweise der Maschine ist analog zu der eines Interpreters zur formalen Definition einer Programmiersprache [LLS 70, L 68].

1. Einführung

Die Programmanalysemaschine (Pam) betrachtet im Gegensatz zur interpre-

tierenden Maschine (iM) nicht nur eine Programmausführung, sondern die
Menge aller Programmausführungen. Ein- und Ausgabe der Maschine ist das
Programm in abstrakter Syntax. Die Ausgabe entspricht der Eingabe, jedoch mit der Ausnahme, daß mit allen Anweisungen Optimierungsinformation
assoziiert ist. Das in VDL gegebene Instruktionsschema für die Pam
orientiert sich nicht an einer speziellen Sprache, sondern wird exem-
plarisch für einige Sprachkonstruktionen definiert. Ebenso ist die zu
bestimmende Information abhängig von der Sprache und den durchzuführen-
den Optimierungen. Es werden hier nur verfügbare Ausdrücke, verfügbare
Zuweisungen und schleifeninvariante Ausdrücke betrachtet. Für spezielle
Sprachen und Optimierungen lassen sich die Maschine und das Instruktionsschema leicht erweitern.

2. Programmanalysemaschine

2.1 Informelle Beschreibung

Mit Hilfe des Flußgraphen lassen sich die "meet over all paths" (MOP)
Lösungen [KU 77] für ein individuelles Programm durch einen iterativen
Ansatz [K 73] bestimmen. Die MOP-Lösung ist das Ziel der globalen Pro-
grammanalyse und kann folgendermaßen informell interpretiert werden:
Für alle möglichen Ausführungspfade, vom Startpunkt des Programmes bis
zu einer Anweisung, ist die MOP-Lösung die maximale Information, welche an der Anweisung zur Optimierung benutzbar ist. Ein analoges Vorgehen wie beim Flußgraphen ist auf dem abstrakten Syntaxbaum möglich.
Die Pam muß das Programm symbolisch ausführen. Unter symbolischer Programmausführung wird die ein- oder mehrmalige Analyse aller Zweige
eines Programmes verstanden, bis sich die zu bestimmende Optimierungsinformation stabilisiert hat. Weil die Optimierungsinformation bei Eintritt in eine Schleife nicht zwingend mit der Optimierungsinformation
bei Austritt aus der Schleife übereinstimmt, muß die Schleife bis zur
Stabilisation der Information durchlaufen werden.

Die Pam benötigt, analog wie die iM, eine Zustandskomponente s-c, die
die Kontrolle enthält, und einen Keller s-dump zur Protokollierung der
verschiedenen Blockaktivierungen. Im Gegensatz zur iM werden anstatt
der üblichen Zustandskomponenten eine Komponente s-inf zur Aufnahme
der globalen Optimierungsinformation, und eine Zustandsliste s-state-
dump, in der die Zustände bei der Analyse von Verzweigungen abgelegt
werden, gebraucht. Da wir jede Anweisung des zu analysierenden Programmes mit der Information s-inf versehen wollen, brauchen wir eine Zustandskomponente s-progr, die das Programm enthält. Weiterhin benö-

tigen wir eine Zustandskomponente s-select, die den Zugriffsweg zu der gerade analysierten Anweisung im Programmbaum s-progr beinhaltet.

Im Vergleich zur iM werden die Anweisungen des Programmes von der Pam nicht interpretiert, sondern analysiert und je nach der Art der Anweisung wird die globale Information (s-inf) abgeändert. Bei Verzweigungen (if ... then ... else ..., while ..., for ...) wird nicht wie bei der iM abhängig von der Bedingung ein Zweig betrachtet, sondern der Zustand zur Analyse des alternativen Zweiges wird in der Zustandsliste (s-state-dump) abgelegt und ein Zweig wird analysiert. Zu einem späteren Zeitpunkt wird mit Hilfe der Zustandskomponente s-state-dump der Zustand hergestellt, der vor der Verzweigung vorlag, und der alternative Zweig wird analysiert. Schleifen werden so lange durchlaufen, bis sich die Information stabilisiert hat. Die Arbeitsweise der Pam ist also iterativ und entspricht dem globalen Datenflußalgorithmus, wie ihn Kildall [K 73] beschreibt.

2.2 Definition der abstrakten Programmanalysemaschine

Definition: Abstrakte Programmanalysemaschine

Eine Pam ist ein 5-Tupel $(\sigma, Q, \xi_o, F, \Lambda)$ (vgl. [O 74]). Dabei gilt:

σ ist eine Menge von VDL Objekten. S ist eine Menge von Selektoren und die Selektionsoperation wird mit . bezeichnet.

Q ist eine Menge von Zuständen. Die Elemente von Q erfüllen das Prädikat is-state und is-state ist definiert über σ.

$\xi_o \in Q$ ist der Anfangszustand.

$F \subset Q$ ist die Menge der Endzustände.

$\Lambda : Q \rightarrow P(Q)$ ist die Zustandsüberführungsfunktion. P bezeichnet die Potenzmenge.

Falls $\xi_{i+1} \in \Lambda(\xi_i)$ für i = 0,1,2,... dann wird die Sequenz $\xi_o, \xi_1, \xi_2, ...$ eine Analyse genannt. Die Zustandsüberführungsfunktion Λ spezifiziert für einen gegebenen Zustand eine Menge von möglichen Nachfolgerzuständen.

2.3 Zustände

Die Zustände ξ der Pam erfüllen das Prädikat is-state und haben folgende Komponenten:

```
is-state = (<s-c:is-c>,
            <s-dump:is-dump>,
            <s-inf:is-inf>,
            <s-state-dump:is-state-dump>,
            <s-progr:is-progr>,
            <s-select:is-select>)
```

Die Komponente s-c enthält analog wie die iM die Kontrolle. Der Keller s-dump protokolliert die verschiedenen Blockaktivierungen.

```
is-dump = (<s-c:is-c>,
           <s-dump:is-dump>,
           <s-inf:is-inf>)
```

In unserem speziellen Fall besteht s-inf aus Ausdrücken und Zuweisungen. Die Komponente s-ep von s-inf enthält die Ausdrücke und s-ap von s-inf enthält die Zuweisungen. Vor der Analyse einer Anweisung liegt ein Ausdruck A in s-ep wenn:

1. A auf allen bisher analysierten Wegen vom Startpunkt des Programmes zu der Anweisung berechnet wurde, und
2. zwischen den Berechnungspunkten von A und der Anweisung die Werte der Variablen von A nicht geändert wurden, und
3. die Variablen von A an der Anweisung noch zugreifbar sind.

Eine Zuweisung Z liegt in s-ap wenn:

1. Z auf mindestens einem Weg vom Startpunkt des Programmes zu der Anweisung liegt, und
2. zwischen dem Auftreten von Z und der Anweisung keine weitere Zuweisung liegt - mit der gleichen linken Seite -, und
3. die Variablen von Z an der Anweisung noch zugreifbar sind.

Die Ausdrücke und Zuweisungen, die am Ende der Analyse mit jeder Anweisung des Programmes assoziiert sind, heißen verfügbar. Mit Hilfe der verfügbaren Ausdrücke und Zuweisungen lassen sich redundante Ausdrücke und Zuweisungen erkennen.

```
is-inf = (<s-ep:is-ep>, <s-ap:is-ap>)
```
Ausdrucksliste:
```
is-ep = is-expr-list
is-expr = is-id ∨ is-value ∨ is-bin-or-un
is-bin-or-un = (<s-op:is-bin-or-un-rt>,
                <s-operand1:is-expr>, <s-operand2:is-expr ∨ is-Ω>)
```

Zuweisungsliste:

is-ap = is-assign-st-list

is-assign-st = (<s-lp:is-id>,<s-rp:is-expr>)

Die Zustandsliste (is-state-dump) dient zum Abspeichern von Zuständen.

is-state-dump = is-state-d-list

is-state-d = (<s-c:is-c>,
              <s-dump:is-dump>,
              <s-inf:is-inf>,
              <s-select:is-select>)

Die Komponente s-progr enthält das zu analysierende Programm. Ein Zugriffsweg zu einer Anweisung in s-progr wird in s-select abgespeichert.

is-select = is-s-list

$\widehat{\text{is-s}}$ = S wobei S die Menge der Selektoren ist.

Der Anfangszustand ξ_0 der Pam für ein gegebenes Programm t ϵ $\widehat{\text{is-progr}}$
ist analog wie bei der iM definiert:

μ_0(<s-c:anal-progr(t)>,<s-inf:is-global-inf$\vee$is-Ω>,<s-progr:t>)

is-global-inf ist die globale Information, die dem Programm von aus-
serhalb bereitgestellt wird. Ein Endzustand ξ ϵ F der Maschine ist genau dann erreicht, wenn s-c(ξ) = Ω ist. Aus s-c(ξ) = Ω folgt
s-state-dump(ξ) = <>.

2.4 Instruktionsschema

Ein Programm t, das das Prädikat is-progr(t) erfüllt, wird folgendermaßen analysiert:

anal-progr(t) = new-state;
                  pop;
                    anal-st(t);
                      push(s-t)

für: is-progr(t)
     is-progr = is-statement
     is-statement = is-block $\vee$ is-assign-st $\vee$ ...

Wenn eine der möglichen Ausführungsfolgen des Programmes analysiert
ist, wird mit Hilfe der Zustandsliste ein neuer Zustand geschaffen
(new-state) und eine alternative Ausführungsfolge wird durchlaufen.
Push(s-t) trägt abhängig von der Anweisung den zugehörigen Selektor
(s-block oder s-assign ...) in s-select(ξ) ein. Pop entfernt das

letzte Element aus der Liste s-select(ξ).

anal-st(t) =
 s-inf(search(t,s-progr(ξ),s-select(ξ))) = Ω $\rightarrow$
                             look-at-st(t);
                                output(search(t,s-progr(ξ),s-select(ξ)))
 s-inf(search(t,s-progr(ξ),s-select(ξ))) = s-inf(ξ) $\rightarrow$ new-state
       T $\rightarrow$ look-at-st(t);
              output(search(t,s-progr(ξ),s-select(ξ)));
                merge(s-inf(search(t,s-prog(ξ),s-select(ξ))),s-inf(ξ))
für: is-statement(t)

Die Funktion search liefert in s-progr(ξ) die Anweisung, die über den
Zugriffsweg s-select(ξ) erreicht wird. Das bedeutet search liefert die
Anweisung des Programmes, die gerade analysiert wird. Es sei
s = search(t,s-progr(ξ),s-select(ξ)). Falls s-inf(s) = Ω gilt, ist an
der Anweisung noch keine Information abgelegt worden, d.h., die Anweisung wird zum ersten Mal analysiert. In diesem Fall wird s-inf(ξ) an der
Anweisung abgelegt (output(s)) und die Anweisung wird analysiert (look-
at-st(t)). Ist s-inf(s) = s-inf(ξ), so hat sich die Information an der
Anweisung stabilisiert; die Analyse stoppt bei dieser Anweisung und
eine alternative Ausführungsfolge wird betrachtet (new-state). Trifft
keiner dieser Fälle zu, wird die globale Information (s-inf(s)), die
an der Anweisung vorliegt, mit s-inf(ξ) verschmolzen (merge(s-inf(s),
s-inf(ξ))). Die neue Zustandskomponente s-inf(ξ) wird ausgegeben und
die Anweisung wird analysiert. merge bildet bei s-ep.s-inf den Durchschnitt über beide vorliegenden Listen. Der Durchschnitt wird gebildet,
da in die Ausdrucksliste nur Ausdrücke aufgenommen werden, die auf
allen Wegen zu der Anweisung liegen. Bei den Zuweisungslisten wird die
Vereinigung über beide Listen (s-ap.s-inf(s), s-ap.s-inf(ξ)) durchgeführt weil in s-ap.s-inf(ξ) Zuweisungen aufgenommen werden, die auf
mindestens einem Weg zu der Anweisung liegen.

Die Ausgabe der globalen Information an der Anweisung geschieht folgendermaßen:

output(s) =
  s $\leftarrow$ μ(s;<s-inf:s-inf(ξ)>)
für: is-statement(s)

```
new-state =
  is-<>(s-state-dump(ξ)) → PASS ← Ω
                 T → s-c ← s-c(head(s-state-dump(ξ)))
                     s-dump ← s-dump(head(s-state-dump(ξ)))
                     s-inf ← s-inf(head(s-state-dump(ξ)))
                     s-select ← s-select(head(s-state-dump(ξ)))
                     s-state-dump ← s-state-dump(tail(s-state-dump(ξ)))
```

Ist die Zustandsliste nicht leer, wird den einzelnen Zustandskomponenten der Kopf der Zustandsliste head(s-state-dump(ξ)) zugewiesen und s-state-dump wird auf das Ende der Zustandsliste gesetzt (tail (s-state-dump(ξ))).

Für Anweisungen wird hier nur das Instruktionsschema für Blöcke, Zuweisungen, bedingte Anweisungen und while-Schleifen angegeben.

```
look-at-st(t) =
  is-block(t) → anal-block(t)
  is-assign-st(t) → anal-asg(t)
  is-cond-st(t) → anal-cond(t)
  is-while-st(t) → anal-while(t)
für: is-statement(t)

anal-block(t) =
  s-dump ← μ_O(<s-c:s-c(ξ)>,<s-dump:s-dump(ξ)>,<s-inf:s-inf(ξ)>)
    s-c ← exitblock(s-decl-part(t));
              pop;
                anal-st-list(s-st-list(t));
                  push(s-st-list);
                    initialization(s-decl-part(t));
                      update-inf(s-decl-part(t))
für: is-block(t)
    is-block = (<s-decl-part:is-decl-part>,<s-st-list:is-st-list>)
```

Nachdem wie bei der iM die Zustandskomponenten gekellert sind, muß abhängig vom Deklarationsteil, s-inf(ξ) beim Auftreten von Namenskonflikten abgeändert werden (update-inf(s-decl-part(t))). In die Zuweisungsliste müssen, abhängig von der Sprache, die Zuweisungen der Initialwerte an die deklarierten Variablen aufgenommen werden (initialization (s-decl-part(t))). Anschließend werden die Anweisungen analysiert (anal-st-list(t)) und die Zustandskomponenten werden, wie sie vor Betreten des Blockes vorlagen, wieder hergestellt (exitblock).

```
update-inf(t) = update-ep(s-ep.s-inf(ξ),t)
                update-ap(s-ap.s-inf(ξ),t)
```
für: is-decl-part(t)

In der Ausdrucksliste müssen alle Ausdrücke, die neu deklarierte Variablen enthalten, entfernt werden (update-ep(s-ep.s-inf(ξ),t)). Analog wird bei der Zuweisungsliste vorgegangen.

```
exitblock(t) = unstack;
               update-dump-inf(s-inf.s-dump(ξ),t);
               update-inf(t)
```
für: is-decl-part(t)

Bei Blockaustritt müssen in der Ausdrucks- und Zuweisungsliste alle
Elemente, die lokale Variablen des Blockes enthalten, eliminiert werden (update-inf(t)). Anschließend wird diese so gewonnene globale Information um diejenigen Ausdrücke und Zuweisungen erweitert, die sich
im Keller befinden (s-inf.s-dump(ξ)), und nur Variablen enthalten, die
im Block deklariert wurden. unstack bewirkt die Wiederherstellung der
Zustandskomponenten s-c und s-dump, wie sie vor Betreten des Blockes
vorlagen.

```
anal-asg(t) = extend-inf-ap(t);
              update-inf(s-lp(t));
              anal-expr(s-rp(t))
```
für: is-assign-st(t)

In s-ep.s-inf(ξ) wird der Ausdruck auf der rechten Seite der Zuweisung
aufgenommen (anal-expr(s-rp(t))). Danach werden in s-inf alle Ausdrücke
und Zuweisungen, die Variablen enthalten, die auf der linken Seite der
Zuweisung stehen, eliminiert (update-inf(s-lp(t))). extend-inf-ap erweitert die Zuweisungsliste um die Zuweisung t.

```
anal-cond(t) = dump-state-cond(t);
               anal-expr(s-cond(t))
```
für: is-cond-st(t)
```
     is-cond-st = (<s-cond:is-expr>,<s-then-st:is-statement>,
                                    <s-else-st:is-statement ∨ is-Ω>)
```

Die Bedingung der Verzweigung wird analysiert und in s-ep.s-inf(ξ) aufgenommen (anal-expr(s-cond(t))). Dann wird der Zustand zur Analyse des
else-Teiles in der Zustandsliste abgespeichert und der then-Teil wird
durchlaufen (dump-state-cond(t)).

```
dump-state-cond(t) =
  s-state-dump → conc-or-replace(s-state-dump( ξ),
                    extend-control(s-c(ξ),pop;
                                        anal-st (s-else-st(t));
                                          push(s-else-st)))
        s-c  → extend-control(s-c( ξ),pop;
                                        anal-st(s-then-st(t));
                                      push(s-then-st))
```

für: is-cond-st(t)

extend-control(s-c(ξ),pop; anal-st(...); push(...))erweitert s-c(ξ)
um die Instruktionen pop, anal-st(...), push(...), d.h. hängt an s-c(ξ)
als nächste auszuführende Instruktionen pop, anal-st(...), push(...)
an. Es sei control = extend-control(s-c(ξ),pop; anal-st (s-else-st(t));
push(s-else-st)). conc-or-replace(s-state-dump(ξ),control) leistet
folgendes: In der Liste s-state-dump(ξ) wird nachgesehen, ob ein Element mit s-c = control und s-dump = s-dump(ξ) existiert. Falls solch
ein Element vorhanden ist, wird s-inf dieses Elementes auf s-inf(ξ)
gesetzt und s-state-dump zurückgegeben. Anderenfalls wird s-state-dump
konkateniert mit dem Element

μ_0(<s-c:control>, <s-dump:s-dump(ξ) >, <s-inf:s-inf(ξ) >, <s-select:
                                          s-select(ξ) >).

```
anal-while(t) = dump-state-while(t);
                  anal-expr(s-cond(t))
```
für: is-while-st(t)
    is-while-st = (<s-cond:is-expr>, <s-wbody:is-statement>)

```
dump-state-while(t) =
  s-state-dump ← conc-or-replace(s-state-dump(ξ),s-c(ξ))
        s-c ← extend-control(s-c(ξ),anal-st(t);
                                      pop;
                                    anal-st(s-wbody(t));
                                      push(s-wbody))
```
für: is-while-st(t)

Der Zustand, wie er nach Verlassen der Schleife vorliegt, wird in die
Zustandsliste aufgenommen und der Schleifenkörper wird betrachtet. Ist
der Schleifenkörper abgearbeitet, wird die Schleife wieder durchlaufen
und zwar so oft, bis sich die globale Information an einer Anweisung
stabilisiert hat (siehe anal-st).

2.5 Schleifeninvariante Ausdrücke

Die Information über Schleifen ist durch die Darstellung des Programmes in abstrakter Syntax vorhanden. Dadurch können invariante Ausdrücke in Schleifen erkannt werden, indem zusätzlich Information über den Schleifenkörper gesammelt wird. Ein Ausdruck ist schleifeninvariant, wenn er in der Schleife berechnet wird und wenn keine in ihm vorkommende Variable in der Schleife verändert wird. Mit Hilfe der in der Schleife berechneten Ausdrücke und geänderten Variablen lassen sich die invarianten Ausdrücke bestimmen. Der Einfachheit halber werden hier nur einfache und keine geschachtelten Schleifen betrachtet. Zur Bestimmung der invarianten Ausdrücke muß s-inf erweitert werden um die Komponente s-inv (is-inf = (<s-ep:is-ep>,<s-ap:is-ap>,<s-inv: is-inv>)). Zusätzlich muß eine neue Zustandskomponente s-loop-inf, in der die Information über den Schleifenkörper abgelegt wird, eingeführt werden.

```
is-state = (. Wie bei der Pam
             .
             .
             <s-loop-inf:is-loop-inf>)
is-loop-inf = (<s-loop-expr:is-ep>,<s-changed-var:is-id-list>)
```

Das Instruktionsschema muß folgendermaßen modifiziert werden:

```
anal-while(t) = dump-state-while(t);
                anal-expr(s-cond(t));
                assign-Ω-s-inv-s-inf
für: is-while-st(t)
```

assign-Ω-s-inv-s-inf setzt s-inv.s-inf(ξ) auf Ω.

```
dump-state-while(t) =
  s-state-dump ← conc-or-replace(s-state-dump(ξ),s-c(ξ))
       s-c ← extend-control(s-c(ξ),anal-st(t);
                               build-s-inv-s-inf;
                              pop;
                               anal-st(s-wbody(t));
                               push(s-wbody))
```

Bei der Analyse des Schleifenkörpers (anal-st(s-wbody(t)) werden die Ausdrücke in Schleifen, wie bei s-ep.s-inf, zusätzlich in s-loop-expr. s-loop-inf aufgenommen. Findet die Analyse eine Zuweisung vor, wird s-loop-expr.s-loop-inf gemäß der Zuweisung geändert und die Variable, die geändert wurde, wird in s-changed-var.s-loop-inf eingetragen. Am Ende der Schleife müssen aus s-loop-expr.s-loop-inf alle Ausdrücke eliminiert werden, die Variablen enthalten, die in s-changed-var.

s-loop-inf vorkommen. Dieser modifizierte s-loop-expr.s-loop-inf
wird dann s-inv.s-inf(ξ) zugewiesen (build-s-inv-s-inf).

3. Schlußbemerkung

Es ist einsichtig, daß s-ep.s-inf und s-ap.s-inf mit der Instruktion
merge beschränkte Halbverbände bilden. Die Menge der Funktionen up-
date-inf, update-dump-inf, anal-expr und extend-inf-ap genügen auf den
beiden Halbverbänden (s-ep,s-ap) der Distributivitätsbedingung [K 73,
U 75, KU 77]. Somit lassen sich Sätze, wie sie bei der Datenflußana-
lyse auf Flußgraphen gelten [K 73], leicht auf die Pam übertragen und
beweisen. Deshalb gilt: 1. Die Pam erreicht einen Endzustand in endlich vielen Schritten. 2. Die Pam liefert die MOP-Lösung für jede Anweisung des Programmes.

Als Weiterentwicklung der Arbeit ist eine Implementierung der Pam und
des dazugehörigen Instruktionsschemas für eine Algol-ähnliche Sprache
geplant.

4. Literatur

[A 69] Allen, F.E., Program Optimization,
    Annl. Rev. in Autom. Programming, Vol. 5, 1969

[A 70] Allen, F.E., Control Flow Analysis,
    Sigplan Notices, 5:7, 1970

[A 76] Allen, F.E., Cocke, J., A Program Data Flow Analysis
    Procedure,
    CACM, 19:3, 1976

[K 73] Kildall, G.A., A Unified Approach to Global Program
    Optimization,
    Proc. ACM Symp. on Pr. of Programming Languages, 1973

[KU 77] Kam, J., Ullman, J., Monotone Data Flow Analysis
    Frameworks,
    Acta Informatica, 7, 1977

[L 68] Lauer, P., Formal Definition of Algol 60,
    IBM Labor Wien, TR 25.088, 1968

[LLS 70] Lucas, P., Lauer, P., Stigleitner, H., Method and No-
    tation for the Formal Definition of Programming Languages,
    IBM Labor Wien, TR 25.087, 1970

[O 74] Ollongren, A., Definition of Programming Languages by
    Interpreting Automata,
    Academic Press, 1974

[U 75] Ullman, J., Data Flow Analysis,
    Proc. 2nd USA-Japan Computer Conference,
    AFIPS Press, 1975

STRATEGIES FOR THE SYNTHESIS OF ALGORITHMS

W. Bibel, U. Furbach, J.F. Schreiber

München

Abstract. A number of strategies for the construction of algorithms from a given
input-output specification of a problem are presented. Their application is illustrated by a detailed synthesis of the usual MAXIMUM algorithm, a search algorithm
LOCATE and Hoares FIND algorithm.

INTRODUCTION

The growing interest in the field of program synthesis might be interpreted as an indication that measurable progress in that direction
could be expected in the near future. Obviously, such progress would
have a considerable impact on the design of programming languages;
notably they would have to display a more *descriptive* nature than
current programming languages actually do, a feature that would ren-
der them more adequate for the human way of presenting problems.

Any such descriptive language component has a corresponding counter-
part in the language of (first or higher order) predicate logic PL
(cf. [17]). The correspondence is straightforward (but not unique,
see [13]). Moreover PL is a well studied language for which such
comfortable tools like deductive systems are available. In our view
this altogether qualifies PL as a most appropriate technical vehicle for studying all kinds of aspects concerning the construction of
correct programs. (Note that this does not imply that we expect part
of a future programming language to literally consist of the usual
technical formalism of PL since its formulas probably are too hard
to read for a casual user because of their extreme lack of redundancy
and mnemotechnique.)

With this view in mind in 1974 one of the authors started to outline
a system for assisting the synthesis of programs. Quasi in a stepwise refinement approach each of the papers [1], [2] and [3] adds
more details to it. The underlying idea is to design a mechanism, in
which a given problem description is transformed in several steps into a form which can be efficiently executed by a machine. Moreover,
this mechanism should be close to the human way of reasoning such
that at each point the programmer can decide whether to interact or

ask the machine to make its attempts and report on the results.

In the present paper we are exclusively concerned with the first major step of such a mechanism, which is regarded as the hardest one: how to transform a purely descriptive statement in PL into one which at least implicitly is of an algorithmic nature [2]. Since this can be regarded as an independent subproblem, knowledge of our previous papers is not really necessary except the reader be interested in any details of the other steps of the mechanism.

For the solution of this first step some strategies are proposed. The mechanical application of these strategies and the resulting transformations are discussed in some detail for three selected examples. So the intentions of this paper are quite similar to those in [9]. But our strategies operate on a higher level (in the usual sense of this notion in the context of programming languages) which is to say that they are more general, more intelligible, and more independent from particular programming language constructs. For example one of our strategies roughly says: If the description of a problem does not (implicitly or explicitly) specify a way how to determine the desired result then necessarily one has to make an appropriate guess. This seems to be a rather obvious principle; we will see that it supplies a very helpful tool (Strategy GUESS, see next section). Other related work is that of Darlington [8], Green and Barstow [11], and Manna and Waldinger [16].

Like in [9] one of our strategies involves transformations which lead to equivalent statements. This is one of those parts where theorem proving crucially is required, notably theorem proving with rewriting capabilities specialized for the fields under consideration like set theory, arithmetic etc. Prototypes of such specialized systems are [4] and [5].

BASIC STRATEGIES

In order to illustrate the descriptive way of representing problems and its corresponding logical structure we start out with a simple example.

Example 1. Let MAX2 be the name for the task of determining the *maximum* m *of two integers* a,b which is characterized by the following formula.

1.1. $(m{=}a \lor m{=}b) \land a{\leq}m \land b{\leq}m$

So there are the following five items to be distinguished in the representation of a problem.

name: a name is given to the problem (e.g. MAX2) which also serves
     as a name for the function or predicate determined by the problem
input: the input variables are given (e.g. a,b)
input-condition: a conjunction of formulas is given which expresses
     the conditions made for the input (e.g. $\underline{\text{int}}$ a $\land$ $\underline{\text{int}}$ b)
output: the output variables are given (e.g. m)
output-condition: a conjunction of formulas is given which specifies
     the output for given input (e.g. 1.1)

Such a problem specification logically corresponds to two formulas in first-order logic; one of them defines the intended function (or predicate)

1.2. $\forall$input $\forall$output (name(input)=output $\leftrightarrow$
                (input-condition $\rightarrow$ output-condition))

the other one states the actual problem to be solved

1.3. $\forall$input $\exists$output (name(input)=output)

i.e. for given input the appropriate output is to be determined. Substitution of the definition 1.2 into 1.3 gives

1.4. $\forall$input $\exists$output (input-condition $\rightarrow$ output-condition)

In all of our examples the formula to be worked upon will be of this form which allows to suppress the quantifiers in most cases (according to common practice). We will also drop those parts from the input-condition which are understood by the context or irrelevant for the solution. With this conventions 1.1 can be understood as an instantiation of 1.4.

Transforming 1.1 into disjunctive normal form and applying a well-known equality rule in order to obtain alternative cases with evaluable predicates (which below will be described as an application of strategies GET-DNF and GET-EP), immediately leads to the following equivalent of 1.1:

1.5. $(a \leq b \wedge m = b) \vee (b \leq a \wedge m = a)$

According to the topic of this paper as described in the introduction, we will content ourselves with such a form, referring the reader to [3], e.g., for any further steps of the mechanism. Only in order to indicate that the remaining task is relatively easy to be
performed in comparison to what has been achieved sofar, we always
will state an equivalent form which is close to our final one but
written up in a way more familiar to computer scientists. In the
present case this is

1.6. $MAX2(a,b) = $ if $a \leq b$ then b else a.

Example 2. As we have seen the difference between 1.1 and 1.5 lies
exclusively in a propositional and equational equivalence transformation. In that sense 1.1 implicitly is of an algorithmic nature
("implicit strategic definition" in the terminology of [2]). In this
paper we envisage those kinds of problems where this is n o t the
case like in the following generalisation of the maximum problem to
a finite number of elements.

```
name     : MAX
input    : S
input-condition : set S ∧ S≠∅
output   : m
output-condition : m∈S ∧ ∀x(x∈S → x≤m)
```

Note that this specification is redundant; e.g. under the realistic
assumption that $\in$ is a built-in predicate, S necessarily has to
be a set. Also we could shortly write $S \leq m$ for the second output
condition. Therefore the problem can be formally stated as

2.1. $\forall S \exists m (S \neq \emptyset \to m \in S \wedge S \leq m)$

There is no propositional and/or equational equivalence transformation which would yield a form like 1.5 in which m would be determined by the input. It is very natural in such a situation to make a
guess, say m', for m and see how lucky we are.

But we must somehow specify the domain where to take m' from. Obviously, it is reasonable to choose such a specification from those given output-conditions which specify m. Here we have two of them: $m \in S$ and $S \leq m$. Requiring both also for m' would not reduce the problem. So a choice between two alternatives is left.

The probabilities for the correctness of the guess are $p_1 = 1/|S|$ and $p_2 = 1/|\{m|S \leq m\}|$, resp. If we assume $p_2 < p_1$ which is true e.g. for a finite set of integers then obviously the first alternative is more restrictive, i.e. advantageous. Moreover, $m' \in S$ is a condition testable in one step, while $S \leq m'$ requires $|S|$ steps which additionally favours $m' \in S$. Let us put these considerations, which apparently are of a general nature and not specific to this example, into the following two strategies.

GUESS: Transform a problem of the form
$\quad\quad\forall$input $\exists y$ (input-condition $\rightarrow$ output-condition) to
$\quad\quad\forall$input $\forall y' \exists y$ (input-condition $\wedge$ domain-specification
$\quad\quad\quad\quad\quad\quad \rightarrow$ output-condition $\wedge$ ($y \neq y'$ $\vee$ $y = y'$))
$\quad\quad$where domain-specification is determined by the following
$\quad\quad$substrategy.

DOMAIN: For a problem as in GUESS consider the set P of subsets
$\quad\quad$of those conjuncts in output-condition which specify y. By
$\quad\quad$conjuncting the elements of each of these subsets P becomes
$\quad\quad$a set $\hat{P}$ of formulas. From $\hat{P}$ choose an element C as do-
$\quad\quad$main-specification such that C is minimal with respect to
$\quad\quad$the following relation $<_k$.
$\quad\quad$For $C \in \hat{P}$ let $q_C := |\{y|C \text{ holds}\}|$, and s_C be the number of
$\quad\quad$steps required to test whether C holds for given y. Then
$\quad\quad C <_k D$ iff $q_C \cdot s_C < k \cdot p_D \cdot s_D \wedge p_D \cdot s_D \not< k \cdot p_C \cdot s_C$

For the purpose of this paper we will not specify in more detail what is meant by a "step" and how to determine q,s in general. The reader may assume that this information is provided to the mecha- nism from outside. k is a weight factor; k=1 is good enough for the examples in this paper.

Applying these two strategies to 2.1 gives

2.2. $\forall S \forall m' \exists m(S \neq \emptyset \wedge m' \in S \rightarrow m \in S \wedge S \leq m \wedge (m \neq m' \vee m = m'))$

We will see in a moment that 2.2 corresponds to 1.1 in the sense that it is of an implicit algorithmic nature which can be made explicit by an equivalence transformation. Such a transformation will be activated by the following strategy.

GET-G (goal-oriented equivalence transformation with goal G).
    Rewrite a given formula according to domain and goal dependent equivalence transformation rules until goal G is achieved.

As a matter of fact GET stands for a collection of strategies. In the following some instances are given.

GET-DNF: the goal is that the resulting formula is in disjunctive normal form (alternative cases)

Applying that to the conclusion in 2.2 yields

2.3. $S \neq \emptyset \wedge m' \in S \rightarrow (m \in S \wedge S \leq m \wedge m \neq m') \vee (m \in S \wedge S \leq m \wedge m = m')$

GET-REC: the goal is to find some kind of recursion

In some more detail, GET-REC would consider the first alternative in 2.3 (and not the second one since m is explicitly determined by input m' in it). There $m \in S \wedge m \neq m'$ can be rewritten to $m \in S \setminus m' \wedge m \neq m'$. Comparison with the original specification 2.1 indicates that the term S in this alternative should be substituted by $S \setminus m'$ to match the desired goal. Noting additionally that under the premise $m' \in S$ the inequality $m \neq m'$ in fact can be read as $m' < m$ the theorem prover would establish that 2.3 is equivalent with

2.4. $m' \in S \rightarrow (S \setminus m' \neq \emptyset \rightarrow m \in S \setminus m' \wedge S \setminus m' \leq m) \wedge m' < m \vee$
            $(S \neq \emptyset \rightarrow m \in S \wedge S \leq m) \wedge m = m'$

Using the function name this simply reads

2.5. $m' \in S \rightarrow (MAX(S) = MAX(S \setminus m') \wedge m' < MAX(S)) \vee MAX(S) = m'$

GET-EP: the goal is that predicates become (more easily) evaluable

Since $MAX(S \setminus m')$ is easier to be evaluated than $MAX(S)$ this strategy can be applied to 2.5 to yield

2.6. $m' \in S \to (m' < MAX(S \smallsetminus m') \land MAX(S) = MAX(S \smallsetminus m') \lor MAX(S) = m'$

A corresponding algorithmic version is

2.7. MAX(S) = <u>begin</u> <u>choose</u> m' <u>such</u> <u>that</u> m'∈S;
               <u>if</u> $S \smallsetminus m' \neq \emptyset \land m' < MAX(S \smallsetminus m')$ <u>then</u> MAX$(S \smallsetminus m')$
               <u>else</u> m' <u>end</u>

We have used MAX to illustrate these strategies but the point is
that the pattern: "apply GUESS and DOMAIN, then GET-DNF, then
GET-REC, finally GET-EP" (or extensions of it) may be successful also for other problems. Our remaining examples support this thesis.
Note that the transition from 1.1 to 1.5 can already be regarded as
an exemplification of the strategies GET-DNF and GET-EP.

<u>Example 3</u>. The data-structure of a set, involved in the previous ex-
ample might be too simple to convince the reader of the usefulness
of our strategies. Therefore, the following problem on ordered arrays has been included which is taken from [10]. For a set A of
pairs and a value v such that $(i,v) \in A$ for some index i an element $a \in A$ is to be determined such that a=(i,v).

    name   : LOCATE
    input : A,v
    input-condition : ordered(A) $\land \exists i (i,v) \in A \land$
                     $\forall b (b \in A \to b = (c1(b), c2(b)))$
    output: a
    output-condition: $a \in A \land c2(a) = v$

Again, we assumed a body of built-in functions and predicates; e.g.
ordered(A) is to be understood as

3.1. $\forall a,b \in A ((c1(a) = c1(b) \to a=b) \land (c1(a) < c1(b) \to c2(a) < c2(b)))$

So with ic(A,v) as an abbreviation for the input-condition the
problem reads

3.2. $\forall A \forall v \exists a (ic(A,v) \to a \in A \land c2(a) = v)$

Now, application of the strategies GUESS, DOMAIN and GET-DNF leads
to

3.3. $ic(A,v) \wedge a'\epsilon A \rightarrow (a\epsilon A \wedge c2(a)=v \wedge a\neq a') \vee$
$$(a\epsilon A \wedge c2(a)=v \wedge a=a')$$

GET-REC invocates the following equivalences which hold on the basis
of 3.1: $a\neq a' \leftrightarrow c2(a)<c2(a') \vee c2(a)>c2(a')$, $a\epsilon A \wedge REL(a,a') \leftrightarrow$
$a\epsilon\{b|b\epsilon A \wedge REL(b,a')\} \wedge REL(a,a')$ for any relation REL. With the
abbreviations $A_1 := \{b|b\epsilon A \wedge c2(b)<c2(a')\}$,
$A_2 := \{b|b\epsilon A \wedge c2(b)>c2(a')\}$ GET-REC establishes

3.4. $a'\epsilon A \rightarrow (ic(A_1,v) \rightarrow a\epsilon A_1 \wedge c2(a)=v \wedge c2(a)<c2(a')) \vee$
$$(ic(A_2,v) \rightarrow a\epsilon A_2 \wedge c2(a)=v \wedge c2(a)>c2(a')) \vee$$
$$(ic(A,v) \rightarrow a\epsilon A \wedge c2(a)=v \wedge a=a')$$

GET-REC ends up with the introduction of the function name and
GET-EP substitutes $c2(a)$ by v in the inequalities. The result,
written up in the corresponding algorithmic form, finally is

3.5. LOCATE(A,v) = <u>begin</u> <u>choose</u> a' <u>such</u> <u>that</u> $a'\epsilon A$;
<u>if</u> $v<c2(a')$ <u>then</u> LOCATE(A_1,v) <u>else</u>
<u>if</u> $v>c2(a')$ <u>then</u> LOCATE(A_2,v)
<u>else</u> a' <u>end</u>

An analysis of the resulting algorithm shows that the selection
of a' should be such that $c1(a') = entier(|A|/2)$. Sofar we can
not say much about how to build in such a meta-consideration into
our mechanism.

<u>THE SUBPROBLEM MECHANISM</u>

Upto now we have studied problems with only one existential quantifier. It is straightforward to generalize the method from the previous section to more than one existential quantifier in the case
where the output-condition can be separated into parts such that
each part contains exactly one existentially quantified variable.
This is so because in such a case the problem consists of several independent problems of the previous type.

<u>Example 4</u>. In this section we study a well-known problem [12] which
is more complicated in that respect and introduce additional strategies for this type of problems. FIND asks for separating a given set
S into the two subsets of those elements which are smaller/greater

than the i-th element from S with respect to a given ordering. In
our format the problem reads

```
name : FIND
input : S,i
input-condition : 1 ≤ i ≤ |S|
output: S₁,a,S₂
output-condition: S=S₁ÛaÛS₂ ∧ |S₁|=i-1 ∧ S₁<a ∧ a<S₂
```

where the disjunctive union is defined as

4.1. $x \in A \mathring{\cup} B \leftrightarrow (x \in A \lor x \in B) \land A \cap B = \emptyset$.

Note that this time the type of a and S_2 would not be clear to
the system, so it would have to ask the user for the intended type.-
Formally the problem reads

4.2. $\forall S \forall i \exists S_1 \exists a \exists S_2$ FIND$(S,i) = (S_1,a,S_2)$ where

4.3. FIND$(S,i)=(S_1,i,S_2) \leftrightarrow$
      $(1 \leq i \leq |S| \rightarrow S=S_1 \mathring{\cup} a \mathring{\cup} S_2 \land |S_1|=i-1 \land S_1<a \land a<S_2)$

GET-SOC: <u>s</u>eparate <u>o</u>utput-<u>c</u>ondition w.r.t. the existentially quanti-
         fied variables

as described in the first paragraph of this section obviously does
not apply. Of course one could formulate GUESS for the case of more
than one output; but the probability of a correct guess for the values of a l l output-variables would then simply be the product of
the probabilities of each variable separately which is nothing else
than saying that the resulting algorithm would be unsatisfying.
Namely, in many problems there is some functional dependency among
the output-variables in the sense that after a guess for one value
of a variable one can restrict the domain of the remaining variables.

A special case of such a dependency is given when one of the variables can be explicitly expressed in terms of the remaining ones according to the output-conditions. Of course this variable can then
be substituted.

RED#VAR: apply GET to output-condition with the goal of explicitly
         expressing one variable by the remaining ones and substitute

that variable by the corresponding expression.

Since $S=S_1 \dot{U} a \dot{U} S_2 \leftrightarrow S_2 = S \setminus (S_1 U a) \wedge a \epsilon S \wedge S_1 \leq S \wedge a \notin S_1$ application of RED#VAR to 4.2 gives

4.4. $1 \leq i \leq |S| \rightarrow a \epsilon S \wedge S_1 \leq S \wedge a \notin S_1 \wedge |S_1| = i-1 \wedge$
       $S_1 < a \wedge a < S \setminus (S_1 U a)$

In this new version a and S_1 are left as output-components and RED#VAR cannot be applied a second time. So the next task is to explore a dependency of S_1 on a or vice versa. Which one of these two alternatives should one try first? Again we use a general cardinality argument to get the following strategy, which simply says that one should try a guess on that variable first where the guess is more likely to be correct.

CHVAR: if there is a choice between two (or more) existentially
    quantified variables v_1, v_2 and the output-condition is of
    the form $F(v_1) \wedge G(v_2) \wedge H(v_1, v_2)$ where F and G does not
    contain v_2 and v_1, resp., and if
    $|\{v_1 | F(v_1) \text{holds}\}| < |\{v_2 | G(v_2) \text{holds}\}|$ then choose variable
    v_1 else v_2.

Since $|S| = |\{a | a \epsilon S\}| < |\{S_1 | S_1 \leq S\}| = 2^{|S|}$ CHVAR chooses a in
4.4.

The user and/or a theorem prover has now to explore the desired dependency which will be formulated in the following strategy.

DEPEND: Given a problem of the form
    $\forall$input $\exists v_1 \exists v_2$(input-condition $\rightarrow F(v_1) \wedge C_1 \wedge \ldots \wedge C_n$) where
    v_1 has been chosen by CHVAR and v_2 occurs in each C_i but
    not in $F(v_1)$, then determine an index set
    $\{i_1, \ldots, i_m\} \subseteq \{1, \ldots, n\}$ such that
    $\forall$input $\forall v_1 \exists v_2$(input-condition $\wedge F(v_1) \rightarrow C_{i_1} \wedge \ldots \wedge C_{i_m}$) is
    a theorem but for all $j \epsilon \{1, \ldots, n\} \setminus \{i_1, \ldots, i_m\}$
    $\forall$input $\forall v_1 \exists v_2$(input-condition $\wedge F(v_1) \rightarrow C_{i_1} \wedge \ldots \wedge C_{i_m} \wedge C_j$)
    is not a theorem.

Note the maximality in the resulting dependency. The alert reader will see in the following how that contributes to the efficiency of the resulting algorithm.

Applying DEPEND to 4.4 gives the new problem

4.5. $\quad \forall S \forall i \forall a \exists S_1 (1 \le i \le |S| \wedge a \in S \to S_1 \subseteq S \smallsetminus a \wedge S_1 < a \wedge a < S \smallsetminus (S_1 \cup a))$.

The reader should check that addition or substitution for $S_1 < a$ or for $S \smallsetminus (S_1 \cup a) < a$ of the conjunct $|S_1| = i-1$ all would lead to wrong statements.

DEPEND requires quite a bit of theorem proving. But observe that these proofs have not to be efficient in the sense of algorithms; it is only required to somehow find out for several formulas, determined by the problem, whether they are theorems or not, be it by the user or the machine (interactivity!). Here we assume that the reader is aware of the fact that these theorem proving problems would occur also in the non-mechanized human synthesis.

4.5 defines a new problem which will get a name: PART. As a subproblem it has to be solved before returning to FIND. Its structure is like that for MAX except that S_1 is a set (while m in MAX was an element). But since a set can be displayed only by constructing its elements, the basic strategies simply require a straightforward adaption. So GUESS introduces a new quantification $\forall a_1'$ as before but "success or failure" reads $\text{"}a_1' \in S_1 \vee a_1' \notin S_1\text{"}$ (and not $\text{"}a_1' = S_1 \vee a_1' \ne S_1\text{"}$). The cardinality argument in DOMAIN similarly adapted gives $a_1' \in S \smallsetminus a$ as domain-specification. These, GET-DNF, -REC, and -EP applied to 4.5 yield

4.6. $\quad a_1' \in S \to (\text{PART}(S \smallsetminus a_1', i, a) = S_1 \smallsetminus a_1' \wedge a_1' < a) \vee$
$\qquad\qquad (\text{PART}(S \smallsetminus a_1', i, a) = S_1 \wedge a \le a_1')$

in the same way as in the previous section which represents a solution for $\text{PART}(S, i, a) = S_1$. With this result RED#VAR can now be applied to 4.4 yielding

4.7. $\quad 1 \le i \le |S| \to a \in S \wedge |\text{PART}(S, i, a)| = i-1$

In 4.7 only a is existentially quantified; so again we have obtained a structure like that discussed in the previous section. For lack of space we must leave it to the reader to verify that the standard sequence GUESS, DOMAIN, GET-DNF, -REC, and -EP results in

4.8. $a' \in S \wedge FIND(S,i)=(S_1,a) \wedge PART(S,i,a')=S_1' \rightarrow$

$(|S_1'|<i-1 \wedge (S_1 \diagdown (S_1' \cup a'),a)=FIND(S \diagdown (S_1' \cup a'),i-|S_1'|-1)) \vee$

$(i-1 \le |S_1'| \wedge (S_1,a)=FIND(S_1',a))$

Two of the premisses just introduce abbreviations.
A corresponding algorithmic form is

4.9. $FIND(S,i) =$

> **begin** **choose** a' **such** **that** $a' \in S; S_1' \leftarrow PART(S,i,a')$;
>> **if** $|S_1'|<i-1$ **then**
>>> $(S_1'',a,S_2) \leftarrow FIND(S \diagdown (S_1' \cup a'),i-|S_1'|-1);(S_1' \cup a' \cup S_1'',a,S_2)$ **else**
>>
>> **if** $i-1<|S_1'|$ **then**
>>> $(S_1,a,S_2') \leftarrow FIND(S_1',i);(S_1,a,S \diagdown (S_1 \cup a))$ **else**
>>>
>>> $(S_1',a',S \diagdown (S_1' \cup a))$
>
> **end**

Transformation of the recursions in 4.9 into loops and implementation
of the sets as arrays would give essentially Hoare's algorithm for
FIND.

SUMMARY.

We exhibited several general strategies for the synthesis of algor-
isms and displayed their usefulness on three examples. All of them
are search problems. So the success of the application of the standard sequence of these strategies for each of them indicates that this
might be a more general method for synthesizing search algorithms. At
this time we do not know, but hope, that there is considerable carry-
over to other types of applications, e.g. sorting problems etc. In
this sense the work is being continued in a project at the Technical
University of Munich.

Acknowledgements. We would like to thank H.-J. Hoffmann and
P. Schmitz for careful reading of a preliminary version of this paper. Also several discussions of one of the authors with a number of
colleagues in the U.S.A. have broadened our view on the topic, notably with Z. Manna and R. Waldinger who work with very similar intentions. Thanks are also due to Mrs. A. Bussmann for the typescript.

REFERENCES

[1] Bibel, W., Programmieren in der Sprache der Prädikatenlogik, Habilitationsarbeit (eingereicht), Technische Universität München, 1975; shorter versions of it: Prädikatives Programmieren, Lect. Notes Comp. Sc., vol. 33, Springer, Berlin and New York, 274-283, 1975.
Predicative programming, Séminaires IRIA 1975/76, Roquencourt, to appear

[2] Bibel, W., Synthesis of strategic definitions and their control, report 7610, Technische Universität München, May 1976

[3] Bibel, W., A uniform approach to programming, report 7633, Technische Universität München, 1976

[4] Bledsoe, W., Set variables, Fifth International Joint Conference on Artificial Intelligence, Cambridge, 501-510, 1977

[5] Brown, F.M., A theorem prover for elementary set theory, Fifth International Joint Conference on Artificial Intelligence, Cambridge, 534-540, 1977

[6] Brown, F.M., Tärnlund, S.A., Inductive reasoning in mathematics, report No. 30, Department of Artificial Intelligence, University of Edinburgh, 1977

[7] Buchanan, J.R. and Luckham, D.C., On automating the construction of programs, Memo AIM-236, Stanford A.I. Lab. 1974

[8] Darlington, John, A synthesis of several sorting algorithms, Report 23, Dept. Artif. Intell., Univ. of Edinburgh, 1976

[9] Dershowitz, N., Manna, Z., On automating structured programming, Conference on Proving and Improving Programs, Arc et Senans, p. 167-193, 1975

[10] Floyd, R.W., Toward interactive design of correct programs, Proc. of IFIP Congress 1971, Ljubljana, North Holland, I1-I4, 1971

[11] Green, C. and Barstow, D., Program synthesis knowledge for efficient sorting, Artif. Intell. Lab., Stanford Univ., March 1977

[12] Hoare, C.A.R., Algorithm 63 (Partition) and Algorithm 65 (Find), CACM, Vol. 4, No. 7, 321-322, 1961

[13] Kowalski, R., Algorithm = Logic + Control, Imperial College, London, 1976

[14] Low, J., Rovner, P., Techniques for the automatic selection of data structures, 3rd ACM symposium on principles of programming languages, 1976

[15] Manna, Z. and Waldinger, R., Toward automatic program synthesis, Comm. ACM, 14, No. 3, 151-165, 1971

[16] Manna, Z. and Waldinger, R., The automatic synthesis of recursive programs, Proc. of Symp. on Artif. Intell. and Programming Languages, Rochester, ACM, 29-36, 1977

[17] Sandewall, E., PCF2 a First Order Calculus for Expressing Conceptual Information, Dept. of Comput. Sci., Uppsala Univ. at Uppsala, Sweden, 1972

An Introduction to LIMP:
an Experimental Language for the Implementation of
Messages and Processes.

J G Hunt

Queen Mary College, University of London

KEYWORDS: Applicative Languages, Typed Languages, SIL's; Cooperating Processes, Communicating Processes, Interprocess Communication, Messages; Modules; Programmer-Definition of Types.

ABSTRACT: Recent trends in programming languages are combined, to produce a Systems-Implementation Language based upon processes and messages. Processes are anonymous; but interprocess channels have system-unique names, which permits great flexibility in communication.

All entities within the system are typed, and programmer-definition of types is allowed. Access to types and typed objects can be restricted by means of the **module**, and interprocess communication can be restricted by the typing of messages.

Machine-interpreted references are not permitted. Assignment and functions as parameters must therefore be modelled by new techniques.

{Neue Programmiersprachetendenzen werden zusammengesetzt, um eine auf Prozessen und Botschaften begruendete Systembausprache zu erstellen. Alle Prozesse sind anonym; Kanaele zwischen Prozessen besitzen aber einen Name, der einzig im System ist: was grosse Flexibilitaet zur Verbindung ermoeglicht.

Alle Seienden im System unterscheiden sich nach Typen; und der Programmierer kann selbst noch andere Typen definieren. Sowohl die Typen als auch die Seienden kann man durch **Moduln** beschraenken; und die Verbindung zwischen Prozessen wird kontrolliert dadurch, dass man die Typen der Botschaften beschraenkt.

Wir erlauben keine Maschinenadressen; also muss man neue Techniken benutzen, wenn man die Zuweisung oder die Weitergabe von Funktionen haben will.}

1 **Introduction**

1.1 General

LIMP is a general-purpose language for multiprocess systems, from communication- and control-systems to multiuser programming systems. It has been designed with the benefit of hindsight gained from consideration of Modula [6,7], EPL [2], etc.; and some inspiration has also been obtained from the Unix operating system [4; 5,8], and sundry other sources. A fuller specification may be found in [1].

1.2 Aim

Our aim, as indicated by the acronym "LIMP", is to develop a language suitable for describing systems of cooperating and communicating processes. Following the work of Hewitt, et al., and in view of the difficulties of sharing data between processes - especially when these processes may reside in different processors - we were rapidly led to abandon any notion of implicit data-sharing: hence we adopted message-passing, which is more-amenable to inclusion in a SIL.

Experience gained from writing systems in typeless and partially-typed languages has convinced us that a fully-typed language is a necessity for the development of systems of any size on which any reliance is to be placed. Thus LIMP is a typed language, with programmer-definition of types both allowed and encouraged; and type-checking is not confined to intraprocess activity, but extends also to the passing of messages.

LIMP has not been based upon any one language in particular: but, if it resembles anything, it is probably EPL. (EPL is in turn based upon BCPL [3] - a typeless language! - and has the notion of processes and messages.) Contributions have also been taken from Modula: notably the **module**, which permits finer control than traditional scoping rules; and the specification of device-handling in a high-level language. Both of these languages, however, seem to be oriented towards static configurations of processes within a single processor: whereas LIMP is also intended to be useful for dynamically-variable systems distributed over a number of processors.

1.3 Design Considerations

LIMP has been kept reasonably small, yet with sufficient "features" that programming might not be too arduous a task. The language has not been designed to be especially efficient: although we hope that efficient implementations will be possible. The primary emphasis has been on providing a transparent and unambiguous vehicle for the expression of ideas.

Since LIMP is a system concept as much as a language, there is no direct provision for incorporating other languages. This accords with our desire to preclude the use of assembly code: although a small support nucleus for storage management may be necessary.

2 **Communication**

2.1 Funnels

The basic idea is that a funnel {Trichter} is a logical communication channel, linking a number of writer processes nondeterministically to a number of reader processes. This is the general case. With a single reader and a single writer we have a traditional channel, (deterministically) linking two processes. Allowing several readers enables the workload of processing the messages to be shared, or permits service processes to be replaced by later versions; while allowing several writers means that messages may be generated anywhere within the system, or that a process may be suspended upon the disjunction of several conditions, each monitored by a separate process.

2.2 Sinks and Sources

Funnels are simply a special class of values, which happen to be of significance for message-passing. Each funnel has an associated type, (e.g. INTeger); and only messages of that type may be sent on that funnel. Each funnel connects a **sink** {Ausguss} to a **source** {Quelle}. (The terminology reflects the viewpoint not of the funnels but of the processes which use them.) Processes write messages on sinks, and read messages from sources; and a message written on a sink corresponding to a given funnel will be read by a process using a corresponding source.

2.3 Messages

A message is simply a value. Reading a message from a source is syntactically no different from evaluating a function call. (Similarly, writing a message on a sink is like a procedure call.) If the source of the message is of importance, this information must be conveyed explicitly in the message itself, or else by other means: for the information read will be precisely that written, and there is no additional means of interrogating "the message" or the message-passing system. (It is worth remarking that, thanks to typing and modularity, this need not represent a potential security hazard.)

Nondeterminacy may arise whenever a funnel has several sinks or several sources being used simultaneously by different processes. In this case a writer process has no control over which reader will receive a given message; nor can a reader process associate itself with a particular writer. As indicated in 2.1, such nondeterminacy may often be exploited, (nay, is often necessary!); however, it can be avoided, where desired, simply by controlling the distribution of sinks and sources.

2.4 Synchronisation

Synchronisation is achieved by awaiting a message. This is not only a convenient mechanism, since we already have the notion of messages, but also a natural one, since status information is often required. Thus no other means for synchronisation is provided.

3 **Other Salient Features**

3.1 Processes

Processes may be created dynamically, by invoking parallel functions and procedures. Parameters may be passed, as for sequential functions and procedures; but additional interaction is possible through messages. When the function or procedure terminates, the process dies; and, in the case of a function, the result is returned to the parent process.

3.2 Types

There are two basic categories of type: **open** and **closed**. Open types are simply records or structures, i.e. a group of values treated as a single value, and have no associated security. Closed types are also structured values, but additionally have their own operations; and only the operations defined with the structure may have direct access to the components. (Actually our scheme is a little more-flexible than this, and enables specific components of a closed type to be accessed directly from outside the type definition.)

Types in LIMP are used not merely within programmes, but also as a system concept, to enable programmes to be linked dynamically, without compromising security.

Types (and modules) may be archived, i.e. placed in system libraries for later use. Archived types may be used for interprogramme communication, provided that their definitions do not use nonlocal identifiers. This restriction ensures that a given type is always interpreted in exactly the same way, no matter where it occurs in the system. Note that one library type may still refer to other archived objects, provided that they do so by incorporating <u>constant</u> names into their definitions.

Now, since a process can communicate with another only by means of funnels, and funnels are typed, control of types provides an easy way to ensure that particular information can never be made available to a given group of processes. (Control of sinks and sources can also be used; but in certain circumstances control of types may be easier to demonstrate or enforce.)

3.3 Priming a Programme

When a compiled programme is loaded for execution, various parameters may be passed to it. In particular, every programme which is not self-contained will require to accept sinks or sources for communicating with its environment. If the types of these initial parameters are validated, then no further type-checking need be performed: for the compiler will have ensured that all internal transfers are consistent; and the validation of the sinks and sources will have ensured the consistency of all interprogramme communication.

(Of course, an interpretative approach would be possible, in which the type of every message were checked; but it is perhaps comforting to know that this is not actually necessary.)

3.4 Addresses

Multiprocess systems, (and multiprocessor systems, <u>a</u> <u>fortiori</u>), require the notion of an address to be reconsidered. So that all values may be freely passable between processes, without regard to address spaces and their current state, we have not included references as a value type. Hence variables cannot be passed by reference: only by value. Similarly, functions and procedures may not be passed as addresses: for they would have little significance if passed to a process with a different code segment.

(Our exclusion of functions from the domain of values is not really a restriction, since the same effect may be accomplished by creating a new process which performs the task of the function, and by passing sinks and sources instead.

It is thus ensured that the code of a function is always present whenever an attempt is made to execute it.)

3.5 Assignment

As a consequence of our rejection of data-sharing (1.2), and to maximise context-independence, we were led firstly to prohibit assignment to nonlocal variables, (to avoid disparity between allowing assignment within sequential routines, and disallowing it in parallel ones), and then to abolish assignment altogether, (lest the partial restriction mitigate against the use of routines). Thus LIMP is an applicative language. However, for simplicity, understandability, (and also efficiency), LIMP is not quite so applicative as LISP. Thus we have the FOR-command; and, a generalisation of this, the WITH-command. Hence environments may be changed iteratively, as well as by recursion.

Initial experience in programming in LIMP does not indicate that the absence of assignment will be a hardship, even in a SIL. Not only can assignment be modelled by iteration; but references can be modelled by processes and funnels: tree structures, for example, may easily be created, treating each node as a process. Indeed, far from bemoaning the passing of assignment, we should note that its absence should encourage parallel programming. Our confinement of assignment to iterative constructs makes the role of variables more apparent.

4 Some Examples

Notes

1) "%id:" and "%id;" are brackets, corresponding to Algol's **begin** and **end**. The identifier thus declared may be used within the scope of the brackets as a 'label', e.g. in an EXIT statement, which causes termination of the construct thus specified.

2) WITH-USING-DO is a generalisation of the FOR-command. For every iteration after the first, the expressions of the USING clause are evaluated, (or reevaluated, if necessary), and then bound to the identifiers of the WITH clause, superseding the previous values.

3) The semantics of the SWITCH-CASE construct are, for the examples given, identical with those of BCPL. In general, however, the CASE

expressions need not be compile-time constants; ranges may be specified for values of ordered types; and nondeterminacy may result if the CASEs are not pairwise-disjoint.

4)   The evaluation symbol, "!", is used for calling functions and procedures, evaluating arrays, and sending and receiving messages. Brackets are required if there is more than one argument.

5)   The prefixes PARA and SEQ distinguish parallel functions and prcedures from sequential ones. In the parallel case, a new process is created whenever the routine is invoked. All code is sequential, except where a PARA construct is used.

6)   VALOF-RESULT is a mechanism for writing a statement (i.e. function body) where the syntax expects an expression. When a RESULT statement is executed, the following expression is evaluated, and the value is returned as the result of the enclosing VALOF.

```
//interrupt-handling process,
//which starts the clock,
//but ignores all other interrupts


LET clock.interrupt = PARA PROC


%clock: LET control = REGISTER HEX 7C00 SINK    WORD
        AND status  = REGISTER HEX 7C00 SOURCE  WORD
        //'control' and 'status' share the same machine location,
        //which is interpreted as individual bits.
        AND period  = REGISTER HEX 7C04 SINK     INT
        //'period' is interpreted as an integer
        AND wru     = REGISTER HEX 7FFF INTERRUPT 1 WORD
        //interrupt registers are automatically sources.
        //'wru' (who are you) will yield the identity of the interrupting
        //processor, when there is a 'level 1' interrupt.


        //set period to 5000 microseconds
        period ! 4999


        //start clock and clear status
        control ! HEX 9200


        REPEAT //Now enter service cycle
        %cycle: SWITCH (!wru) AND HEX 1E
                //Extract identity of interrupting processor
                INTO %which:


                        CASE HEX 18:    !service.clock  //Call service routine

                        CASE DEFAULT:   SKIP    //Spurious interrupt
                %which;
        %cycle;
%clock;
```

```
//A Simple Directory of <name,value> pairs.
EXTERNAL "dir.defs"        //Library file


PROG (SOURCE CHAR cmd,    //Every interaction begins with a command
       SOURCE name key,    //'key' is required for 'r' and 'd' options
       SINK ATOM val,      //'val' takes the reply in option 'r'
       SOURCE record newrec)    //'newrec' is used for option 'w'
         //'name' and 'record' are types defined in "dir.defs"


%dir:    WITH a = VEC nullrec     //an array with a single dummy element
         USING VALOF SWITCH cmd INTO
         %wh:    CASE 'q':        //'Quit', i.e. remove the directory
                                  EXIT dir


                 CASE 'r':        //Read an entry
                                  val ! [lookup!(a,!key)]
                                  RESULT a


                 CASE 'w':        //Write an entry
                                  %w:    LET nr = !newrec
                                         RESULT ⌈remove ! (a,sel.key!nr)⌉
                                                         CAT (VEC nr)
                                  %w;


                 CASE 'd':        //Delete an entry
                                  RESULT remove ! (a,!key)


                 CASE DEFAULT:    //Erroneous command
                                  RESULT a
         %wh;
         DO SKIP //All work done in USING clause
%dir;
```

5 **Conclusion**

QMC, together with the Universities of Edinburgh and Warwick, is currently being funded by the Science Research Council to investigate distributed systems. Developments in this project, which is currently only six weeks old, may well influence the further development of LIMP. At the time of writing, (November 1977), no progress has been made towards implementing a LIMP system, apart from a few tentative ideas on paper. In the absence of any assistance, future work on LIMP will probably be limited to feasibility studies, possibly involving the implementation of a highly-restricted subset.

6 **Acknowledgements**

I should like to thank all those who have given me moral support and provided stimulus during this (continuing) project: in particular, Richard Bornat, George Coulouris, John Iliffe, and my other colleagues at Q.M.C..   I am also grateful to the Science Research Council for their financial support, without which none of this would have been possible.

7 **References**

Abbreviations:
          CACM   Communications of the ACM
          QMC   Queen Mary College, University of London
          SJCC   Spring Joint Computer Conference
          SPE   Software: Practice and Experience

1   J G Hunt
     LIMP: an Experimental Language for the Implementation of Messages and
     Processes
     QMC, October 77.

2   M D May & R J B Taylor
     The EPL Programming Manual
     Dept. Computer Science, University of Warwick, April 77.

3   M Richards
     BCPL: A Tool for Compiler-Writing & Systems-Programming
     AFIPS 1969 SJCC, 34 557-566.

4   D M Ritchie & K Thompson
     The Unix Time-Sharing System
     CACM 17 (7) 365-375, July 74.

5   C Sunshine
     Interprocess Communication Improvements for Unix
     Rand Corp., Santa Monica, U.S.A.; Feb. 1976.

6   N Wirth
     Modula: a Language for Modular Multiprogramming
     SPE 7 (1) 3-35; Jan. 77.

7   N Wirth
     Design and Implementation of Modula
     SPE 7 (1) 67-84; Jan. 77.

8   S Zucker
     A Proposal for Unix Interprocess Communication Extensions
     (Undated.)

****

([5] and [8] have just been published as:
          "Interprocess Communication Extensions for the Unix Operating System"
          Part I: "Design Considerations"   C Sunshine   R-2064/1-AF
          Part II: "Implementation"   S Zucker   R-2064/2-AF
          Rand Corporation, Santa Monica, California; June 77.)

Ein Übersetzerbau-Praktikum

Uwe Kastens
Fakultät für Informatik der Universität Karlsruhe

1. Einführung

Im Sommersemester 1977 haben wir im Rahmen der Informatik-Ausbildung an der Universität Karlsruhe ein Übersetzerbau-Praktikum durchgeführt. Es sollte den Studenten Gelegenheit geben, die Kenntnisse aus der Übersetzerbau-Vorlesung praktisch anzuwenden und gleichzeitig Methoden der Programmkonstruktion zu erlernen. Zielsetzung und Durchführung des Praktikums unterscheiden sich wesentlich von denen ähnlicher Veranstaltungen und sollen deshalb hier diskutiert werden.

1.1 Zielsetzung

Man mag sich fragen, weshalb der Ausbildung im Bereich Übersetzerbau eine so grosse Bedeutung beigemessen wird, obwohl nur wenige Informatiker nach ihrem Studium tatsächlich Übersetzer für höhere Programmiersprachen entwickeln. Die Problemstellungen des Übersetzerbaus betreffen jedoch ein viel weiteres Gebiet: Die Implementierung komfortabler Anwendersprachen gewinnt zunehmend an Bedeutung. Darüber hinaus stellen sich bei jedem Programmsystem, das nicht-triviale Eingabedaten verarbeitet, z.B. Textverarbeitungs-, Datenbank- oder Abfrage-Systeme, typische Aufgaben aus dem Bereich des Übersetzerbaus, z.B. Symbolentschlüsselung, syntaktische Analyse und Transformation in eine Zielsprache oder in Aktionen eines Grundsystems. Eine solche Betrachtungsweise erschliesst systematische Methoden des Übersetzerbaus für die Lösung dieser Aufgaben und erhöht damit die Qualität des Software-Produktes.

Es ist wichtig, dass Studenten systematische Methoden des Übersetzerbaus nicht nur in der Theorie lernen, sondern auch beim praktischen Einsatz deren Anwendbarkeit erproben, und die Randbedingungen kennenlernen, die sich bei der Anwendung der Techniken in einem grösseren Projekt ergeben. So wird beispielsweise das Verständnis für tabellengesteuerte Zerteilungs-Methoden wesentlich vergrössert, wenn man neben dem Erlernen der Theorie tatsächlich einen solchen Zerteiler in einen Übersetzer integriert und dabei seine Ein- und Ausgabe-Schnittstellen kennenlernt.

Höhere Programmiersprachen werden in der Praxis im allgemeinen von Mehrlauf-Übersetzern implementiert. Das Praktikum soll deshalb systematische Lösungen für typische Mehrlauf-Probleme, wie Lauf-Einteilung und Behandlung von Zwischensprachen, vermitteln.

Durch die Entwicklung eines hinreichend komplexen Übersetzers erwerben die Studenten Erfahrungen im Lesen, Verstehen und Modifizieren komplexer Programmsysteme. Solche Fähigkeiten sind für die Konstruktion umfangreicher Programmsysteme - unabhängig vom Übersetzerbau - sehr wertvoll.

1.2 Durchführung

Die praktischen Übungen zum Übersetzerbau werden häufig so abgehalten, dass jeder Student für eine triviale Programmiersprache selbständig einen sehr einfachen Übersetzer implementiert. Eine solche Reduktion der Aufgabenstellung vermittelt ein verfälschtes Bild der Problematik des Übersetzerbaus: Wesentliche Aufgaben eines Übersetzers werden übersehen, da sie nur noch am Rande auftreten, z.B. semantische Analyse. Wichtige Techniken des Übersetzerbaus werden nicht angewandt, da sie erst bei der Implementierung nicht-trivialer Programmiersprachen sinnvoll sind, z.B. systematische Analyse von Kontextabhängigkeiten. Viele Probleme werden unsystematisch gelöst, wenn sie für eine kleine Beispiel-Sprache nur sehr geringen Aufwand verursachen, z.B. Fehlerbehandlung.

Wir haben deshalb mit unserem Praktikum einen anderen Weg beschritten: Es wird ein Übersetzer für eine Programmiersprache implementiert, die hinsichtlich ihrer Komplexität mit modernen höheren Programmiersprachen wie PASCAL vergleichbar ist. Der Übersetzer ist ein hinreichend komplexes Software-Produkt, an dem die Notwendigkeit moderner Übersetzerbau-Techniken und Methoden des Software-Engineering demonstriert werden können.

Wie erreicht man, dass ein Student in der Lage ist, in einer ein-semestrigen Lehrveranstaltung eine solch umfangreiche Aufgabe zu bewältigen? Eine Verteilung von Unteraufgaben an verschiedene Studenten kommt nicht in Frage, da jeder Student den gesamten Übersetzer kennenlernen soll. Wir haben deshalb einen modular strukturierten Übersetzer vollständig entworfen und implementiert. Die Teilmoduln sind zu einzelnen Themenbereichen zusammengefasst. Aufgabe der Studenten ist es, zu jedem Themenbereich einige kleinere, zentrale Moduln zu entwerfen, zu implementieren und in die übrigen Moduln, die ihnen zur Verfügung gestellt werden, zu integrieren. Auf diese Weise wird der Lehrstoff sowohl durch selbständige Entwicklung von Algorithmen als auch durch Lesen und Verstehen von fertigen Programmteilen vermittelt. Mit diesem Verfahren erreichen wir gleichzeitig weitere wesentliche Ziele: Die Studenten lernen fest vorgegebene Aufgaben- und Schnittstellen-Spezifikationen präzise einzuhalten - eine Erfahrung, die in allen Bereichen der Programmkonstruktion wertvoll ist. Die Struktur und der Programmierstil der vorgegebenen Moduln prägt die Entwicklung der eigenen Programmteile. (Das ging in einigen Fällen soweit, dass Unsauberkeiten in den vorgegebenen Moduln

- berechtigt - kritisiert wurden.)

Aufgrund dieser Vorgehensweise sind wir in der Lage, gleichzeitig moderne Techniken, des Übersetzerbaus und Methoden der Programmkonstruktion in relativ kurzer Zeit zu vermitteln.

2. Übersetzer-Struktur

Die wichtigste Voraussetzung für alle Ziele, die mit dem Praktikum erreicht werden sollen, ist eine modulare Übersetzer-Struktur mit klar definierten, überschaubaren Schnittstellen. Nur ein wohl-strukturiertes Programm kann mit relativ geringem Aufwand beim Lesen verstanden werden. Die Schnittstellen der Moduln müssen präzise spezifiziert und überschaubar sein, damit die Studenten in der Lage sind eigene Moduln zu integrieren.

Die Struktur eines Übersetzers entwickelt man entweder ausgehend von den Elementen der zu implementierenden Sprache (wie in [Wi 77] demonstriert) oder ausgehend von den unterschiedlichen Aufgaben, die für die Übersetzung zu lösen sind. Im ersten Fall wird der Übersetzer in Moduln gegliedert, die jeweils ein Sprachelement weitgehend vollständig behandeln. Diese Mothode führt im allgemeinen zu unsystematischen Lösungen, da vielfach in verschiedenen Moduln gleichartige Teilaufgaben erledigt werden, ohne dass die zugrundeliegende Systematik erkannt und ausgenutzt wird. Gliedert man den Übersetzer stattdessen so, dass jeder Modul eine inhaltlich abgeschlossene Teilaufgabe löst (z.B. Zerteilung, Bezeichner-Identifikation, Artabgleich) und auf alle Sprachelemente angewandt wird, für die diese Aufgabe relevant ist, so werden die wesentlichen Übersetzeraufgaben deutlich. Es können dann systematische Lösungsmethoden angewandt werden, die sich leicht für andere Anwendungen verallgemeinern lassen. Eine solche Übersetzerstruktur ist ausserdem weitgehend unabhängig von der implementierten Sprache und der Zielmaschine.

Der Entwurf der Übersetzerstruktur ist eine recht schwierige Aufgabe, die einige Vorkenntnisse und Erfahrungen im Übersetzerbau erfordert. Will man zeitaufwendige Fehlentscheidungen vermeiden, so kann man sie nicht von den Studenten selbstständig lösen lassen. Wir legen deshalb die Struktur des Übersetzers von vornherein fest und beteiligen die Studenten, indem wir ihnen die Entwurfsentscheidungen verdeutlichen, so dass sie den Entwurf nachvollziehen können: Die Teilaufgaben des Übersetzers werden aus der Sprachdefinition erarbeitet. Es wird aufgezeigt, welche Abhängigkeiten zwischen ihnen bestehen. Diese veranschaulicht man in einem Abhängigkeitsdiagramm [Abb. 1].

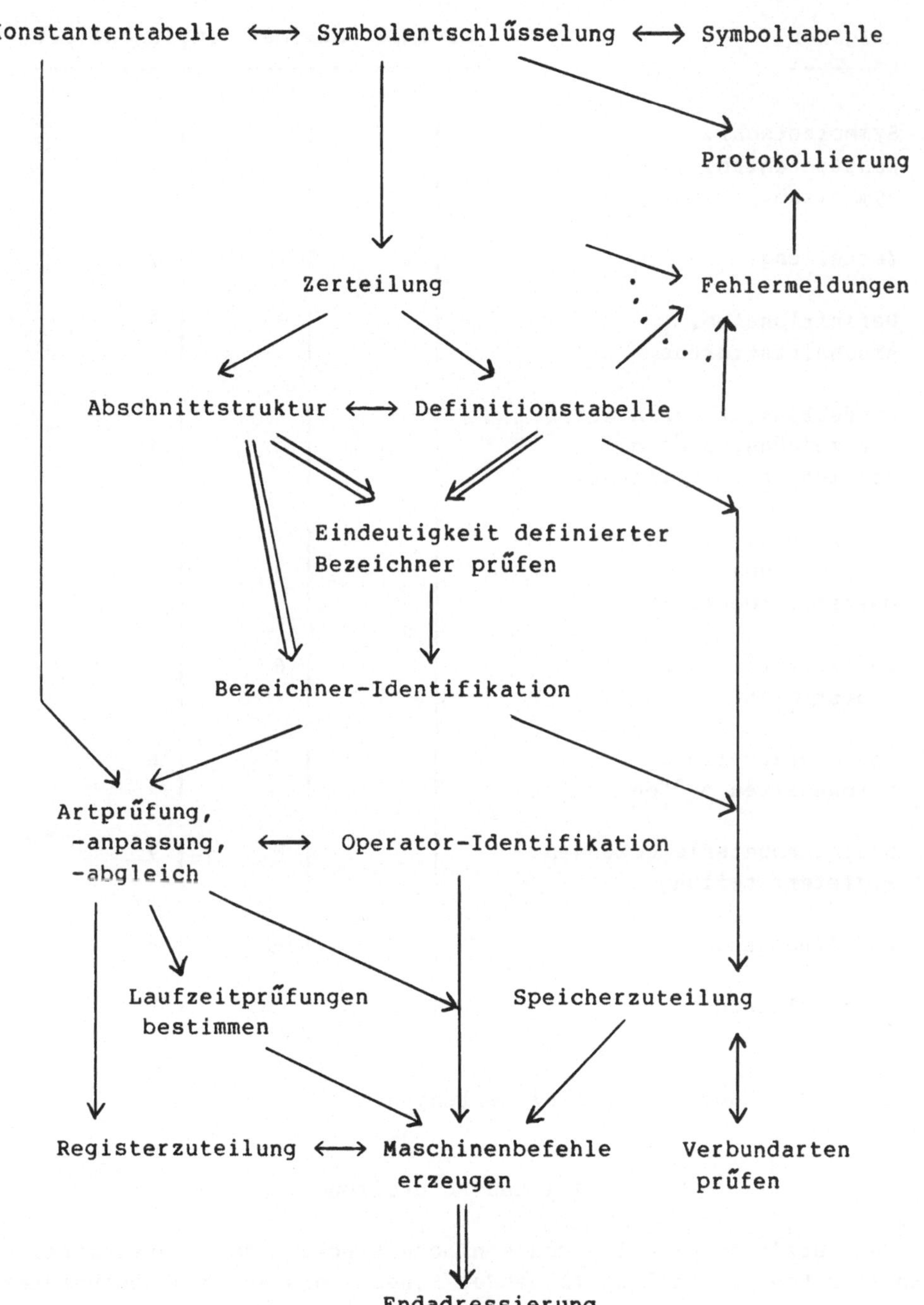

Abb. 1: Abhängigkeiten der Übersetzeraufgaben

Aufgaben	minimal	maximal	implementiert
Symbolentschl.			
Konstantentab.		1	1
Symboltab.			
Zerteilung	1	2	2
Definitionstab.		3	3
Abschnittstruktur			
Eindeutigkeit definierter			
Bezeichner prüfen		4	4
Bezeichner-Identifikation			
Artprüfung, -abgleich,			
-anpassung		5	
Operator-Identifikation			5
	2		
Laufzeitprüfungen		6	
bestimmen			
Speicherzuteilung		7	6
Verbundarten prüfen			
Maschinenbefehle erzeugen		8	7
Registerzuteilung			
Endadressierung		9	8
	3		
Protokollierung		10	9

Abb. 2: Lauf-Einteilungen

2.1 Lauf-Einteilung

Man erzielt eine logisch einfache Struktur des Übersetzers, wenn man der Lauf-Einteilung folgendes Schema, das auf den Abhängigkeiten beruht, zugrunde legt:

Für zwei Moduln A und B gilt:
- A und B gehören zu demselben Lauf, wenn sie wechselweise voneinander abhängen (A <--> B);
- A gehört zu demselben Lauf wie B oder zu einem früheren, wenn B von A abhängt (A --> B);
- A gehört zu einem früheren Lauf als B, wenn B von der vollstän-

digen Bearbeitung von A abhängt und für A ein Durchgang durch eine Zwischensprache nötig ist (A ==> B).

Diese Regeln lassen noch Freiheiten, die Läufe nach unterschiedlichen Entwurfskriterien einzuteilen, z.B. möglichst wenige Läufe mit wenigen Durchgängen durch Zwischensprachen oder möglichst kleine Läufe. Da wir uns von vornherein für einen Mehrlauf-Übersetzer entschieden haben, um dessen spezielle Problematik zu demonstrieren, kann die Anzahl der Läufe allein aufgrund von didaktischen und technischen Überlegungen bestimmt werden. Wir haben eine grosse Anzahl von Läufen (9) gewählt, die jeweils durch ein separates Programm implementiert werden (Abb. 2). Die Studenten kommen dann möglichst schnell zu abgeschlossenen und ablauffähigen Programmen. Der organisatorische Aufwand für Erweiterungen und Änderungen ist gering.

Diese Einteilung entspricht auch der thematischen Gliederung des Praktikums: Nach Abschluss eines Themas, z.B. Bezeichner-Identifikation, ist auch der zugehörige Lauf fertiggestellt. Ausserdem erhalten die Studenten durch die Lauf-Einteilung eine grosse Anzahl von Wiederaufsetzpunkten. Falls ihre Moduln nicht korrekt funktionieren, können sie den kompletten Lauf übernehmen. (Von dieser Möglichkeit wurde bisher kein Gebrauch gemacht.)

2.2 Übersetzer-Moduln und Schnittstellen

Ein zentrales Schema der Programmstrukturierung ist die Gliederung in Moduln, die der Aufgabenzerlegung entspricht. Eine grobe Unterscheidung führt zu zwei Klassen von Moduln: Den Programmoduln, die einen einheitlichen, abgeschlossenen Algorithmus implementieren, und den Datenmoduln, die mehrere einfachere Algorithmen (z.B. Zugriffsfunktion) mit der Datenstruktur, auf der sie operieren, zusammenfassen. (In [GK 77] wird dieser Aspekt genauer ausgeführt.)

Die Übersetzer-Tabellen (Symboltabelle, Konstantentabelle, Definitionstabelle) werden als selbständige Datenmoduln aufgefasst. Sie bestehen aus einer Datenstruktur - der Tabelle im engeren Sinne - und Prozeduren, die darauf operieren, z.B. Einträge generieren oder Bezeichner identifizieren im Falle der Definitionstabelle. Die Tabellen-Moduln fassen Daten zusammen, die in mehreren Läufen verwendet werden. Sie gehören deshalb zu den Schnittstellen zwischen den Läufen. Bei den Programm-Moduln steht der algorithmische Aspekt im Vordergrund. Sie transformieren Zwischensprachen (Symbolentschlüsselung, Zerteilung) oder erledigen kleinere algorithmische Teilaufgaben (Artabgleich, Operatoridentifikation).

Die einzelnen Übersetzer-Aufgaben sind so voneinander abgegrenzt, dass sich inhaltlich abgeschlossene Moduln mit einfachen Schnittstellen ergeben. Da jeder Lauf nur aus wenigen, inhaltlich zusammengehörigen Moduln besteht, gibt es keine komplexen Schnittstellen innerhalb von Läufen. Die Schnittstellen zwischen den Läufen werden durch die Zwischensprachen beschrieben. Die erste Zwischensprache ist die Folge verschlüsselter Grundsymbole die der Symbolentschlüssler ausgibt. Alle weiteren Zwischensprachen sind Postfix-Darstellungen des Strukturbaumes. Die Struktur der Zwischensprache wird deshalb im wesentlichen durch die Grammatik der Quellsprache definiert. Ausserdem tragen die Tabellen-Moduln zu den Schnittstellen zwischen den Läufen bei.

3. Techniken des Übersetzerbaus

Es ist ein wesentliches Ziel des Praktikums, den Studenten moderne Techniken des Übersetzerbaus so zu vermitteln, dass sie in der Lage sind, die Techniken auch bei geänderter Aufgabestellung anzuwenden. Voraussetzung dafür ist, dass der Übersetzer nach seinen Aufgaben unabhängig von der übersetzten Sprache gegliedert ist. Nur dann erkennt man den wesentlichen Kern der Techniken, der auch auf anderen Anwendungen übertragbar ist. In manchen Fällen verhindert die Zerlegung des Übersetzers in Moduln, die jeweils ein Sprachelement bearbeiten, die Anwendung bestimmter moderner Techniken: Diese Gliederung führt z.B. zu Zerteilungsverfahren nach dem rekursiven Abstieg [Wi 77] - nicht aber zu tabellengesteuerten Verfahren.

In unserem Übersetzer werden systematische Verfahren zur Lösung der zentralen Aufgaben Symbolentschlüsselung, Zerteilung (syntaktische Analyse), semantische Analyse und Code-Erzeugung eingesetzt. Symbolentschlüssler entwickelt man heute unter Zugrundelegung von endlichen Automaten [JR68]; das Verfahren wird hier nicht weiter diskutiert.

3.1 Zerteilung

Die Auswahl eines Zerteilungsverfahrens wird wesentlich durch die verfügbaren Hilfsmittel bestimmt. Grundsätzlich ist ein tabellengesteuertes Zerteilungsverfahren der Programmierung eines Zerteilers nach der Methode des rekursiven Abstiegs vorzuziehen, falls ein Programmsystem verfügbar ist, das die Tabellen automatisch generiert. Die Anwendung tabellengesteuerter Verfahren hebt durch die modulare Trennung von syntaktischer und semantischer Analyse und Code-Erzeugung die verschiedenartige Behandlung unterschiedlicher Spracheigenschaften hervor. Mächtigere tabellengesteuerte Verfahren schränken die syntaktischen Eigenschaften der Sprache weniger ein, als die Methode des rekursiven Abstiegs.

Durch die automatische Erzeugung der Zerteilertabellen erhält man mit geringem Aufwand zuverlässige Zerteiler, die leicht gewartet und an Sprachänderungen angepasst werden können. Setzt man tabellengesteuerte Zerteilungsverfahren ein, so kann in den Zerteiler eine systematische Behandlung syntaktischer Fehler integriert werden, die gegenüber heuristischen Verfahren bessere Ergebnisse liefert und dadurch die Qualität des Übersetzers erhöht. Die Steuerungsdaten für die Fehlerbehandlung können sogar zusammen mit den Zerteilertabellen automatisch generiert werden [Rö 76].

In diesem Praktikum setzen wir einen Zerteiler ein, der nach der LALR(1)-Methode arbeitet. Aufgabe der Studenten ist es, die Grammatik der Sprache an die LALR(1)-Bedingung und die vorgegebenen Ein- und Ausgabe-Schnittstellen für den Zerteiler anzupassen. Durch die Implementierung des Zerteiler-Kerns, in dem die Zustandsübergänge durchgeführt werden, vertiefen sie ihr Verständnis für dieses Zerteilungsverfahren. Durch die Anwendung der LALR(1)-Methode werden sie ausserdem mit den speziellen Problemen der quellorientierten Zerteilung vertraut.

3.2 Semantische Analyse

Die semantische Analyse umfasst Übersetzeraufgaben wie Bezeichner-Identifikation, Artprüfung und Operator-Identifikation, die aus den Kontextabhängigkeiten der übersetzten Sprache resultieren. In den Lehrveranstaltungen und Lehrbüchern zum Übersetzerbau wird diesen Aufgaben häufig eine zu geringe Bedeutung beigemessen, und es werden keine systematischen Lösungen angeboten [Wi 77], [Gr 71]. Man geht davon aus, dass mit der syntaktischen Struktur alle wesentlichen Eigenschaften des Programms erfasst sind, und durch die Code-Erzeugung auf die Zielsprache abgebildet werden können. Diese Betrachtungsweise ist jedoch nicht richtig für moderne höhere Programmiersprachen (z.B. PASCAL) oder problemorientierte Anwendersprachen (z.B. Entwurfssprachen oder Abfragesprachen in Datenbanksystemen). In solchen Sprachen wird die Transformation der syntaktischen Sprachelemente in die Zielsprache wesentlich durch die Analyse der Kontextabhängigkeiten bestimmt.

Zur Bezeichner-Identifikation setzen wir ein systematisches Verfahren ein, das für alle in Programmiersprachen gebräuchlichen Gültigkeitsbereichsregeln anwendbar ist. Insbesondere sehen wir die Möglichkeit, dass ein Bezeichner vor seiner Definition angewandt auftritt, nicht als bedauerlichen Betriebsunfall der Sprachdefinition an, der heuristisch repariert wird, sondern wir lösen die Situation systematisch.

Trotz der in höheren Programmiersprachen üblichen Vielfalt von Regeln zu Arten und Artanpassungen kann man auch hier systematische

Lösungen angeben: Aufgaben wie Artabgleich, Ermitteln von Artanpassungssequenzen und Operatoridentifikation lassen sich modular abtrennen. Die Kontextbedingungen, die zu verschiedenen Sprachelementen Aussagen über Arten machen, können dann systematisch umgesetzt werden in Anwendungen solcher Funktionen auf bestimmte Teile des Strukturbaumes.

Eine weitere Systematisierung der semantischen Analyse kann durch Formalisierung der Kontextabhängigkeiten erzielt werden: Beschreibt man die Kontextabhängigkeiten durch eine attributierte Gramatik [Kn 68], so kann man die semantische Analyse auffassen als eine Vervollständigung des syntaktischen Strukturbaumes durch Attribute. Diese Aufgabe ist sogar tabellengesteuert lösbar [Ka 76]. Eine Weiterentwicklung des Praktikums in dieser Richtung wird angestrebt.

3.3 Code-Erzeugung

Die Code-Erzeugung für eine höhere Programmiersprache ist ein sehr komplexes Problem, das eine Reihe verschiedenartiger Teilaufgaben umfasst, für deren Lösung eine Vielzahl einzelner Verfahren anwendbar sind ([Gr 71], [Sch 75]). Nur wenige der Verfahren sind unabhängig von der Quellsprache und der Zielmaschine, z.B. Belegungsstrategien für die Registerzuteilung und die Abbildung von Objekten auf Speicheradressen. Da ausserdem bei den Teilnehmern des Praktikums keine vertieften Kenntnisse von Maschinensprachen vorausgesetzt werden können, ist es vernünftig, den Schwerpunkt der Ausbildung in diesem Bereich nicht auf spezielle Techniken zu legen, sondern eine Entwurfsmethode zu vermitteln:

Zunächst legt man zu jedem Sprachelement eine "Code-Sequenz" fest (siehe Abb. 3). Sie gibt an, wie das zu erzeugende Code-Stück aus einzelnen Befehlen und Code-Stücken zu Teilen des Sprachelements unter Berücksichtigung der Kontextabhängigkeiten zusammengesetzt wird. Die in einer formalisierten Sprache formulierten Code-Sequenzen werden dann systematisch in die Code-Erzeugungs-Algorithmen übertragen. Da dies eine reine Fleissaufgabe ist, die auch automatisch gelöst werden könnte, beschränkt man sich auf die exemplarische Umsetzung einiger Code-Sequenzen.

```
while  Bedingung loop Anweisung repeat

          neue Marke (M1)
          Code für (Bedingung)
          Bedingter Sprung nach M2
          Code für (Anweisung)
          Sprung nach (M1)
          neue Marke (M2)
```

Abb. 3: Code-Sequenz für while-Schleifen

Dieses Vorgehen vereinfacht den Entwurf, verbessert die Überprüf-
barkeit der Algorithmen und liefert mit den Code-Sequenzen einen
wertvollen Beitrag zur Dokumentation. Es ist klar, dass in einer
einsemestrigen Veranstaltung komplexe Aufgaben wie Optimierung,
Endadressierung und Binden nicht behandelt werden können.

4. Implementierte Sprache

Programmiersprachen früherer Übersetzerbau-Praktika erfüllen nicht
die didaktische Forderung nach hinreichender Komplexität. Die Anwendung der Techniken, die vermittelt werden sollen, muss in natürlicher
Weise durch die Eigenschaften der gewählten Beispielsprache begründet
sein. Anhand einer Sprache mit der trivialen Kontextabhängigkeiten
lassen sich keine systematischen Verfahren zur semantischen Analyse
demonstrieren. Ebenso kann die Anwendung eines LALR(1)-Zerteilers
nicht vernünftig motiviert werden, wenn man eine Sprache implementiert, in der wie in BASIC alle Anweisungen mit einem Schlüsselwort
beginnen.

Andererseits sollte die Sprache nur solche Elemente enthalten,
deren Implementierung wichtige Erfahrungen vermittelt. Der Gesichtspunkt der praktischen Anwendbarkeit der Sprache spielt hier eine
untergeordnete Rolle. Es reicht z.B. aus, eine einzige Schleifenform
aufzunehmen und sich auf wenige Operatoren zu beschränken.

Wir sind ausgegangen von der Programmiersprache LEX [Go 75], die
im wesentlichen dem in [BG 71] verwendeten ALGOL 68-Dialekt entspricht. Durch konsistentes Weglassen von Sprachelementen haben wir
daraus die Sprache MINILEX entwickelt. Sie enthält nur noch solche
Eigenschaften, die wir unter didaktischen Gesichtspunkten für notwendig halten:

Die elementaren Arten int, real, bool reichen aus, um Artanpassungen durchführen und bedingte Formeln formulieren zu können. Anhand
freidefinierbarer Verbundarten und Reihungsarten zeigt man die
verschiedenen Probleme bei der Übersetzung zusammengesetzter Datenobjekte. Blockstrukturen und Prozeduren mit Parametern sind grundle-

gende Elemente höherer Programmiersprachen, die die Anwendung wichtiger Analyse- und Synthese-Verfahren erfordern, z.B. Bezeichner-Identifikation und kellerartige Speicherorganisation.

Man hätte eine ähnliche Sprache, die unseren Anforderungen genügt, durch Vereinfachen von PASCAL erhalten können. Wir haben LEX vorgezogen, weil wir dafür eine klare und knappe Sprachdefinition verfügbar hatten.

5. Testhilfen

Die beim Entwurf des Übersetzers angewandten Konstruktionsprinzipien sorgen dafür, dass keine strukturbedingten Fehler vorkommen. Die systematische Entwicklung der Moduln und ihrer Schnittstellen aus den Teilaufgaben des Übersetzers gewährleisten eine hohe Zuverlässigkeit. Trotzdem muss ein Programmsystem, das modifiziert, weiterentwickelt und gewartet werden soll, von vornherein so geschrieben werden, dass Informationen über Ablauf und Dateninhalte zu Testzwecken ausgegeben werden.

Die Testinformation ist dann vernünftig anwendbar, wenn sie Begriffe und Struktur des Programms widerspiegelt. Ein wohlstrukturiertes, in einer höheren Programmiersprache geschriebenes Programm sollte auch klar gegliederte, gut lesbare Testausgabe produzieren - nicht aber einen hexadezimalen Speicherabzug. Da solche Forderungen nur selten von Sprachübersetzern und Laufzeitsystemen unterstützt werden, ist der Programmierer auf die Massnahmen angewiesen, die er selber in das Programm integriert. Die Testausgabe unseres Übersetzers genügt folgenden Forderungen:

-   Der Rumpf jeder Prozedur beginnt mit der Ausgabe der Eingangsparameter und endet mit der Ausgabe der Ausgangsparameter und des Prozedurergebnisses.
-   Das Einlesen und das Ausgeben von Zwischensprachelementen wird von den Läufen protokolliert.
-   Anfang und Ende der zu einem Modul gehörigen Testausgabe werden deutlich hervorgehoben.
-   In der Ausgabe erscheint kein Wert ohne Erklärung seiner Bedeutung oder einen Bezug auf den Programmtext (z.B. Parameterbezeichner).
-   Die Testausgabe kann für jeden Modul separat dynamisch an- und abgeschaltet werden. Zu diesem Zweck werden zusätzliche Steuer-Elemente in die Zwischensprachen eingefügt.
-   Die Programmteile, die Testausgabe erzeugen, können durch einfache Textsubstitution aus dem Programm entfernt werden. (Sie werden durch spezielle Kommandos bei der Übersetzung ausgeblendet oder in Kommentare umgewandelt.) Diese Eigenschaft ist notwendig, damit man zugleich eine Testversion und eine effi-

zientere Normalversion des Programms zur Verfügung hat, die immer gleich aktuell sind, obwohl nur eine Version gewartet wird.

Mit der strikten Anwendung dieser Regeln haben wir den Studenten demonstriert, wie man ein Programmsystem so instrumentieren kann, dass es von anderen als dem Autor verstanden, weiterentwickelt und getestet werden kann.

6. Beispiel

Am Beispiel der Bezeichner-Identifikation (Lauf 4) zeigen wir die Gliederung eines Laufes in Moduln, die fertig vorgegeben bzw. von den Studenten implementiert werden. In diesem Lauf werden in einem Durchgang durch die Zwischensprache (Strukturbaum in Postfix-Darstellung) Bezüge in die Symboltabelle, die Bezeichner repräsentieren, durch Bezüge in die Definitionstabelle auf die jeweils gültige Definition ersetzt. Die Definitionstabelle wird im Lauf 3 vollständig aufgebaut und steht hier zur Verfügung.

Die hier angewandte Methode löst systematisch die Identifikation insbesondere für blockstrukturierte Programmiersprachen mit geschachtelten Gültigkeitsbereichen: Zu jedem im Programm auftretenden Bezeichner wird ein Keller angelegt, der die Definitionen des Bezeichners aufnimmt. Die Keller werden durch Verkettung der Definitionen als Listen implementiert. Man sorgt dafür, dass beim Durchgang durch den Strukturbaum zu jedem Zeitpunkt die gerade gültigen Definitionen als oberste Elemente in den Kellern stehen. Damit ergeben sich drei zentrale Aufgaben:

- Kellern aller lokalen Definitionen beim Eintritt in einen Abschnitt,

- Entkellern aller lokalen Definitionen beim Verlassen eines Abschnitts und

- Identifizieren eines angewandt auftretenden Bezeichners mit der obersten Definition im zugehörigen Keller.

Bei der Implementierung dieser Aufgaben durch drei Prozedurmoduln lernen die Studenten das Verfahren kennen und anwenden. Der gesamte Rahmen, in den die Moduln eingebettet werden, wird fertig vorgegeben. Er enthält im wesentlichen Programmteile, deren Implementierung recht aufwendig ist aber keine neuen Erkenntnisse vermittelt, z.B. Prozeduren und Vereinbarungen zum Lesen der Definitionstabelle und zur Ein- und Ausgabe der Zwischensprachen. Die Grobstruktur des Identifikations-Laufes ist in Abb. 4 dargestellt.

Vereinbarungen

```
procedure dtnachtrag;
begin (*Nachvereinbarungen im Fehlerfall*) end;

procedure dtlesen;
begin  (*DT einlesen *) end;

procedure identifikation;

|    procedure ausidentvekt (dtbez: dtbezug);
|    begin (*Entkellern einer Liste von Definitionen*) end;
|
|    procedure inidentvekt (dtbez: dtbezug);
|    begin (*Kellern einer Liste von Definitionen*) end;
|
|    function identifizierebez (stbez: stbezug;
|                                  bzn: dtbzn): dtbezug;
|    begin (*Bezeichner identifizieren*) end;

     procedure identifarten (dtel: dtbezug);
     begin (*identifiziert Artangaben in Definitionen*) end;

begin (*identifikation*)
  repeat (*SB-Durchlauf*)
    case kntyp of
    bezeichner:    identifizierebez;
    abschnittanf:  inidentvekt(lok. Obj.);
                   identifarten(lok. Obj);
    abschnittende: ausidentvekt(lok. Obj.)
    end
  until eof
end

begin (*lauf 4*) end.
```

Die durch | gekennzeichneten Teile werden von den
Studenten implementiert.

Abb. 4: Struktur des 4. Laufes (Bezeichner-Identifikation)

7. Zusammenfassung

Für Informatiker ist es wichtig, systematische Methoden des Übersetzerbaus kennenzulernen und in der Praxis zu erproben. Die Programmiersprache, die in einem Übersetzerbau-Praktikum implementiert wird, muss so komplex sein, dass die Aufgaben nur unter Anwendung systematischer Techniken und Methoden der Programmkonstruktion gelöst werden können. Der Arbeitsaufwand für den einzelnen Studenten kann auf ein vernünftiges Mass reduziert werden, wenn der Übersetzer modular gegliedert ist, und die Studenten nur einzelne Moduln mit zentraler Bedeutung implementieren und in fertige Rahmenprogramme integrieren.

Im Sommersemester 1977 haben wir ein Praktikum in dieser Weise erfolgreich durchgeführt. Von 30 Studenten, die in 10 Dreier-Gruppen arbeiteten, haben 8 Gruppen bis zum Ende durchgehalten, 7 Gruppen stellten einen lauffähigen Übersetzer fertig. Dieses Ergebnis ist ungewöhnlich hoch im Vergleich zu der "Schwundrate" üblicher Übungen und unter Berücksichtigung grosser Schwierigkeiten beim Rechnerzugang. Die Erfahrungen dieser Veranstaltung werden wir ausnutzen, um für spätere Wiederholungen die Aufgabestellungen zu präzisieren und die Implementierung zu verbessern.

Prof. Dr. G. Goos und meine Kollegen Dr. P. Kammerer, H. Neugebauer und Dr. H. Rohlfing haben sich wesentlich an der Entwicklung und Durchführung des Praktikums beteiligt. Ihnen gebührt mein aufrichtiger Dank.

8. Literatur

BG 71   Bauer, F.L., Goos, G., Informatik, Eine
         einführende Übersicht, Heidelberger Taschenbücher
         Bd. 80 und 91, Springer, 1971

GK 77   Goos, G., Kastens, U., Programming Languages
         und the Design of Modular Programs,
         Proc. of the Working Conference on Constructing
         Quality-Software, Novosibirsk 1977

Go 75   Goos, G., Die Programmiersprache LEX,
         Fak. f. Informatik, Universität Karlsruhe,
         Int. Bericht Nr. 1, 1975

Gr 71   Gries, D., Compiler Construction for Digital
         Computers, Wiley 1971

JR 68   Johnson, W.L., Ross, D.T., Automatic Generation of
         Efficient Lexical Processors Using Finite
         State Techniques, CACM 11, 805-813, 1968

Ka 76   Kastens, U., Ein Übersetzer-erzeugendes System
         auf der Basis attributierter Grammatiken,
         Fak. f. Informatik, Universität Karlsruhe,
         Int. Bericht Nr. 10, 1976

Kn 68   Knuth, D.E., Semantics of context-free languages,
         in Math.Syst.Th. 2, 127-145, 1968 und
         Math.Syst.Th. 5, 95, 1971

Rö 76   Röhrich, J., Syntax-error Recovery in LR-Parsers,
         in Informatik Fachberichte, Bd. 1, Springer, 1976

Sch 75   Schneider, H.J., Compiler - Aufbau und Arbeitsweise,
         W. de Gruyter, Berlin 1975

Wi 77   Wirth, N., Compilerbau, Teubner Studienbücher
         Informatik, Bd. 36, Stuttgart 1977

BESCHLEUNIGUNG VON LAUFZEITSYSTEMEN DURCH MIKRO-

PROGRAMMIERUNG

Raimund T. Kölsch, Institut für Informatik und Praktische Mathematik der Universität Kiel
Werner Schmidt, Institut für Datenfernverarbeitung der Gesellschaft für Mathematik und Datenverarbeitung, Darmstadt

1.Einleitung

Die Flexibilität der höheren Programmiersprachen erfordert zur Laufzeit häufig einen großen Aufwand an dynamischen Tests und Verwaltungsaufgaben. Dies kommt daher, daß Programme Fehler enthalten können, die nicht zur Übersetzungszeit zu entdecken sind bzw. daß Spracheigenschaften nicht in einer einfachen Weise zu realisieren sind.
Um die Laufzeiten von Programmen zu verkürzen, gibt es unter anderem die folgenden Möglichkeiten:
1) Man stellt an den Programmen statische Untersuchungen an. Dabei ist man auf gewisse Programmeigenschaften gestoßen, wie z.B. korrekte Parameterübergabe, Nichtrekursivität von Prozeduren u.ä. (vgl. /1/), die zu Laufzeitverbesserungen führen, wenn man das Vorliegen dieser Eigenschaften zur Übersetzungszeit algorithmisch entscheiden kann. In diesem Zusammenhang ist auch die most-recent-Eigenschaft zu sehen. Die formale most-recent-Eigenschaft ist für ALGOL 6o zur Übersetzungszeit entscheidbar /2/. In /3/ werden Untersuchungen im Hinblick auf eine mögliche Verkürzung der Laufzeit-Unterprogramme von ALGOL 6o-Programmen angestellt, die diese Eigenschaft haben. Dabei erzielte Ergebnisse werden hier weiterverwendet.
2) Die Rechnerentwicklung hat sich mehr zu mikroprogrammierten Prozessoren hin entwickelt. Dabei hat die Preisentwicklung es ermöglicht, von den READ-ONLY Mikroprogrammspeichern abzugehen und READ/WRITE Speichermedien zu benutzen. Die Befehle auf dieser Ebene heissen Mikrooperationen. Ein Prozessor mit solcher *dynamischer Mikroprogrammierung* erlaubt es, im Prinzip viele Maschinenbefehlsvorräte zu implementieren oder auch spezielle Anwenderroutinen zu mikroprogrammieren. Diese letztere Möglichkeit wurde schon früh vorgeschlagen /4/. Das Vorhandensein der dynamischen Mikroprogrammierung auf Großrechnern macht es möglich, in vielen Bereichen spezielle Algorithmen durch Mikroprogramme zu ersetzen. Wege dieses "tuning" durchzuführen werden in /5/ gezeigt.
In dieser Arbeit werden die beiden Möglichkeiten verknüpft. Auf einer Siemens 7·755 wurden Teile des Laufzeitsystems der ALGOL-Einschränkung A6oP in MIKRO, einer Mikroprogrammiersprache dieser Maschine, implementiert. Demgegenüber steht die konventionelle Implementierung durch ASSEMBLER-Programme. Die theoretischen Ergebnisse aus /3/ werden anschließend auf ihre praktische Verwendbarkeit überprüft.

2.Das Laufzeitsystem

Da wir uns in dieser Arbeit nur mit der Behandlung von **Prozeduren** **beschäftigen**, geben wir auch nur in diesem Bereich die Abweichungen von A6oP gegenüber ALGOL 6o an:
a) Es sind nur eigentliche Prozeduren erlaubt, keine Funktionsprozeduren.

b) Es gibt kein <u>value</u>-Konzept.
c) Nur Identifikatoren sind als aktuelle Parameter zugelassen.
d) Es gibt keinen Spezifikationsteil bei Prozeduren.
Eine genaue Definition von A6oP findet sich in /1/.
Für jeden Prozeduraufruf wird eine gewisse Anzahl von Speicherplät-
zen im Laufzeitkeller reserviert, die sogenannte *Inkarnation*. Ein-
tragen und Löschen von Inkarnationen erfolgt nach dem Kellerprinzip.
Die Zellen einer Inkarnation werden im erzeugten Programm relativ
zum Anfang der Inkarnation adressiert. Diese Relativadresse muß zur
Laufzeit mit dem entsprechenden *dynamischen Niveau* (Anfangsadresse
der entsprechenden Inkarnation) modifiziert werden, wobei diese Niveaus in Indexregistern abgespeichert sind. Die *dynamische Verweiskette* verbindet aufeinanderfolgende Inkarnationen. Die *statische
Verweiskette* ordnet jeder Prozedurinkarnation diejenige Prozedurinkarnation zu, in der "die aufgerufene Prozedur deklariert ist".
Für das *statische Niveau vN(p) einer Prozedur p* gilt:

$$vN(p) = \begin{cases} 1 & \text{falls } u(p)=\text{Hauptprogramm} \\ vN(u(p))+1 & \text{sonst} \end{cases}$$

Mit u(p) wird die kleinste p umfassende Prozedur p' bzw. das Haupt-
programm selbst bezeichnet. Das statische Niveau des Hauptprogramms
ist O.
Für das *statische Niveau sN(P) des Prozeduridentifikators P* der Prozedur p gilt:

$$sN(P) = vN(p)-1$$

Wir ordnen nun jedem statischen Niveau vN(p) ein Indexregister
IR[vN(p)] zu.
Für die Prozedurverwaltung sind die in jeder Inkarnation vorhandenen
6 sogenannten *Linkage-Zellen* von Bedeutung:

Relativadresse	Inhalt
0	Rückkehradresse
4	dynamisches Niveau des dynamischen Vorgän- gers
8	sN(P)
12	dynamisches Niveau der Umgebung von p
16	Beginn des Freispeichers
2o	USING des dynamischen Vorgängers

Mit Hilfe der 2.Zelle wird die dynamische, mit der 4.Zelle die statische Verweiskette realisiert. Die 4.Zelle enthält den Wert von
IR[sN(P)] zum Aufrufzeitpunkt. Die 6.Zelle ist für die Adressierung
auf der Siemens 7·755 erforderlich. Außerdem sind noch 2 Register
von Interesse:
- BFS gibt an, wo zur Laufzeit der freie Speicher beginnt
- MDL enthält das momentane dynamische Niveau.

Laufzeitprogramm für gewöhnlichen Prozeduraufruf:

Aufgabe dieses Unterprogramms ist der Aufbau der Linkage und der
Sprung zur Startadresse der Prozedur p. Die Parameterübergabe wird
(in unserem Fall) dabei nicht behandelt. Mit den Angaben aus dem
erzeugten Programm werden die 1., 3. und 5.Zelle der Linkage belegt.
Die 2.Zelle erhält den momentanen Wert von MDL, die 6. den des
USING-Registers. Die 4.Zelle wird mit IR[sN(P)] geladen.

Laufzeitprogramm für formalen Prozeduraufruf:

Im Gegensatz zum gewöhnlichen Prozeduraufruf können hier weniger
Informationen aus dem erzeugten Programm entnommen werden. Die fehlenden Werte (z.B. Identifikator der aktuell aufgerufenen Prozedur)
müssen aus dem Parameterblock einer bereits betretenen Prozedur ge-
holt werden. Der wesentliche Unterschied zwischen beiden Laufzeit-
programmen liegt jedoch im Umladen der Indexregister. Dies ist hier
erforderlich, damit die Indexregister immer die richtige statische
Verweiskette enthalten. Diese findet man mit dem in dem Parameterblock o.a. Prozedur enthaltenen dynamischen Niveau der Umgebung der
aktuell aufgerufenen Prozedur. Die so gefundene Kette wird dann in
die IR[1] bis IR[sN(P)] geladen (P Identifikator der aktuellen Prozedur). IR[O] zeigt immer auf den Laufzeitkeller-Anfang und wird nie
verändert.

Laufzeitprogramm für Prozedurende:

Dieses Unterprogramm löscht die letzte Prozedurinkarnation im Laufzeitkeller. Dann wird der Rücksprung ausgeführt. Auch in diesem Fall
sind die Indexregister umzuladen, da sich die statische Verweiskette
ändern kann ("Beenden formaler Prozeduraufrufe").

3. Die Implementierungen

Wir geben nun das Unterprogramm für Prozedurende in ALGOL-Notation
an:

```
        BFS:=MDL;
        MDL:=SPEICHER[BFS+4];
        RK:=SPEICHER[BFS];
        IR[SPEICHER[MDL+8]+1]:=MDL;
        FOR J:=SPEICHER[MDL+8] STEP -1 UNTIL 2 DO
            IR[J]:=SPEICHER[IR[J+1]+12];
        USING:=SPEICHER[BFS+2o];
        GOTO CONT OF RK;
```

BFS, USING, RK und MDL sind dabei fest zugeordnete Register. Die
Vektoren IR und SPEICHER bezeichnen die Indexregister und den Laufzeitkeller. Alle Registernummern sind um 1 erhöht, da das Register
O in ASSEMBLER nicht zur Adressmodifikation benutzt werden kann.
Alle Einzelheiten der beiden Implementierungen (ASSEMBLER und MIKRO)
finden sich in /6/.
Um die beiden miteinander vergleichen zu können, müssen wir eine
Kostenfunktion angeben. Die Kosten eines Befehls oder Mikroprogramms
ergeben sich aus der Anzahl der bei der jeweiligen Ausführung durch-
laufenen Mikrooperationen (hier EOs genannt). Eine EO entspricht
einem Maschinenzyklus (115 nsec). So kostet ein L-Befehl (Lade Register aus Speicher) 8 EOs, ein AR-Befehl (Addiere zwei Register) 4
EOs.
Beim Prozedurende-Unterprogramm entstehen nun variable Kosten. Dies
hängt von dem statischen Niveau vN(p) der Prozedur p ab, in die man
wieder zurückkehrt , d.h. von der Länge der FOR-Schleife. Für die
ASSEMBLER-Implementierung erhält man die in Tabelle 1, Spalte 2 dar-
gestellten Kosten.
Wir senken nun diese Kosten, indem wir Unterprogramm und Aufruf
durch einen neuen Maschinenbefehl ersetzen. Um das zugehörige Mikro-
programm zu schreiben, muß man dessen Aufgabe von einer neuen Warte
aus betrachten und die hardware-Struktur der Maschine heranziehen

(Abb.1). Man erkennt dort einen (für den ASSEMBLER-Programmierer un-
sichtbaren) internen Registersatz, mit dem alle Operationen ausgeführt werden.

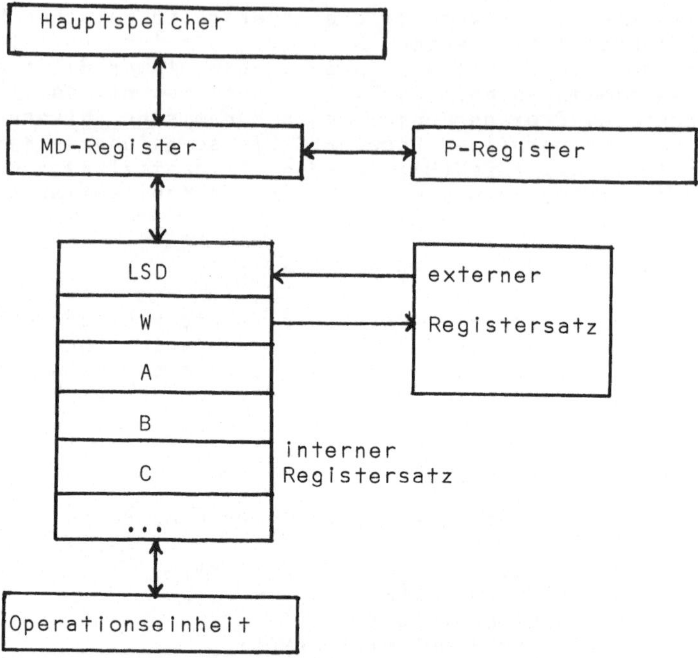

Abb.1: hardware-Struktur der Siemens 7.755

Man wird also versuchen, die anfallenden Zwischenergebnisse in diesem schnellsten Speicher aufzubewahren und nur noch auf die langsa-
meren Speichermedien zuzugreifen, wenn die gestellte Aufgabe dies
erfordert.

Man kann nun auf mehrere Weisen das Programm erstellen. Ein Weg
geht von den ASSEMBLER-Befehlen aus. Man übersetzt diese der Reihe
nach in MIKRO und schiebt den erhaltenen Code lokal zusammen. Bei
einem zweiten Weg wählt man die betrachteten Einheiten etwas größer.
Man übersetzt z.B. die statements obiger ALGOL-Notation. Der dritte
Weg unterliegt keiner Beeinflussung durch eine vorgegebene Realisierung, sondern geht direkt von der gestellten Aufgabe aus. Wir haben
diesen letzten Weg gewählt, der bei Aufgaben einer überschaubaren
Größenordnung als der geeignetste erschien. Für den zweiten Weg
spricht, daß die Aufgabe des Mikroprogramms transparenter bleibt,
da logische Schritte einer höheren Ebene noch erkennbar sind.
Die einzelnen Aufgaben werden nun in voneinander möglichst unabhän-
gige hardware-bezogene Anweisungsfolgen aufgeteilt, wobei Aktionen
einer Folge zeitlich aufeinanderfolgen müssen. Dadurch wird die
Parallelität der Aktionsfolgen ersichtlich. Inwieweit diese auch in
MIKRO realisiert werden kann, hängt von der hardware ab. Für das
Prozedurende-Unterprogramm erhalten wir vier solcher Anweisungsfolgen:

1)berechne Adresse der 2.Zelle (a)
  Speicherzugriff
  berechne Adresse der 3.Zelle (n)
  Speicherzugriff   (sN(C))
  addiere   (vN(c))
  lade MDL-neu ②
  besetze IR[vN(c)]
  "Kette umladen"

2)berechne Adresse der 1.Zelle
  Speicherzugriff   (a)
  setze Befehlszähler um (P-Re-
                          gister)
3)berechne Adresse der 6.Zelle
  Speicherzugriff   (a)
  besetze USING-Register

4)lade MDL-alt
  besetze BFS
  berechne Adresse der 2.Zelle
  Speicherzugriff   (a)
  besetze MDL-neu ①

Aktion ① muß vor ② stattfinden.
(a) bezieht sich auf die zu löschende, (n) auf die danach aktuelle
Inkarnation.

Nachdem diese Anweisungsfolgen in MIKRO übertragen worden sind, erfolgt der schwierigste Teil, das "Zusammenschieben". Dabei können
vor allem noch Vertauschungen von Registern notwendig werden. Für
diesen Vorgang existiert für die 7.755 noch kein algorithmisches
Verfahren. Daher ist es auch noch nicht möglich, die Frage zu beantworten, ob die so erhaltenen Mikroprogramme optimal sind. Man
kann allerdings untere Schranken angeben, die durch Zeitabhängig-
keiten der hardware bestimmt sind.

Wir setzen voraus, daß zu Beginn des angegebenen Mikroprogramms der
Inhalt von MDL bereits im W-Register steht. Dies wird vom Befehl
für den Aufruf eines Mikroprogramms erledigt.

```
          A:=W; SLSS;; (BFS)              rette MDL, besetze BFS
          READ (VIA);VIA:=VIA+4           A zeigt auf 2.Linkage-Zelle
          NOOP
          P,13:=MDB                       setze Befehlszähler um
          READ (VIA);VIA:=VIA+16          hole dynamisches Niveau des
                                          dynamischen Vorgängers
          B:=A                            B zeigt auf USING-Zelle
          A:=MD
          A:=A+(o8); %LIT                 A zeigt auf sN(P)-Zelle (n)
          READ (VIB)                      hole USING
          NOOP
          W:=MD
          READ (VIA);VIA:=VIA-8;SLSS;;(USING)    hole sN(C), be-
                                          setze USING
          W:=A                            A zeigt auf 4.Zelle
          C:=MD;SLSS;;(MDL)               C=sN(C), besetze MDL
          C,3 COMP (00);%LIT              ist sN(C)=0?
  NZD=0 E; C:=C+(01); %LIT                wenn ja, fertig, C=vN(c)
          C:= §LD C                       shifte C 4 bit nach links
          R:=C,3                          Bytetransfer
          R COMP (20) ; %LIT              fällt man in äußerste Pro-
                                          zedur ?
W: NZD=0 E; W:=W+(OC) ;%LIT; SRH1         besetze Indexregister
          A:=W                            A zeigt auf 4.Zelle
          READ (VIA) ;;;RH-1              lies 4.Zelle, erniedrige
                                          Register-Nummer
          R COMP (20) ; %LIT              wird gleich IR[2] besetzt ?
  GOTO W;   W:=MD                         SRH1 nimmt Wert aus W
E: GOTO STAT;%STAT
```

Auf die formatgebundene Sprache MIKRO selbst wollen wir hier nicht
näher eingehen. Ihre einzelnen Felder sind von der Gestalt der
hardware-Mikrobefehlsworte geprägt. Obiges Programm enthält nur die
zum Verständnis nötigen Teile. Die Hauptbestandteile der einzelnen
Zeilen (EOs) sind Registertransfers (A:=W), Registerverknüpfungen
(C:=C+(01)), Speicherzugriffe (READ (VIA)), sowie dazu parallel
mögliche Nebenfunktionen wie das Besetzen externer Register (SLSS
(BFS)). Außerdem ist in jeder EO ein Test möglich und in diesem Zusammenhang die Angabe eines Sprungs, durch den die normale Reihenfolge der Befehle verlassen wird. In der letzten EO ist als Sprung-
ziel STAT angegeben. Dies ist die Befehlsbereitstellungsroutine des
Systems. Dort wird der durch das P-Register bestimmte Maschinenbefehl gestartet.
Für obiges Mikroprogramm ergeben sich die in Tabelle 1, Spalte 3
angegebenen Kosten. Diese Werte enthalten bereits 17 EOs für den
Aufruf des Mikroprogramms durch den privilegierten CCPU-Befehl. Da
dies die Hälfte bis ein Drittel der Gesamtkosten ausmacht, haben
wir einen neuen Befehl EXWCM entwickelt, der in den Befehlsvorrat
aufzunehmen ist. Er braucht nur noch 6 EOs, um zu einer beliebigen
Stelle im Mikroprogrammspeicher zu springen. Bei seiner Verwendung
ergeben sich die Kosten aus Spalte 4, Tabelle 1.
Die damit durch den Einsatz des Mikroprogramms erzielten Gewinne
gegenüber ASSEMBLER liegen in dem betrachteten Bereich zwischen
6o,9% und 68,8%.
Beim gewöhnlichen Prozeduraufruf stehen 16o EOs für die ASSEMBLER-
Version 84 EOs für die MIKRO-Version gegenüber.
Das Unterprogramm für den formalen Prozeduraufruf ist am umfang-
reichsten. Für ASSEMBLER werden $171+(vN(p)*8)$ EOs benötigt, für
MIKRO $77+(vN(p)*5)$ EOs. Damit liegen die Einsparungen im Bereich
$1 \leq vN(p) \leq 5$ zwischen 51,5% und 54,1% bei Verwendung des CCPU-Befehls.

vN(p)	ASSEMBLER	CCPU	EXWCM	Ersparnis ASSEMB.:EXWCM
0	77	35	24	68,8%
1	81	39	28	65,4%
2	99	44	33	66,6%
3	107	49	38	64,4%
4	115	54	43	62,6%
5	123	59	48	60,9%

*Tabelle 1: Kosten bei Prozedurende; p Prozedur, in die man zurück-
kehrt*

Die Verwendung von MIKRO reduziert bei den drei betrachteten Unter-
programmen die Kosten auf die Hälfte bis ein Drittel der jeweiligen
ASSEMBLER-Version.

Für die Laufzeit unangenehm ist das Umladen der Register. Die Frage
ist daher, unter welcher hinreichenden Bedingung auch beim formalen
Prozeduraufruf und beim Verlassen von Prozeduren weniger oder nur
ein Register neu geladen werden müssen. Dazu ziehen wir die most-
recent-Eigenschaft /7/ heran.
Ein Programm hat (informell gesprochen) die *aktuelle most-recent-
Eigenschaft*, wenn zur Laufzeit der Verweis entlang der statischen
Verweiskette einer Aktivierung einer Prozedur p immer auf die jüng-
ste (most-recent), noch nicht abgeschlossene Aktivierung jener Pro-

zedur p' zeigt, die p lexikographisch umschließt. Das dynamische
Niveau der umgebenden Prozedur p' von p ist also immer gleich dem
dynamischen Niveau der letzten Inkarnation von p'.
Nun ist aber die formale starke most-recent-Eigenschaft keine hin-
reichende Bedingung für das Umladen von weniger Registern. In /3/
wird eine zur Übersetzungszeit entscheidbare Konstellation K angegeben, die die Menge der most-recent-Programme in zwei Klassen
teilt. Wir geben hier die Konstellation K für den Fall an, daß eine
Prozedur r zwei statische Nachfolger hat. Der allgemeine Fall sowie
die Definition der Begriffe *statischer Nachfolger, ruft formal auf*
und *ist formal erreichbar* findet sich in /3/.

Die momentane Inkarnation gehört zu einer Prozedur p aus dem betrachteten Programm β, das die folgende *Konstellation K* erfüllt:
(a) Es gibt in β eine Prozedur r mit zwei statischen Nachfolgern
     s_1 und s_2 mit $s_1 \neq s_2$.

(b) Das maximale statische Niveau sN eines Proceduridentifikators
     in β ist $\geq$ sN(R)+3 (R Identifikator der Prozedur r).
(c) sN(P) $\geq$ sN(R)+3
(d) r hat genau zwei statische Nachfolger s_{11} und s_{21}:

   (i) Es gibt formal erreichbare Prozeduren s_{1u}, s_{2v} in β mit

        $s_{11} \in \gamma(s_{1u})$, $s_{11} \notin \gamma(s_{2v})$, $s_{21} \in \gamma(s_{2v})$, $s_{21} \notin \gamma(s_{1u})$.

   (ii) s_{1u} ruft s_{2v} formal auf.

   (iii) Es gibt eine formal erreichbare Prozedur s_{2w} in β mit

        $s_{21} \in \gamma(s_{2w})$, $s_{11} \notin \gamma(s_{2w})$.

   (iv) $s_{11} \in \gamma(p)$, s_{2w} ruft p formal auf.

$\gamma(x)$ bezeichnet dabei die von der Prozedur x ausgehende statische
Verweiskette.

Abb. 2 zeigt eine Skizzierung der Konstellation K für den speziellen Fall genau zweier statischer Nachfolger für r. Jeder Punkt (●)
stellt eine Prozedur dar. Miteinander verbundene Punkte liegen in
derselben statischen Verweiskette, nebeneinander liegende haben
gleiches statisches Niveau.

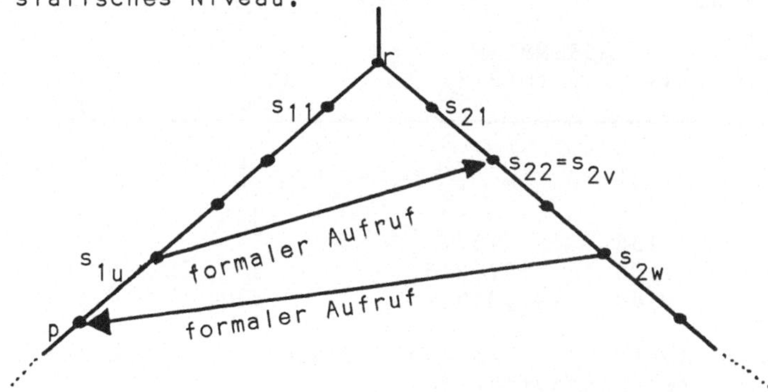

Abb. 2 : Konstellation K bei 2 statischen Nachfolgern von r

Die für das Einsparen von Registerumladungen günstigere Klasse ist
die Menge der Programme, die Konstellation K nicht erfüllen.
Dabei ergeben sich folgende Modifizierungen des eingangs beschriebenen Laufzeitsystems:

Beim *formalen Prozeduraufruf* wird statt der Indexregister 1 bis
$sN(A)$ nur noch $sN(A)$ umgeladen. A ist der Identifikator der aktuell
aufgerufenen Prozedur.

Für das *Prozedurende* gilt:
b sei die Prozedur, die beendet wird; c sei die Prozedur, in deren
Inkarnation nach Beendigung von b zurückgekehrt wird. Dann werden
statt $IR[1],\ldots,IR[sN(C)]$ umgeladen:
a) falls $sN(C) > sN(B)+1$: $IR[sN(B)+1],\ldots,IR[sN(C)]$
b) falls $sN(C) \leq sN(B)+1$: $IR[sN(C)]$

Implementierungsprobleme ergeben sich nur beim Prozedurende. Durch
den zusätzlichen Test werden in der ASSEMBLER-Version weitere Befehle nötig. Man erhält dann die Kosten aus Tabelle 2. Im Falle
$0 \leq sN(C) \leq 2$ braucht dieser Test nicht durchgeführt werden. Ein
Vergleich mit Tabelle 1 zeigt, daß in der ASSEMBLER-Version erst
ab unrealistischen Schachtelungstiefen (statischen Niveaus) Gewinne
eintreten können. Die Modifikation ist also nicht mit vertretbarem
Aufwand durchzuführen.

Bei der MIKRO-Implementierung werden folgende EOs zusätzlich benötigt:

```
        C:=C-(01); %LIT        C=sN(C)
        READ (VIB)             hole sN(B)
        NOOP
        A:=MD                  A=sN(B)
        A:=A+(01); %LIT
        U:=A
        A:=A-C                 ist sN(B)+1 ≤ sN(C) ?
  AO=0 E A:=U                  wenn ja, dann fertig
                               A=sN(B)+1 = untere Grenze
```

In der Schleife zum Registerladen wird nun R nicht mehr mit der
Konstanten (20) verglichen, sondern mit Byte 3 des A-Registers.
Dieses enthält die Nummer des letzten umzuladenden Registers. Die
Kosten bei Verwendung des CCPU-Befehls für das MIKRO-Programm ent-
hält Tabelle 2.

| $vN(c)$ | ASSEMBLER | | MIKRO | |
| | $sN(C)$? $sN(B)+1$ | | $sN(C)$? $sN(B)+1$ | |
	$\leq$	$>$	$\leq$	$>$
0	77	–	35	–
1	81	–	39	–
2	99	–	44	–
3	188	197	51	57
4	188	197,218	51	57,62
5	188	197,218,239	51	57,62,67

*Tabelle 2: Kosten für Prozedurende-Unterprogramm (modifizier-
tes Laufzeitsystem)*

Ein Vergleich der Kosten der MIKRO-Programme in den Tabellen 1 und
2 zeigt, daß die Modifizierung des Laufzeitsystems, die für Prozedurende in ASSEMBLER nicht mehr mit vertretbarem Aufwand zu realisieren war, in MIKRO noch zufriedenstellend implementiert werden
konnte.

4.Schlußbemerkung

Die erzielten Ergebnisse legen es nahe, auch andere Unterprogramme
von Laufzeitsystemen höherer Programmiersprachen in der Mikropro-
grammtechnik zu implementieren. Dabei ist auch an dynamische Tests
gedacht, deren Verwendung oft abgelehnt wird, da damit Laufzeiter-
höhungen und somit höhere Kosten verbunden sind. Eine effizientere
Implementierung könnte den zusätzlichen Aufwand reduzieren und
damit die Verwendung solcher Tests zum Normalfall werden lassen.

Literaturverzeichnis:

/1/ Langmaack, H.: "On correct Procedure Parameter Transmission in
                  Higher Programming Languages"
                  Acta Informatica 2, 1973

/2/ Kandzia, P.: "On the most-recent property of ALGOL-like pro-
                 grams"
                 in: Loeckx, J.: "Automata, Languages and Program-
                                  ming - 2nd Colloquium, University
                                  of Saarbrücken, 1974"
                 Lecture Notes in Computer Science 14
                 Springer, 1974

/3/ Schmidt, W.: "Untersuchungen über die Auswirkung der "most-re-
                 cent"-Eigenschaft von Programmen ALGOL-ähnlicher
                 Sprachen auf Laufzeitsysteme"
                 Institut für Informatik und Praktische Mathematik,
                 Universität Kiel
                 Bericht 2/77, 1977

/4/ Cook, R.W./Flynn, M.J.: "System Design of a Dynamic Micropro-
                             cessor"
                             IEEE Transactions on Computers C-19,3,
                             197o

/5/ Abd-alla, A.M./Karlgaard, D.C.: "The heuristic synthesis of
                                     applications-oriented micro-
                                     code"
                                     Proceedings of the 6th annual
                                     workshop on microprogramming,
                                     University of Maryland
                                     ACM, 1973

/6/ Kölsch, R.T./Schmidt, W.: "Laufzeitbeschleunigung im "most-re-
                               cent"-Fall durch Mikroprogrammie-
                               rung"
                               Institut für Informatik und Prak-
                               tische Mathematik, Universität Kiel
                               Bericht 5/77, 1977

/7/ McGowan, C.L.: "The "most-recent"-error: its causes and correc-
                    tion"
                    SIGPLAN-Notices, Vol. 7, Nr. 1
                    1972

Syntaxgesteuerte Generierung von ALGOL-68-R-Programmen

Volker Linnemann

Lehrstuhl D für Informatik, TU Braunschweig

I. Einleitung, Beschreibung der Problemstellung

Bei der Erstellung von Programmen ist man häufig bestrebt, möglichst
allgemeine Programme zu erstellen, d.h. Programme, die zur Lösung
von Problemen aus einer relativ großen Aufgabenklasse geeignet sind.
Benutzt man hierbei Hilfsmittel aus gängigen höheren Programmiersprachen, so stellt man oft fest, daß ein allgemeiner formuliertes
Programm unübersichtlich und vor allem ineffizient werden kann.
Dies sei an folgendem Beispiel erläutert:

Betrachten wir die Aufgabenklasse:

Berechnen eines Funktionswertes eines vorgegebenen Mehrfachpolynoms:

$$f(x_1,\ldots,x_k) = \sum_{i_1=0}^{n_1} x_1^{i_1} \sum_{i_2=0}^{n_2} x_2^{i_2} \sum_{i_3=0}^{n_3} \ldots \sum_{i_k=0}^{n_k} x_k^{i_k} * a_{i_1 i_2 \cdots i_k}$$

Das entsprechende Programm müßte den Wert von k, die Werte der
$a_{i_1 \cdots i_k}$ und die Werte der x_i (i=1,..,k) einlesen und den Funktions-
wert ausdrucken. Da eine variable Anzahl von Summen vorliegt, wird
man i.a. mit einer rekursiven Prozedur arbeiten, die sich k-mal
selbst aufruft. Weil das Koeffizientenfeld eine einzulesende Anzahl
von Dimensionen hat, muß in den gängigen Programmiersprachen die entsprechende Speicherabbildungsfunktion von Hand programmiert werden.
Man sieht also, daß ein solches Programm sehr ineffizient und unübersichtlich wird, vor allem wenn man bedenkt, daß i.a. ein festes Poly-
nom an vielen verschiedenen Stützstellen berechnet wird. Um einen so
starken Effizienzverlust zu vermeiden, geht man in der Praxis meist
so vor, daß man für k eine relativ kleine obere Schranke festsetzt
und für jeden der nun nur noch endlich vielen möglichen Werte von
k explizit ein spezielles Programm schreibt. Diese Methode ist wegen
des hohen Programmier- und Speicheraufwandes sicherlich unbefriedigend. Schlägt man diesen Weg dennoch ein, so stellt man sehr schnell
fest, daß sich die einzelnen Programme ohne weitere Überlegungen
schematisch aufschreiben lassen, wenn man die allgemeine Programmstruktur festgelegt hat. Diese Programmstruktur für eine ALGOL-68-
Prozedur könnte z.B. folgendermaßen aussehen:

```
proc mehrfachpolynom = (int n₁,...,nₖ, real x₁,...xₖ,
                        [,...,] real a) real :
begin real h₁,...,hₖ;
    h₁:=0.0;
    for i₁ from n₁ by -1 to 0 do
    begin
        h₂:=0.0;
        for i₂ from n₂ by -1 to 0 do
        begin
            h₃:=0.0;
                  .
                    .
                      .
                        .
                    for iₖ₋₁ from nₖ₋₁ by -1 to 0 do
                    begin
                        hₖ:=0.0;
                        for iₖ from nₖ by -1 to 0 do
                        begin
                            hₖ:=hₖ*xₖ+a[i₁,...,iₖ]
                        end;
                        hₖ₋₁:=hₖ₋₁*xₖ₋₁+hₖ
                    end;
                  .
                .
              .
            .
            h₂:=h₂*x₂+h₃
        end;
        h₁:=h₁*x₁+h₂
    end;
    h₁
end
```

Diese Erkenntnis legt es nahe, zu versuchen, ein Programm zu schreiben, welches einen Wert für k einliest und dann eine ALGOL-68-Prozedur zur Berechnung eines k-fachen Polynoms mit **festem** k ausdruckt, d.h. man wird versuchen, die systematische Programmierarbeit dem Rechner durch das Schreiben eines allgemeinen Generierprogrammes zu übertragen. Folgende Vorteile liegen auf der Hand:

1.) keine Einschränkung der Aufgabenklasse

2.) kein oder nur geringfügiger Effizienzverlust, da jedes generierte Programm keinen unnötigen Ballast mehr enthält.

Eine solche Vorgehensweise ist immer dann günstig, wenn ein einmal generiertes Programm relativ häufig benutzt wird, da dann der einmalige
Aufwand bei der Programmgenerierung vernachlässigt werden kann. Eine
solche Situation trifft z.B. bei Programmbibliotheken in Rechenzentren
zu. Ein Generierprogramm zur Bearbeitung des obigen Problems könnte in
ALGOL 68 etwa folgendermaßen aussehen:

```
begin
    proc idlist = (char id, int anzahl)string :
    begin
        c idlist liefert die liste id_1,...,id_anzahl c
        string s:=id+"1";
        for i from 2 to anzahl do
          s:=s+","+id+convi;
        s
    end;
    int k; read(k);
    string i :=idlist("i",k),
           n :=idlist("n",k),
           x :=idlist("x",k),
           h :=idlist("h",k),
           commas :=""; to k-1 do commas:=commas+",";
    print(("proc mehrfachpolynom=(int", n, ", real", x,
           ",[",commas, "]real a) real :",newline,
           "begin real", h, ";"));
    for j to k do
    begin
        print((newline,"h",j,":=0.0;", newline,
                "for i",j,"from n",j,"by -1 to 0 do",newline,
                "begin"))
    end;
    print(("h",k,":=h",k,"*x",k,"+a[",i,"]",newline,"end;"));
    for j from k-1 by -1 to 1 do
    begin
        print((newline,"h",j,":=h",j,"*x",j,"+h",j+1,newline,
                "end;"))
    end;
    print(("h1",newline,"end"))
end
```

Dieses Programm zeigt sehr deutlich den Mangel an Sprachausdrucksmit-
teln für die Programmgenerierung. Die Programmierung ist fehleranfäl-
lig und sehr unübersichtlich, insbesondere die Tatsache, daß sich die
Korrektheit der Klammerstruktur eines generierten Programmes erst dynamisch ergibt und nicht schon statisch am Generierprogramm abzulesen
ist. Es gibt inzwischen einige Ansätze, die zum Ziel haben, spezielle
Generieranweisungen zu definieren, um eine Programmierung übersicht-
licher zu gestalten (s. [2]). Diese Ansätze gehen alle davon aus, daß
die Programmgenerierung eine reine Textmanipulationsaufgabe ohne Berücksichtigung der strukturellen Eigenschaften der verwendeten Programmiersprache ist. Dies hat einige wesentliche Nachteile zur Folge. Es
liegt daher nahe, Sprachausdrucksmittel zu entwickeln, durch die die
folgenden Punkte erfüllt sind (Bez.: Produktprogramm = zu generierendes
Programm

Generierprogramm = Programm, das
die Generierung
ausführt):

1.) Es ist nicht nur eine Generierung von links nach rechts möglich,
sondern es können bereits generierte Programmteile in andere eingesetzt werden.

2.) Der Programmierer hat die Möglichkeit, Werte, die zur Laufzeit des
Generierprogramms ermittelt werden und a priori keine Programmteile sind (z.B. INT- oder STRING-Werte), in das Produktprogramm ein-
zufügen (z.B. zur Bildung neuer Identifier), jedoch nur so weit,
wie dadurch 3.) nicht verletzt wird.

3.) Klammerstrukturen im Produktprogramm stehen bereits statisch im Generierprogramm und können sich nicht dynamisch z.B. durch program-
mierte Zählmechanismen ergeben. (Wegen 1. ist diese Forderung keine Einschränkung der Allgemeinheit, d.h. es sind nach wie vor alle
Algorithmenklassen generierbar).

4.) Es ist weitgehend statisch am Generierprogramm mechanisch mit einfachen Mitteln ablesbar, ob alle Programme aus der Klasse der generierbaren Programme syntaktisch richtig sind.

5.) Die Sprache soll den Programmierer dazu anregen, die Programmierung
möglichst übersichtlich zu gestalten.

II. Beschreibung eines syntaxorientierten Verfahrens

Durch diese Forderungen, vor allem durch die Forderungen 3.) und 4.)
wird nahegelegt, die aus der Theorie der formalen Sprachen her be-

kannten kontextfreien Grammatiken als Hilfsmittel heranzuziehen. Es
sei zunächst die folgende Grammatik für ein etwas vereinfachtes
ALGOL-68-R gegeben:

```
<program>        ::= <id> <encsec>
<encsec>         ::= begin <sec> end  | (<sec>)
<sec>            ::= <dec>; <decuncs> | <uncs>
<decuncs>        ::= <dec>; <decuncs> | <unc>; <decuncs> | <unc> |
                     <unc> exit <id> : <uncs> | <id> : <uncs>
<decunc>         ::= <decunc>; <decuncel> | <dec>
<decuncel>       ::= <unc> | <dec>
<uncs>           ::= <unc>; <uncs> | <id> : <uncs> | <unc> |
                     <unc> exit <id> : <uncs>
<unc>            ::= <expr> | <expr> := <unc> | <expr> ::= <unc> |
                     <expr> ::<unc> |
                     (<exprlist 2>) ::= <unc> | (<exprlist 2>):: <unc> |
                     <expr> is <expr> | <expr> isnt <expr> |
                     <arraymode> val <unc> | <foropt> <fromopt>
                     <byopt> <toopt> <whileopt> do <unc> |
                     goto <id> | <procden> | (<exprlist 2>)
<expr>           ::= loc <arraymode> | heap <arraymode> | <formula>
<secondary>      ::= <id> of <secondary> | <primary>
<moformula>      ::= <opsymbol> <moformula> | <secondary>
<formula>        ::= <formula> <opsymbol> <moformula> | <moformula>
<primary>        ::= <id> | <denot> | <primary> (<unclist>) |
                     <primary> [<indexerlist>] |
                     <encsec> | if <sec> <choiceclause> fi | case
                     <sec> in <seclist> <outopt> esac
<outopt>         ::= out <sec> | ε
<choiceclause>   ::= then <sec> else <sec> | then <sec> |
                     then <sec> elsf <sec> <choiceclause> | thef
                     <sec> <choiceclause>
<foropt>         ::= for <id> | ε
<fromopt>        ::= from <unc> | ε
<byopt>          ::= by <unc> | ε
<toopt>          ::= to <unc> | ε
<whileopt>       ::= while <sec> | ε
<dec>            ::= <arraymode> <varlist> | <arraymode> <idylist> |
                     proc <id> = <procden> | proc <id> := <procden> |
                     mode <decmodelist> | priority <priolist> |
                     op <opsymbol> = <procden> |
                     op (<opparam>) <valueopt> <opsymbol> = <unc>
```

```
<valueopt>            ::= <arraymode> | void | ε
<opparam>            ::= <arraymode> | <arraymode>, <arraymode>
<procden>            ::= <arraymode> : <encsec> | void : <encsec> |
                        (<formparlist>) <valueopt> : <encsec>
<arraymode>          ::= [<bplist>] <notarraymode> | <notarraymode>
<notarraymode>       ::= struct (<seleclist>) | <smode>
<smode>              ::= <basicmode> | <modesymbol> | ref <arraymode> |
                        proc <arraymode> | proc void |
                        proc (<modelist>) <valueopt> |
                        union (<modelist>)
<T list>             ::= <T list>, <T listel> | <T listel>
                        für T = bp, decmode, expr, formpar, id, idy,
                                indexer, mode, prio, sec, selec, unc, var


<bplistel>           ::= <unc> : <unc> | <unc> : <unc> flex | ε
<decmodelistel>      ::= <modesymbol> | <modesymbol> = <arraymode>
<exprlistel>         ::= <expr>
<exprlist2>          ::= <exprlistel>, <exprlist>
<formparlistel>      ::= <arraymode> <idlist>
<idlistel>           ::= <id>
<idylistel>          ::= <id> = <unc>
<indexerlistel>      ::= <unc> | <trimopt> <atopt>
<trimopt>            ::= <unc> : | : <unc> | : | <unc> : <unc> | ε
<atopt>              ::= at <unc> | ε
<modelistel>         ::= <arraymode>
<priolistel>         ::= <opsymbol> = <digit>
<seclistel>          ::= <sec>
<seleclistel>        ::= <arraymode> <idlist>
<unclistel>          ::= <unc>
<varlistel>          ::= <id> | <id> := <unc>
<id>                 ::= <idhead> <idtail>
<idhead>             ::= <letter>
<idtail>             ::= <idtailel> <idtail> | ε
<idtailel>           ::= <letter> | <digit>
<basicmode>          ::= int | long int | real | bool | char | bits |
                        bytes | long bytes | long long bytes | format |
                        string | complex
<denot>              ::= <intdenot> | <longintdenot> | <realdenot> |
                        <booldenot> | <stringdenot> | <formatdenot> |
                        skip | nil
```

Die offensichtlichen Produktionen für <opsymbol>, <modesymbol>,
<letter>, <digit>, <intdenot>, <longintdenot>,
<realdenot>, <booldenot>, <stringdenot>,
<formatdenot>

wurden weggelassen. Die obige Grammatik werde mit G_o bezeichnet. Die
Menge aller generierbaren Programme soll die Menge der aus <program>
ableitbaren Worte sein. Um dies zu ermöglichen, wird die Sprache
ALGOL-68 um die folgenden neuen Standardmodi erweitert (Bez.: falls
A ein Nonterminal obiger Grammatik ist, so sei L(A) = $\{\sigma \mid$ A $\Rightarrow_{G_o} \sigma$, σ
enthält nur Terminals$\}$):

neuer Modus	Wertebereich des Modus
program	L(<program>)
sec	L(<sec>)
decunc	L(<decunc>)
idtail	L(<idtail>)
id	L(<id>)
arraymode	L(<arraymode>)
notarraymode	L(<notarraymode>)
idlist	L(<idlist>)
exprlist	L(<exprlist>)
indexerlist	L(<indexerlist>)
formparlist	L(<formparlist>)
bplist	L(<bplist>)
seleclist	L(<seleclist>)
modelist	L(<modelist>)

Diese neuen Modi können genauso gehandhabt werden wie die ursprünglichen Modes, sie können z.B. zur Bildung von Variablen, neuen Modes
etc. verwendet werden. Standardbezeichnungen für Werte dieser Modi
gibt es nicht, statt dessen gibt es Generierungsausdrücke, mit Hilfe
derer Werte dieser Modes generiert werden können. Um Generierungsausdrücke definieren zu können, werde G_o durch die folgenden Regeln

erweitert, die entstehende Grammatik sei G:

```
<program>      ::= {program}
<sec>          ::= {sec}
<dec>          ::= {decunc}
<idtailel>     ::= {idtail} | {id}
<idhead>       ::= {id}
<arraymode>    ::= {arraymode}
```

```
<notarraymode>   ::= {notarraymode}
<idlistel>       ::= {idlist}
<exprlistel>     ::= {exprlist} | {idlist}
<indexerlistel>  ::= {indexerlist} | {exprlist} | {idlist}
<formparlistel>  ::= {formparlist}
<bplistel>       ::= {bplist}
<seleclistel>    ::= {seleclist}
<modelistel>     ::= {modelist}
<seclistel>      ::= {exprlist} | {idlist}
<unclistel>      ::= {exprlist} | {idlist}
<varlistel>      ::= {idlist}
```

Hierbei sollen die Zeichen auf der rechten Seite jeweils als ein Terminalzeichen aufgefaßt werden, {,} sind hier __keine__ Mengenklammern. Mengenklammern werden zur Unterscheidung als $\{,\}$ geschrieben. Sei $\underline{a}$ einer der neuen Modi. Ein Generierungsausdruck für einen Wert vom Typ $\underline{a}$ hat dann folgendes Aussehen:

$$\underline{a} \ \underline{gen} \ \sigma \ \underline{neg}$$

wobei für das Wort σ gilt:

es gibt ein σ' mit

$$\langle a \rangle \stackrel{*}{\underset{G}{\Rightarrow}} \sigma' \quad \text{und} \quad \sigma \ \epsilon \ \tau(\sigma'),$$

wobei die Substitution τ definiert ist durch

$$\tau(b) = \begin{cases} \{b\} & \text{falls } b \text{ keines der neuen Terminal-} \\ & \text{zeichen der Art } \{\dots\} \text{ in } G \text{ ist} \\ \{SEC_{program}\} & \text{falls } b = \{program\} \\ \{SEC_{sec}\} & \text{falls } b = \{sec\} \\ \quad \vdots & \quad \vdots \\ \{SEC_{modelist}\} & \text{falls } b = \{modelist\} \end{cases}$$

mit

SEC_x = Menge aller ALGOL-68 Serialklauseln, deren globale Größen in der Umgebung, in der der Generierungsausdruck steht, gebunden werden. Die Serialklauseln können die neuen Basismodi enthalten und müssen einen Wert vom Typ x liefern können, evtl. nach Anwenden der Anpassungen "deproceduring" und "dereferencing".

$(x = program \ v \ x = sec \ v \dots v \ x = modelist)$

Der Wert, den ein gültiger Generierungsausdruck $\underline{a}$ $\underline{gen}$ σ $\underline{neg}$ liefert, ergibt sich wie folgt:

Zunächst werden die Serialklauseln innerhalb von {...} kollateral innerhalb der Umgebung des Generierungsausdruckes ausgewertet und zu einem der neuen Modi angepaßt. Danach werden sie durch diese Werte ersetzt und das so entstehende Wort innerhalb von $\underline{a}$ $\underline{gen}$ ... $\underline{neg}$ ist der gelieferte Wert. Aufgrund der Grammatik ergibt sich unmittelbar, daß das gelieferte Wort tatsächlich aus <a> mittels G_o ableitbar, d.h. aus $L(<a>)$ ist.

Zusätzlich gibt es die monadischen Standardoperatoren $\underline{idt}$, $\underline{idf}$ und $\underline{den}$. $\underline{idt}$ kann angewendet werden auf positive $\underline{int}$-Werte und auf $\underline{string}$-Werte, die nur aus Buchstaben und Ziffern bestehen. Im Fall der Anwendung auf einen $\underline{int}$-Wert wird dieser in Dezimalschreibweise umgewandelt und das entstehende Wort (ohne Vorzeichen) als $\underline{idtail}$-Wert geliefert. Bei Anwendung auf einen $\underline{string}$-Wert wird dieser String direkt als $\underline{idtail}$-Wert geliefert.

$\underline{idf}$ kann angewendet werden auf $\underline{string}$-Werte, die die Form eines Identifiers haben. Es wird der Eingabeparameter als $\underline{id}$-Wert geliefert.

$\underline{den}$ kann angewendet werden auf alle Standardmodi der Basissprache, er liefert den entsprechenden Wert als denotation in Form eines $\underline{sec}$-Wertes. Zur Erläuterung soll jetzt eine Lösung des eingangs gestellten Problems mit diesen Hilfsmitteln angegeben werden:

```
begin
    proc idlist = (string präfix, int anfang, ende) idlist:
    begin c liefert die Identifierliste präfix     , ..., präfix     c
                                            anfang              ende
        id pr = idf präfix;
        idlist h := idlist gen {pr} {idt anfang} neg;
        for i from anfang + 1 to ende do
        begin
            h := idlist gen {h}, {pr} {idt i} neg
        end;
        h
    end;
    int kk; read (kk); idtail k = idt kk;
    bplist commas := bplist gen neg;
    for l to k-1 do commas := bplist gen {commas}, neg;
    idtail j := k, jm1;
```

```
idlist i := idlist ("i", 1, k)
      n := idlist ("n", 1, k)
      x := idlist ("x", 1, k),
      h := idlist ("h", 1, k);
c Inhalt der inneren Schleife c
sec s := sec gen
            h{k}  := h{k} * x{k} +a [{i}]
            neg;
c Generierung der darumliegenden Schleifen c
for l from k by -1 to 2 do
begin
      jm1 := idt (l-1);j := idt l
      s := sec gen
              h{j}  := 0.0;
              for i {j} from n {j} by -1 to 0 do
              begin      {s}      end;
              h{jm1}  := h{jm1} * x{jm1} +h {j}
            neg
end;
program p :=
  program gen
    mehrfachpolynom
    begin
        proc mehrfachpolynom =
            (int {n}, real {x}, [{commas}]real a) real :
        begin
            real {h};
            h1 := 0.0;
            for i 1 from n 1 by -1 to 0 do
            begin      {s}      end;
            h1
        end;
        skip
    end
neg;
print (p) c Ausgabe der generierten Prozedur c
end
```

Dies Beispiel zeigt, daß durch diesen Ansatz die Forderungen aus I.)
erfüllt sind, am wesentlichsten sind die Punkte 3. und 4., wobei die
Erkennbarkeit der syntaktischen Richtigkeit nach 4.) sich auf kon-

textfreie Erkennung beschränkt. Man beachte insbesondere, daß z.B. der
Generierungsausdruck

<u>sec</u> <u>gen</u> a+ (x <u>neg</u>

syntaktisch falsch ist (das kann der <u>Compiler</u> erkennen), da eine
falsche Klammerung vorliegt. Die syntaktische Richtigkeit der generierten Programme ist also bereits durch die syntaktische Korrektheit
des Generierprogrammes gewährleistet und muß nicht empirisch anhand
einzelner generierter Programme "nachgewiesen" werden.

III. Mögliche Erweiterungen und Verallgemeinerungen

Es ist möglich, einen Generierungsausdruck <u>a</u> <u>gen</u> ... <u>neg</u>, der sich
im strong-Kontext befindet, von dem der Modus <u>a</u> verlangt wird,
zu vereinfachen zu <u>gen</u> ... <u>neg</u>, z.B. statt

<u>sec</u> s := <u>sec</u> <u>gen</u> a0 <u>neg</u>

kann vereinfachend geschrieben werden

<u>sec</u> s := <u>gen</u> a0 <u>neg</u>

Desweiteren ist die Klammerung von eingesetzten <u>sec</u>-Werten bis-
weilen lästig. Z.B. muß, wenn s eine Variable vom Typ <u>sec</u> ist, im
folgenden Generierungsteil

<u>for</u> i <u>to</u> n <u>do</u>
<u>begin</u> {s} <u>end</u>

die Klammerung <u>begin</u> ... <u>end</u> <u>stets</u> vom Programmierer geschrieben
werden, da an dieser syntaktischen Position kein <u>sec</u>-Wert zugelassen ist. Diese Klammerung könnte automatisch vom System vorgenommen werden. Formal bedeutet das, daß die Produktion

<sec> ::= {sec}

ersetzt wird durch

<encsec> ::= {sec}

mit der Maßgabe, daß ein <u>sec</u>-Wert dort, wo es nötig ist, automatisch vom System geklammert wird.

Desweiteren ist es möglich, statt der linearen Programmtexte direkt
Ableitungsbäume hierfür zu generieren, um eine spätere Übersetzung
zu vereinfachen. Die Generierung dieser Bäume kann vom Compiler bereits weitgehend vorbereitet werden und bereitet zur Laufzeit eines
Generierprogrammes keinen zusätzlichen Aufwand (s. [1]).

Als weitere Erweiterung ist es möglich, ein generiertes Programm
noch zur Laufzeit des Generierprogrammes aufzurufen und in die
Umgebung des Generierprogrammes einzubinden.

Genauere Spezifikationen hierzu finden sich in [1].

Die syntaxgesteuerte Programmgenerierung von ALGOL-68-Programmen
wurde so stark an eine kontextfreie Grammatik angelehnt, daß sich
eine Verallgemeinerung auf andere Produktsprachen sofort anbietet.
In diesem Falle müßte die Produktsprache zunächst formal durch
eine kontextfreie Grammatik festgelegt werden, danach müßten die
neuen Modi definiert werden und ihre Benutzung in Generierungs-
ausdrücken durch Angabe zusätzlicher Produktionen festgelegt werden. Aus einer solchen Beschreibung können dann die entsprechenden
Teile eines ALGOL-68-Übersetzers automatisch generiert werden, so
daß in diesem Sinne die Einschränkung auf eine bestimmte Produktsprache keine echte Einschränkung ist.

Genauere Ausführungen hierzu finden sich in [1].

<u>Literatur:</u>

[1] V. Linnemann: Syntaxgesteuerte Generierung von ALGOL-68-
        Programmen; Informatik-Bericht Nr. 7706 der TU Braunschweig,
        Nov. 1977

[2] J.F.H. Winkler: Eine Sprache zur Formulierung adaptiver Pro-
        gramme; Institut für Informatik, Universität Karlsruhe

[3] Woodward/Bond: ALGOL-68-R Users Guide; Division of Computing
        and Software Research Royal Radar Establishment London,
        Her Majesty's Stationary Office, 2. Auflage 1974

[4] Maurer/Stucky: Ein Vorschlag für die Verwendung syntax-
        orientierter Methoden in höheren Programmiersprachen;
        Angewandte Informatik 5/1976 S. 189-195

[5] B.M. Leavenworth: Syntax Macros and Extended Translation;
        CACM 9, Number 11, Nov. 1966, p. 790-793

Erfahrungen mit höheren Programmiersprachen
zur Lösung unterschiedlichster Aufgaben
im technischen Bereich der Thyssen Aktiengesellschaft

Gerhard Niemann

Thyssen Aktiengesellschaft
vorm. August Thyssen-Hütte

BW-TDV

Einführung und Rahmenbedingungen

Die Thyssen Aktiengesellschaft, vorm. August Thyssen-Hütte, umfaßt 5
Werksbereiche mit Hochofenanlagen, Oxygenstahlwerken, Stranggußanlagen
und Blockbrammenstraßen, Warmbandwerken, Kaltwalzwerken, Weiterverar-
beitungsanlagen sowie Grobblech-, Halbzeug- und Profilwalzwerken.

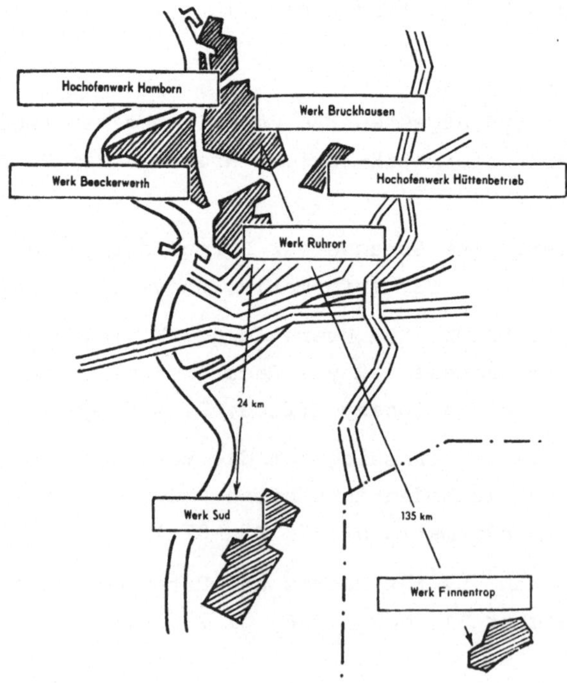

Bild 1: Übersicht der Werksbereiche

Die Vielzahl dieser Werke mit einem komplexen Materialfluß und der

Forderung nach gezielter Auftragsfertigung stellt hohe Anforderungen
an die betriebliche Auftragsabwicklung. Weiter erschwerend wirkt sich
die Notwendigkeit aus, daß aus fertigungstechnischen Gründen mehrere
Aufträge zu Produktionseinheiten zusammengefaßt werden müssen, wobei
qualitative und quantitative Auftragsvorgaben unbedingt zu berücksichtigen sind.

Aus diesen betrieblichen Gegebenheiten hat sich in den letzten Jahren
eine dreistufige Rechnerebenenhierarchie als beste Voraussetzung zur
Lösung der Probleme erwiesen. Das Zentralsystem, mit z. Zt. 2 IBM 370/
158-Anlagen bildet die obere Ebene und deckt die übergeordneten Aufga-
benkomplexe wie das Berichtswesen, technisch-wissenschaftliche Anwendungen und Sonderaufgaben, die Auftragsplanung und -lenkung, Operations
Research usw. ab. Die mittlere Ebene dient der operativen Steuerung und
wird von Rechnern verschiedener Hersteller und unterschiedlichen Typs
zur Materialflußsteuerung und betrieblichen Auftragsabwicklung gebildet. Eine Vielzahl von Z25-, PDP11- und Siemens-Anlagen sind schwer-
punktmäßig für diese Aufgaben eingesetzt. Die Prozeßsteuerung und An-
lagenautomation, wie auch Störüberwachung und Meßwerterfassung sind
Aufgaben der untersten Ebene. Weitere Prozeßrechnersysteme in unterschiedlichster Ausbaustufe wie z. B. die Siemens 305, 306 und 330,
AEG 60/10 und 80/20, UNICOMP 201 usw. sind in diesem prozeßnahen Bereich installiert.

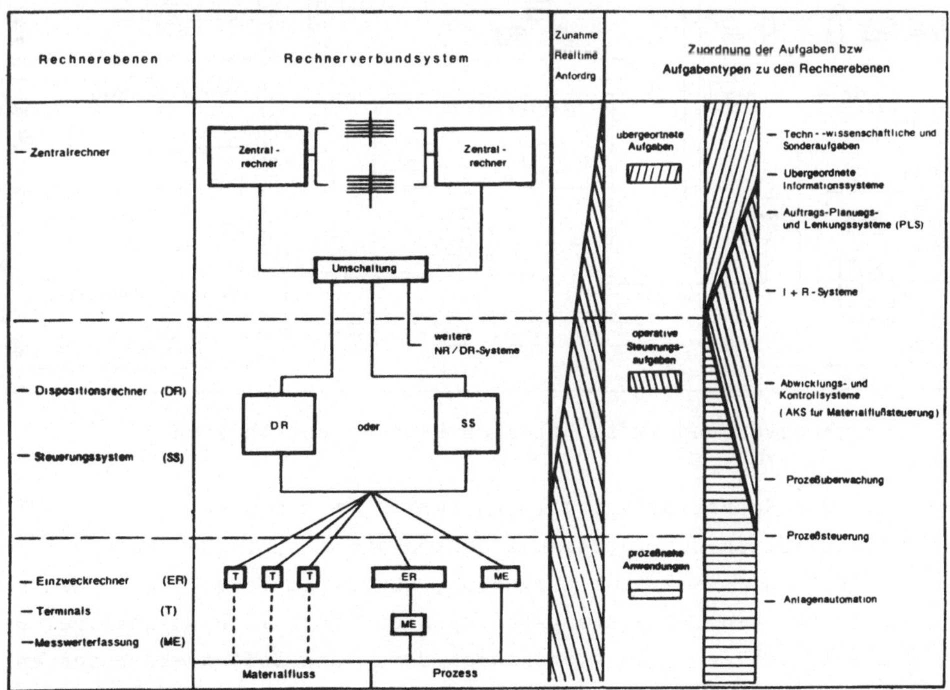

Bild 2: Einsatzstrategie von Rechenanlagen

entwickelte sich in den letzten Jahren ein komplexes Rechnernetz, das
nicht nur verschiedenartige Systeme zu einem Datenverbund verknüpfte,
sondern es mußte auch sichergestellt werden, daß unterschiedliche Rechnergenerationen mit extrem abweichendem Leistungsverhalten, eingebettet
in eine auf frühere Rechnergenerationen zugeschnittene Organisations-
form, über die gesamten Werksbereiche zu einer organisatorischen Einheit wurden.

Diese Systemvielfalt resultiert daraus, daß ein Werk der Größenordnung
der Thyssen AG Rechnersysteme nicht nur nach rechnerstrategischen Gesichtspunkten einsetzen kann, sondern viele Komponenten bestimmen die
Entscheidung zum Einsatz des einen oder anderen Fabrikats. Daß es trotzdem gelungen ist, aus diesen Gegebenheiten ein Rechnerverbundsystem auf-
zubauen, zeigt das folgende Bild.

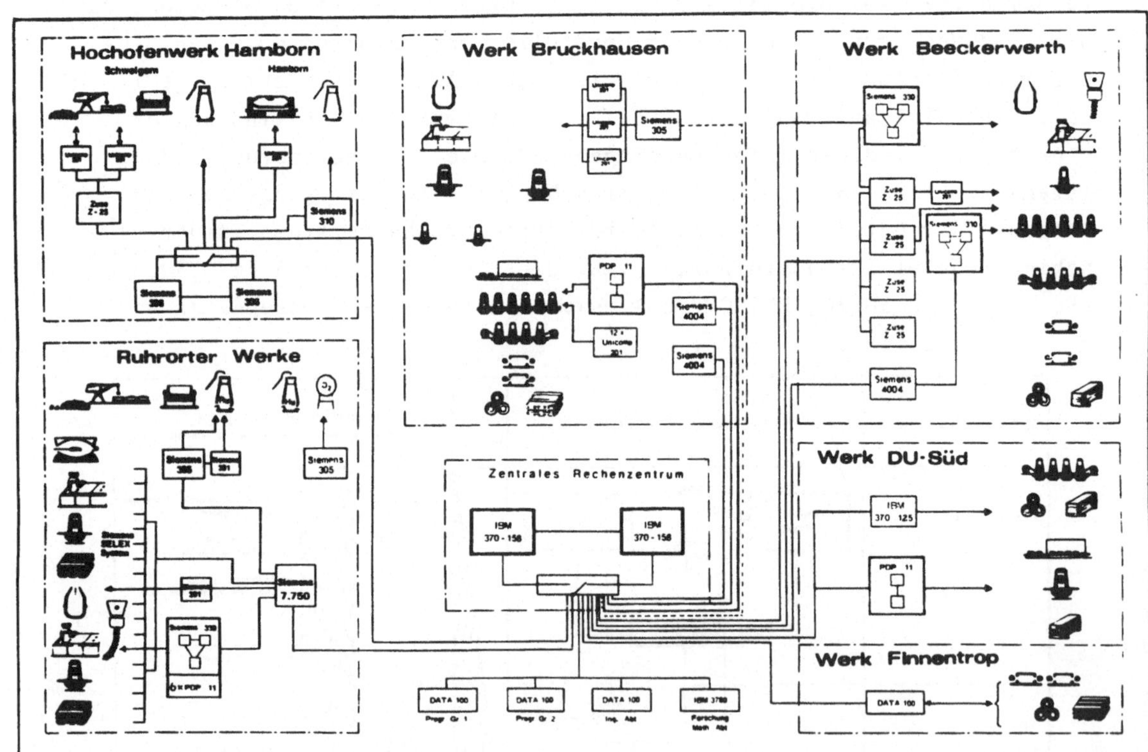

Bild 3: Rechnerverbund im technischen Bereich der Thyssen AG

Bei derartigen Rechnerorganisationen spricht man heute von DISTRIBUTED
DATA PROCESSING. In den letzten 12 Jahren wurde im technischen Bereich
der Thyssen AG dieses System aufgebaut, obwohl im Vergleich zu den heutigen Möglichkeiten die Ausgangsbedingungen wesentlich ungünstiger waren, zum Teil fehlte es an elementaren Hard- und Softwarekomponenten.

Daß diese Gegebenheiten den Wunsch nach Einsatz höherer Programmier-

sprachen herausforderte ist sicher verständlich. Nicht die Hersteller
mußten überzeugend beweisen, daß der Komfort der höheren Programmiersprache die Ineffizienz dieser Programme im Vergleich zu Assemblerpro-
grammen und damit den Hardwaremehraufwand kompensieren, sondern wir
Anwender forderten den Einsatz der höheren Programmiersprache, vor allem, um den laufenden Wartungsaufwand der einzelnen Programme bewältigen, aber auch, um das Know how der Programmierer effektiver nutzen zu
können.

Die Anlagenvielfalt und das Personalprofil der ca. 100 für die Projekt-
arbeit eingesetzten Mitarbeiter unterstreichen die besondere Bedeutung
dieses Problems.

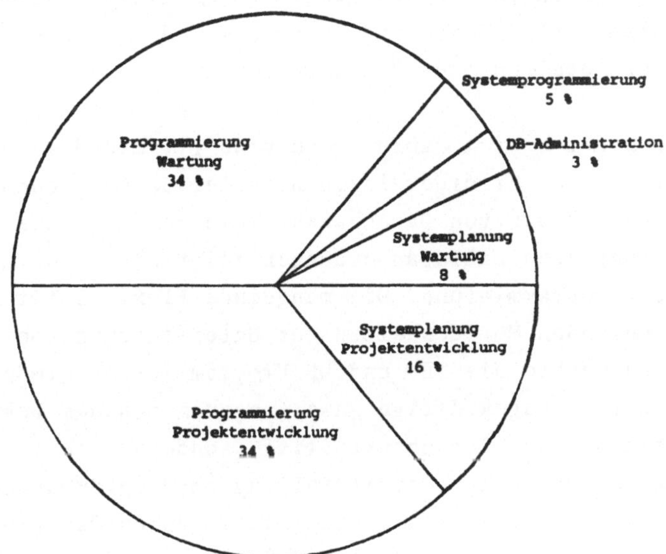

Bild 4: Personalprofil der projektbezogenen Mitarbeiter

Systemunabhängigkeit und Portabilität der Programme sind weitere Gesichtspunkte für den Einsatz höherer Programmiersprachen; sie sind allerdings für den prozeßnahen Bereich nicht von großer Bedeutung, da
die unterschiedlichen technischen Gegebenheiten selbst gleicher Werke
den Einsatz der selben Anwendungssoftware stark einschränkt.

<u>Einsatz höherer Programmiersprachen für sog. übergeordnete Aufgaben</u>

Für die Problemrealisierung der oberen Rechner-Ebene kommen seit ca. 10
Jahren ausschließlich höhere Programmiersprachen zum Einsatz. Die Verarbeitung großer Datenmengen für das gesamte Berichtswesen, für Son-
derauswertungen und Planungsarbeiten forderte den Einsatz einer kommerziellen Sprache. Die Technische Datenverarbeitung entschied sich

für COBOL, weil zum damaligen Zeitpunkt mit dieser Sprache eine gewisse Systemunabhängigkeit angestrebt wurde und IBM mit dem ersten PL1-Compiler zwar ein komfortables aber ein zunächst noch nicht effizientes Programmiersystem anbot. Programmgröße und Laufzeitverhalten spielten bei dem System 360 noch eine große Rolle. Reine technisch-wissenschaftliche Applikationen werden in FORTRAN programmiert, die fehlenden mathematische Komponenten der COBOL-Sprache, aber vor allem die FORTRAN-Erfahrung vieler Betriebsingenieure forderte diese Entwicklung. Neben diesen zwei kam aber auch PL/1 noch als 3.Sprache zum Einsatz. Die bei uns im Rahmen der Forschung arbeitende Mathematische Abteilung hat sich später dann für diese Sprache entschieden, da der vorliegende Aufgabenkomplex schon in dieser Abteilung den Einsatz von COBOL und FORTRAN bedeutet hätte. Durch PL/1 konnte man dieser Zweigleisigkeit innerhalb einer Abteilung aus dem Wege gehen.

Die Erfahrungen der ersten Jahre haben gezeigt, daß der Sprachumfang der COBOL-Sprache den Erfordernissen normaler Batchanwendungen gerecht wird. Erst nach Einsatz von Datenbanksystemen und TP-Monitoren zur Entwicklung von komplexen Dialoganwendungen zeigten sich wieder Schwierigkeiten bei der Programmierung. Die mangelnde Flexibilität der COBOL-Sprache mit fehlenden Möglichkeiten zur Unterstützung spezieller Softwarekomponenten machte die TP- und DB-Programmierung wieder zu einem Flickwerk. Nicht aussagekräftige Anweisungen mit hohem Dokumentationsgehalt kennzeichnen den Datenbankzugriff, sondern eine Vielzahl von MOVE-Befehlen zur Parameter-Bereitstellung im Programmablauf, und eine große Zahl von Kontrollblöcken im Datenteil machen das Programm unübersichtlich und schwer wartbar. Statt hardware- werden die Programme jetzt softwareabhängig und die Individualität und der Ideenreichtum der einzelnen Programmierer schlägt sich wieder auf die Qualität der Programme nieder. Der eine bringt die Datenbankzugriffslogik im prozeduralen Teil des Programmes, der andere im Datenteil unter, je nach Erfahrung und Gewohnheit des einzelnen Mitarbeiters. Eindrucksvoll demonstrieren die beiden folgenden Bilder diese Gegebenheiten.

```
OPEN INPUT KARTE,
           EBAND,
     OUTPUT LISTE,
           ABAND.

READ EBAND
     AT END GO TO ENDEB.
WRITE LISTE AFTER POSITIONING ASA.
```

Bild 5: COBOL-Aufrufe für Standard-Dateien

```
MOVE SUCHWERT             TO   SUCHWERTE-PUFFER.
MOVE 128                  TO   F-NR-S4.
MOVE 6                    TO   FORM-P-LNG-S4.
MOVE 114                  TO   SATZ-P-LNG-S4.
MOVE 4                    TO   SUBG-P-LNG-S4.
MOVE 16                   TO   SUWE-P-LNG-S4.
MOVE 'ID-FI.'             TO   FORMAT-PUFFER.
MOVE 'ID..'               TO   SUCHBEGRIFF-PUFFER.
MOVE 400                  TO   ISN-P-LNG-S4.
MOVE COM-ID               TO   COMMAND-ID-S4.
MOVE CB-S4                TO   STANDARD-CONTROL-BLOCK.
MOVE 'XA '                TO   REQUEST-CODE.
CALL 'ADALINK'     USING COMMUNICATION-REGION,
                         STANDARD-CONTROLL-BLOCK,
                         FORMAT-PUFFER
                         SATZ-PUFFER,
                         SUCHBEGRIFF-PUFFER,
                         SUCHWERTE-PUFFER,
                         ISN-PUFFER.
PERFORM TASK-MASTER-REQUEST THRU REQUEST-RETURN.


MOVE 'UPD=128.'           TO   SATZ-PUFFER.
MOVE 'OP'                 TO   COMMAND-CODE.
MOVE +8                   TO   DATENSATZ-PUFFER-LAENGE.
MOVE 'XA '                TO   REQUEST-CODE.
CALL 'ADALINK'     USING COMMUNICATION-REGION,
                         STANDARD-CONTROL-BLOCK,
                         FORMAT-PUFFER,
                         SUCHBEGRIFF-PUFFER,
                         SUCHWERTE-PUFFER,
                         ISN-PUFFER.
PERFORM TASK-MASTER-REQUEST THRU REQUEST-RETURN.
```

Bild 6: COBOL-Aufrufe für Datenbankzugriffe in Dialogprogrammen

Unverständlich bleibt für uns die Tatsache, daß eine bewährte Methode
aus der Assemblerzeit, den Standardsprachumfang durch eine Makro-
sprache beliebig erweitern und betrieblichen Gegebenheiten anpassen
zu können, kaum Eingang in die Compilerentwicklung der problemorientierten Programmiersprachen gefunden hat. Leicht und ohne Kompli-
kationen könnte der Sprachumfang einer höheren Programmiersprache
um Aufrufe für spezielle Softwarekomponenten wie Datenbanksysteme
und TP-Monitore erweitert werden, stände ein entsprechender Makro-
Generator zur Verfügung.

Diese Überlegungen veranlaßten uns zu einer solchen Entwicklung.
Speziell auf die derzeitigen betrieblichen Gegegenheiten abgestimmt
und unter Berücksichtigung des eingesetzten TP- und Datenbank-
systems konnte der Vorübersetzer mit einem Aufwand von ca. 0,5 Mann-
jahren fertiggestellt werden. Eine Auswahl der für die Anwendungsprogrammierung zur Verfügung gestellten "COBOL-Makros" zeigt das
folgende Bild.

```
OPEN-DATA-BASE
    WITH     RECORD-BUFFER = 'UPD=128'.

FIND-AND-HOLD-DATA-BASE
    WITH     FILE = 128'
             SEARCH-BUFFER = 'ID'
             VALUE-BUFFER = (SUCHWERT, LSUCHWERT)
             ISN-BUFFER = (ISN-PUFFER, LISN-PUFFER).


WRITE-READ-TERMINAL FROM (MASKE2,39)
    WITH FT = (FORMAT2,22) AND FIT = '2
    AT END GO TO ENDE
    AT ERROR GO TO ENDE.

CLEAR-WRITE-READ-TERMINAL FROM (MASKE1,31) INTO (BILD1,21)
    WITH FT = (FORMAT1,24) AND FIT = '        '
    AT END GO TO ENDE
    AT ERROR GO TO ENDE.
```

Bild 7: Auswahl von TP- und DB-Aufrufen in COBOL-Syntax.

Durch diese Spracherweiterung wurden die Anwendungsprogramme wieder
übersichtlich und der Dokumentationsgehalt damit wesentlich besser.
Die besondere Stärke dieses Systems liegt in der Art seiner Vorüber-
setzung. Er arbeitet nicht wie bekannte Makro-Generatoren, die Aufrufe nur auflösen und Code der nächsten Stufe generieren - für diesen Fall COBOL-Code - sondern mit Ausnahmen einiger weniger COBOL-
Koppelstatements die abgesetzt werden, generiert er alle Komponenten
in Assembler, die er durch dynamischen Assembleraufruf ohne List-
ausdruck auch gleich übersetzt und am COBOL-Compiler vorbei, dem
LINKAGE-EDITOR übergibt. Module, die durch Aufrufe nicht modifiziert
werden können, sind natürlich schon vorübersetzt, so daß der Assembler-
lauf auch entfällt.

Das hat zur Konsequenz, daß alle Programmlisten vom überflüssigen
Ballast mit einer Vielzahl von Kontrollblöcken und Versorgungs-
statements befreit sind. Da wesentlich weniger COBOL-Statements zu
generieren sind, ist die Umwandlung auch wesentlich schneller, neben
der Papierersparnis und der rationelleren Programmentwicklung, ein
weiterer Gesichtspunkt zur Kostensenkung.

Einsatz höherer Programmiersprachen für sog. operative Aufgaben

Der Einsatz höherer Programmiersprachen auf der mittleren, der
operativen Rechnerebene, gestaltete sich wesentlich schwieriger.
Zum einen ist die Auswahl der zur Verfügung stehenden Compiler,
der für diese Aufgabe eingesetzten Rechner, wesentlich kleiner;
bis vor kurzem und zum Teil auch heute noch, steht ausschließlich
FORTRAN zur Verfügung. Diese Compiler wurden zwar um Realzeit- und

Prozeß-Komponenten erweitert, die Programmierung von Anwendungen
für die Materialflußverfolgung ist trotzdem problematisch, weil ein
brauchbares Dateihandling mit Verarbeitung von Satzstrukturen und
Zeichenkettenmanipulation, das für diese Aufgaben unbedingt notwendig ist, fehlt. Weiterer Nachteil der herstellerseitig angebotenen
Compiler ist der zu große Hauptspeicherbedarf für FORTRAN-Programme.
Nicht, daß der Anwender nicht bereit wäre, mehr Hauptspeicher für
die Programme zu spendieren, ist Ursache dieser Einschränkung, sondern
der zu kleine Maximalausbau der Rechner schränkt den Einsatz der von
den Herstellern angebotenen Compiler ein. Solange der maximale Spei-
cherausbau der für solche Aufgaben eingesetzten Rechner wie Siemens
330, AEG 80/20 oder PDP 11/40 bzw. PDP 11/34 nur 128 KBytes groß ist,
von dem noch 50 bis 60 KBytes für das Betriebssystem, 10 bis 20
KBytes für zusätzliche Systemsoftware wie SPOOL-Ein-Ausgabe und Bild-
schirm- und Tastatur-Unterstützung abgerechnet werden müssen, wird der
breite Einsatz problemorientierter Sprachen immer auf Schwierigkeiten
stoßen.

Aufgrund eines immer größer werdenden Aufgabenkatalogs im operativen
Bereich, mit den Folgen einer aufwendigen Wartung nach Einführung
der Systeme, entschied sich 1971 die TDV für den Einsatz von POLYP.
Das Softwareprodukt der Firma SCS, mit dem CONTROL-PROCEDURE-Inter-
preter, dem Zentralcompiler und den Code-Generatoren für die Zielmaschinen IBM 370 und die PDP 11/40 wurde auf der IBM 370/158 der
Technischen Datenverarbeitung installiert und erstmals für eine Neu-
organisation der Materialflußsteuerung in einem Grobblechwerk probe-
weise eingesetzt.

Vor Inangriffnahme eines neuen Projektes zur Steuerung des Material-
flusses eines Stahlwerkes und einer Stranggießanlage wurden die
ersten Erfahrungen ausgewertet und die Entscheidung für die weitere
Vorgehensweise gefällt. Obwohl zum damaligen Zeitpunkt noch kein Code-
Generator für die zum Einsatz kommenden Zielmaschinen - drei Siemens
330-Anlagen - zur Verfügung stand, entschied man sich wegen der in
den Vorprojekten gewonnenen positiven Erfahrungen für POLYP. Der Fa.
SCS wurde der Auftrag zur Entwicklung des Code-Generators erteilt,
ein eigener Systemprogrammierer übernahm die Entwicklung von Kontroll-
prozeduren für den Anschluß des Siemensbetriebssystems ORG an die
POLYP-Sprache. Parallel zu diesen Entwicklungsaktivitäten wurde schon
mit der Anwendungsprogrammierung begonnen. Die besondere Stärke des
POLYP-Systems, mit Hilfe der Kontrollsprache den Problemsprach-
umfang um eigene anwendungsorientierte Komponenten erweitern zu kön-

nen (das ist z.Z. leider bei anderen Sprachen nicht möglich), wurde
für dieses Projekt voll genutzt. Über nur ein einziges POLYP-Makro
kann eine komfortable Spool-Ausgabe mit automatischer Formatumsetzung
und der Einsteuerungsmöglichkeit von Standardttexten, um das das Betriebssystem erweitert wurde, aufgerufen werden. In gleicher Weise
wurde der Anschluß eines Dialog-Monitors für ca. 10 Bildschirme realisiert. Das gesamte Steuerprogramm für das Bildschirmhandling mit
Maskenprüfung, Programmauslagerung, Prioritätssteuerung und Warte-
schlangenverwaltung ist als residentes Systemprogramm in den Hauptspeicher geladen und wird über vier Makros vom Anwendungsprogramm aus
bedient.

$$\text{CSFAUS} \quad (\left\{\begin{matrix} \text{Gerät 1} \\ \text{'Gerät 2'} \end{matrix}\right\}, \text{'ABER'}, \left\{\begin{matrix} \text{MODUS 1} \\ \text{'MODUS 2'} \end{matrix}\right\})$$

$$\text{CBSDEF} \quad (\text{Maske}, \text{'Eing.-Ber.'}, \left\{\begin{matrix} \text{Anzahl 1} \\ \text{'Anzahl 2'} \end{matrix}\right\})$$

$$\text{CBSOEF}$$

$$\text{CBSEIN}$$

$$\text{CBSAUS} \quad (\text{'Ausg.-Ber.'}, \left\{\begin{matrix} \text{Anzahl 1} \\ \text{'Anzahl 2'} \end{matrix}\right\})$$

$$\text{CBSSLN}$$

Bild 8: POLYP-Makros für das gesamt Spool- und Bildschirmhandling

Auch einzelne Betriebssystemkomponenten wurden auf diese Weise erweitert. Kurzzeitige Sperrungen von Dateien während Update-Phasen
waren unter der ersten Version des ORG PP I nicht möglich. Diese Einschränkung konnte durch eine selbstentwickelte Systemerweiterung behoben werden. Durch Aufruf entsprechender Makros wurden die gewünsch-
ten Dateien für Parallelzugriff gesperrt und nach der Bearbeitung
wieder freigegeben. Nach Einführung des leistungsstärkeren ORG PP II
wurden die Systemerweiterungen wieder herausgenommen, die Makros den
neuen Gegebenheiten angepaßt und alle Anwendungsprogramme konnten
ohne Änderung durch einen Compilationslauf auf das neue Betriebssystem umgestellt werden.

Die guten Erfahrungen führten dazu, daß für ein 1975 aufgenommenes
Folgeprojekt POLYP wiederum als Programmiersprache zum Einsatz kam.

Der Materialfluß einer Warmbandstraße sollte mit Hilfe eines Doppel-
systems PDP 11/40 verbessert werden. Der Anschluß der Sprache an das
Betriebssystem RSX-11M wurde wieder über speziell zu entwickelnde
Makros durchgeführt. Dabei ist es uns nicht gelungen, eine absolute
Kompatibilität zu dem Siemenssystem zu erreichen; da aber auch ein
Programmaustausch vom Stahlwerk zum Warmbandprojekt nicht in Frage
kam, war auch eine solche Forderung ohne praktische Bedeutung. Ein
Kompromiß zwischen möglichst hohem Standardisierungsgrad zwischen
beiden Anwendungen und der Möglichkeit der vollen Nutzung der eingesetzten Betriebssysteme ORG von Siemens und RSX-11M von DEC führte
dazu, die Aufrufe annähernd gleich zu halten, andererseits aber
auch die von den eingesetzten Betriebssystemen gebotene Leistungs-
fähigkeit an die Anwendungsprogramme weiterzugeben.

Siemens 330-Makros   **PDP11-RSX-Makros**

CSTPGM ($(\{{}^{Nr.}_{'Name'}\})$)   CSTPGM ('Name' 3 wahlfreie Operanden)

CSTPZY ($(\{{}^{Nr.}_{'Name'}\}$, '$\{{}^{STD}_{MIN}{}_{SEK}\}$', Wert)   CSTPZY ('Name', '$\{{}^{STD}_{MIN}{}^{SEK}_{TIC}\}$', Wert 3 wahlfreie Operanden)

CSTPTZ ($(\{{}^{Nr.}_{'Name'}\}$, Std, Min)   CSTPTZ ('Name', Std, Min 3 wahlfreie Operanden)

CSWARTE ('$\{{}^{MIN}_{SEK}{}_{MSE}\}$', $\{{}^{Wert\ 1}_{'Wert\ 2'}\}$)   CWARTE ('$\{{}^{STD}_{MIN}{}^{SEK}_{TIC}\}$', Wert 2 wahlfreie Operanden)

Bild 9: Gegenüberstellung einiger Makros für Betriebssystemfunktionen
        der Betriebssysteme ORG 330 zu RSX-11M

Als Nachteil des Programmiersystems POLYP stellte sich vor allem das
verhältnismäßig aufwendige Verfahren zur Programmübersetzung heraus.
Die POLYP-Quellprogramme werden in der Programmbibliothek der IBM-An-
lage geführt. Änderungen im Rahmen der Programmentwicklung müssen damit immer über diese Maschine durchgeführt werden, danach lief die
POLYP-Compilierung bis vor kurzer Zeit mit Ausgabe eines symbolischen
Assemblerprogramms auf Lochstreifen oder Karte, das dann auf der Zielmaschine nochmals assembliert werden mußte. Vor allem zur Behebung
von kleinen Fehlern, die während des Tests an der Testanlage entdeckt
wurden, zeigte sich dieses Verfahren als zu aufwendig und zeitintensiv,
so daß oft Korrekturen im Assemblerprogramm durchgeführt wurden. Wesentlich verbessert wurde das Handling durch Kopplung der Zielmaschine

an die IBM. Nach abgeschlossener POLYP-Übersetzung übergibt die IBM
der Zielmaschine das Programm direkt über die TP-Verbindung zur so-
fortigen Assemblierung. Da diese Zielanlagen, ausgerüstet mit entsprechender Software, durch den Direktanschluß auch als IBM-Remote-
Stationen arbeiten können, kann damit das gesamte Handling, vom Quell-
programm-Update, über das POLYP-Handling, bis zur Assemblierung und
dem Test, über die gleiche Maschine durchgeführt werden. Der Programmierer merkt vom Ablauf her nicht, daß Teile der Programmübersetzung
auf einen entfernt stehenden Rechner ausgelagert sind.

Einsatz höherer Programmiersprachen im prozeßnahen Bereich

Die Programmierung der betriebsnahen Anwendung erfolgte - mit Ausnahme weniger Einzelaufgaben - bisher hauptsächlich im Assembler.
Erst in der letzten Zeit ist auch auf diesem Gebiet ein gewisser
Änderungstrend zu beobachten. Die Firma Siemens setzt im Rahmen
eines schlüsselfertigen Festauftrages zur Automatisierung einer
Warmbandstraße PROZESS-FORTRAN ein, die Firma BBC für den voll-
automatischen Betrieb einer Stranggußanlage den PEARL-Subset PASS II.
Ein diesbezüglicher Erfahrungsbericht kann erst zu späterem Zeitpunkt erfolgen, da sich beide Projekte noch in der Realisierungs-
phase befinden.

Schlußbetrachtung

Aus den einzelnen Diskussionspunkten wird deutlich, daß höhere Programmiersprachen erfolgreich bei der Projektrealisierung eingesetzt wurden. Gleichzeitig kann man aber erkennen, daß der der-
zeitige Entwicklungsstand alles andere als ideal ist. Nach unseren
Erfahrungen hat sich immer wieder gezeigt, daß z.Z. nur 50% bis 90%
der Aufgaben durch Einsatz höherer Programmiersprachen lösbar sind,
der Rest muß durch irgendwelche weniger eleganten Methoden abgedeckt
werden.

Auch läßt der Programmierkomfort noch viele Wünsche offen. Dialog-
komponenten für die Programmentwicklung und den Programmtest sind
noch die Ausnahme und stehen meistens nur Benutzern von Großanlagen
zur Verfügung.

Die dynamische Entwicklung der letzten Jahre hat in der Programmierung nicht die Fortsetzung gefunden, wie die Anwender es sich ge-

wünscht hätten. Bleibt die Hoffnung, daß sich das in den nächsten Jahren noch ändern wird, die PEARL-Entwicklung berechtigt zu optimistischer Prognose.

Literatur

/1/ TASK/MASTER USER'S GUIDE, Firma PRAGMA SOFTWARE.
/2/ TASK/MASTER APPLICATION PROGRAMMERS GUIDE,
Firma PRAGMA SOFTWARE.
/3/ ADABAS-Benutzerhandbuch, Firma SOFTWARE AG.
/4/ Softwareproduktionssystem POLYP, SCS Schriftenreihe, Bd. 13

THE CONNECTION BETWEEN AXIOMATIC AND DENOTATIONAL SEMANTICS OF PROGRAMMING LANGUAGES

Peter Raulefs

Institut für Informatik I

Universität Karlsruhe

D-7500 Karlsruhe 1, Fed. Rep. Germany

Abstract

Systems of proof rules are sometimes called "axiomatic semantics", and are developed from intuitively or explicitly known, e.g. denotational or operational, semantical models. Reversely, it has so far not been clear under what conditions systems of proof rules actually do specify the semantics of a programming language. This is clarified by the following results:

1. There are conditions s.t. a system of proof rules is a syntactic specification of a predicate transformer semantics (PTS).

2. Denotational semantics (DS) and PTS may both constitute forward or backward semantics, depending on whether initial states resp. pre-conditions are transformed into final states resp. post-conditions, or reversely.

3. Any proper axiomatic semantics has the ws-property, i.e. any pre- is transformed into a strongest post-condition, and any post-condition is transformed into a weakest pre-condition.

4. [ws-Lemma] For any pre- resp. post-conditions P,Q which are tight w.r.t. a construct cs: P is weakest pre-condition of Q iff Q is strongest post-condition of P (w.r.t.cs).

5. Forward DS and forward/backward PTS can be transformed into each other so that DS and PTS are equivalent specifications of semantics.

1. Introduction

Apart from translation-oriented methods, *denotational, operational,* and
what is usually called *axiomatic semantics* constitute three major computation-
oriented approaches to formally specifying the semantics of programming
languages (see e.g. [1-3]). Whilst the connection between denotational and
operational semantics appears to be well understood, the notion of axiomatic
semantics is often used in a quite dubious way, leaving open as to what extent
a system of proof rules actually describes the semantics of a programming
language. Such proof rules are usually obtained by abstracting from an intuitive
understanding of the meaning of language constructs explicitly formalized in
an e.g. operational or denotational semantics. Then, proof rules can be justified
by interpreting them in terms of an explicit semantic model and showing their
soundness. This approach is sometimes called "complementary specification of
semantics" [5,9].

The closest and most natural interpretation of proof rules appears to
be an interpretation in terms of predicate-transformers [6]. In this paper,
we develop conditions ensuring a system of proof rules to be a syntactic
specification of a predicate-transformer semantics. The problem of connecting
axiomatic and denotational semantics is thereby shifted to that of linking
predicate-transformer and denotational semantics.

2. Axiomatic and Predicate-Transformer Semantics

The meaning of programming language constructs is described as *state-trans-
formations* by a denotational semantics (DS), and as *predicate-transformations*
by a predicate-transformer semantics (PTS), where predicates map states to
truth values. Depending on whether we go from initial to final or from final
to initial states resp. predicates, we distinguish between *forward* and *backward semantics*. The resulting four species of DS and PTS are introduced in
Section 2.1. In 2.2 we show that the well-known formal systems first introduced by Hoare ("axiomatic semantics") are axiomatic specifications of PTS.
Predicate-transformers turn out to map pre- to strongest postconditions
resp. post- to weakest pre- conditions; connections between both are established
in Section 2.3.

2.1. Forward/Backward Denotational and Predicate-Transformer Semantics

We assume an arbitrary programming language PL with a *syntactic domain*
Constr of language *constructs,* each specifying a set of computations. Computations
determine functions between *states* taken from a *domain* State (nondeterministic
computations are excluded). We consider two ways of ascribing meaning to constructs:
Denotational semantics: A denotational semantics for PL is a pair DS = (Mp, State)
where Mp maps each construct in Constr to a state transformation.
Predicate-transformer semantics: Let Bool:= {ff,tt} be the cpo of truth-values
ordered by ff $\sqsubseteq$ tt, and Pred := State$\rightarrow$Bool the domain of *predicates* being
strict continuous functions from State to Bool. A predicate-transformer
semantics for PL is a pair PTS = (Fp,Pred) s.t. Fp maps constructs in Constr
to predicate transformations.

State resp. predicate transformations can be looked at in two directions:
Forward view: Given a state s resp. predicate P *before* starting to execute a
construct cs, we can specify
- the state obtained after having executed cs on initial states. This leads to a
  denotational forward semantics Mpf $\in$ Constr$\rightarrow$State$\rightarrow$State.
- the least ("strongest") predicate about states holding on all states obtained
  after having executed cs on an initial state satisfying P. This leads to a
  forward PTS Fpf $\in$ Constr$\rightarrow$Pred$\rightarrow$Pred.

<u>Backward view</u>: Given a state s´ resp. predicate P´ *after* having executed a construct cs, we can specify
- the set of all states yielding s´ when having executed cs on any of them. Such a denotational backward semantics appears not to be interesting and will not be considered in this paper.
- the greatest ("weakest") predicate P s.t. executing cs on any state satisfying P yields a state satisfying P´. This view leads to a *backward* PTS Fpb ∈ Constr→(Pred→Pred).

2.2. Axiomatic Specification of Predicate-Transformer Semantics

Systems of proof rules, often called "axiomatic semantics", are actually a way of specifying a PTS.

Assertion language. We assume a language AssL of *assertions* s.t.
(1) assertions are expressions in the style of first-order predicate calculus and may contain unquantified predicate variables, identifiers and expressions such as $[x \leftarrow e]p$;
(2) there is an interpretation I mapping all assertions from AssL not containing predicate variables to predicates in Pred;
(3) for each computable predicate P in Pred there is an assertion p in AssL s.t. $I||p|| = P$.

Assertion formulas. For an assertion language AssL and a PL with constructs Constr, we consider the set AForm of assertion formulas to be the least set with ∀p,q∈AssL, cs∈Constr. p{cs}q ∈ AForm. Informally, an assertion formula p{cs}q is interpreted in this way:
- <u>Forward view</u>: p{cs}q holds iff for any pre ∈ AssL not containing any predicate variables s.t. p matches pre under a substitution σ : if s is any state with $I||pre||s = tt$, and executing cs on s terminates in state s´ then $I||σq||s´ = tt$.

- Backward view: Analoguously.

Axiomatic semantics: A formal system AS for deriving assertion formulas in AForm is called an *axiomatic* (or *propositional*) *semantics for PL if either* [F] or [B] holds:

[F]   For each computable predicate P ∈ AssL s.t.
      1. $I||p||$=P,   and
      2. ∃q∈AssL.   (a) $\vdash^{AS}$p{cs}q, and

                  (b) ∀q´∈AssL. *if* $\vdash^{AS}$p{cs}q´ *then* $I||q|| \Rightarrow I||q´||$.

[B]   For each computable predicate Q∈Pred and each construct cs ∈ Constr, there is an assertion q ∈ AssL s.t
      1. $I||q||$=Q   and
      2. ∃q∈AssL.   (a) $\vdash^{AS}$p{cs}q, and

                  (b) ∀p´∈AssL. *if* $\vdash^{AS}$p´{cs}q *then* $I||p´|| \Rightarrow I||p||$.

AS is called an *axiomatic forward* resp. *backward semantics* if [F] resp. [B] holds. The subsequent definition connects axiomatic and predicate-transformer semantics:
<u>Def.:</u> An axiomatic-forward semantics AS *specifies* a forward predicate-transformer semantics (Fpf,Pred) iff

(1) ∀f∈AForm. $\vdash^{AS}$f. iff $I||f|| = tt$ (with I naturally extended to AForm).

(2) ∀P,Q∈Pred, cs∈Constr.
    Fpf$||cs||$P = Q <=> *let* p∈AssL s.t. $I||p|| = P$ *in*

                ∃q∈AssL. $\vdash^{AS}$p{cs}q *and* $I||q||= Q$

A backward PTS is similarly specified by an axiomatic backward semantics.

2.3 Weakest/Strongest Pre-/Post- Condition Properties of Predicate-Transformers

<u>Def.:</u> For P,Q ∈ Pred and cs ∈ Constr,
(1) P is called *weakest precondition* of Q w.r.t. cs, P = wp[cs,Q], iff

1. $I||P\{cs\}Q|| = tt$, and
2. $\forall P´\in Pred.\ I||P´\{cs\}Q|| \Rightarrow (\forall s\in State.\ Ps´\Rightarrow Ps)$.

(2) Q is called *strongest postcondition* of P w.r.t. cs, $Q = sp[cs,P]$, iff
1. $I||P\{cs\}Q|| = tt$, and
2. $\forall Q´\in Pred.\ I||P\{cs\}Q´|| \Rightarrow (\forall s\in State.\ Qs \Rightarrow Q´s)$.

An immediate consequence, or alternative characterization, is given by

***2-1.** For any construct cs and predicates P,Q:
$$wp[cs,Q] = \max\{P´\ |\ I||P´\{cs\}Q||=tt\}$$
$$sp[cs,P] = \min\{Q´\ |\ I||P\{cs\}Q´||=tt\}.$$

Is it possible that a strongest post-condition of a predicate has just this very
predicate as weakest pre-condition, and vice versa? The answer is yes, but requires the notion of tight *pre- resp. post-conditions:*
Def.: For any construct cs and predicate R:
(a) R is a *tight pre-condition* of cs iff $(\forall s\in State.\ Rs=tt \Rightarrow cs$ terminates properly
  on s);
(b) R is a *tight post-condition* of cs iff for any state s´not reachable by executing cs, $Qs´=ff$.

***2-2. [ws-Lemma]**

For any construct cs and tight predicates P,Q: $wp[cs,Q]=P \Leftrightarrow sp[cs,P]=Q$.

The ws-Lemma exhibits a close relationship between forward and backward pre-
dicatetransformers which justifies the following definition:

Def.: A predicate-transformer π has the *ws-property* w.r.t. a construct cs iff

(a) if π is a forward transformer: $\forall P\in Pred.\ \pi P=sp[cs,P]$;
(b) if π is a backward transformer: $\forall Q\in Pred.\ \pi Q=wp[cs,Q]$.

Does an axiomatic semantics always specify predicate-transformers having the **ws**-pro-
perty? Requirement (2) of our respective definition ensures this is always so:

***2-3.[ws-Property of Axiomatic Semantics]**
For any axiomatic semantics AS for a programming language:
If(Fp,Pred) is the predicate-transformer semantics specified by AS
then (1) $Fp = \lambda cs\ P.\ sp[cs,P]$ if AS is a forward semantics;
     (2) $Fp = \lambda cs\ Q.\ wp[cs,Q]$ if AS is a backward semantics.

3. The Equivalence between Denotational Forward and Predicate Transformer Semantics

Program verification techniques employ both forward and backward reasoning so that
both forward and backward predicate transformer semantics appear to be useful.
However, there seems to be no apparent reason for considering a denotational backward semantics. We therefore restrict our investigation to the relationships between
both kinds of predicate-transformer and denotational forward semantics. It turns
out that both forward and backward PTS are equivalent to forward DS. This is shown
by developingtransformations mapping predicate into state transformations and vice
versa. These relationships are discussed in Section 3.1 for forward PTS and for backward PTS in Section 3.2.

3.1. The Equivalence between Forward Denotational and Forward Predicate-Transformer Semantics

3.1.1 Mapping forward DS to forward PTS. A state transformation θ corresponds to a
predicate-transformation π mapping any predicate P to the strongest P´ meeting the
following requirements:

(1) $\forall s \in State.\ Ps \Leftrightarrow P'(\theta s),$ and

(2) $\forall s' \in State.\ s' \notin \theta(State) \Rightarrow P's' = ff.$

This observation is formalized in terms of the function[o]:

$$o: \begin{cases} (State \to State) \to (Pred \to State \to Pred) \\ \\ \theta \qquad \to \theta^o := \lambda P.\lambda s.(\lambda s'.s' = \theta s \to Ps \mid ff) \end{cases}$$

To obtain a function "globally" satisfying (1) and (2), we "integrate"[o] over states:

$$\Box: \begin{cases} (State \to State) \to (Pred \to Pred) \\ \\ \theta \qquad \to \theta^\Box := \lambda P.\textstyle\bigsqcup\{\theta^o Ps \mid s \in State\} \end{cases}$$

Using this definition, it is easy to show

*3-1. $\forall P \in Pred,\ s \in State, \theta \in (State \to State).$
    (1) $Ps \Leftrightarrow (\theta^\Box P)(\theta s),$ and
    (2) $s \notin \theta(State) \Rightarrow (\theta^\Box P)s = ff$

3.1.2. Mapping forward PTS into forward DS

Referring to requirement (1) in 3.1.1, a state transformation θ is compatible with a predicate transformation π iff the following requirement (+) is satisfied for any predicate P:
(+) $\forall s \in State.\ Ps \Leftrightarrow (\pi P)(\theta s),$ i.e.$P = (\pi P) o \theta$

For any state s, let P/s be the characteristic predicate which is tt exactly on s only. Then, applying π to P/s tells us what happens to a state s when executing a construct cs with $Fpf\|cs\| = \pi$ on s. Since π has the ws-property, the extension $\langle\pi(P/s)\rangle$ of the predicate $\pi(P/s)$ is a singleton $\langle P/s'\rangle$, say ,telling us that s' is the resulting state.

To formalize this approach, we make use of the auxiliary function get retrieving the only element from singletons,

$$get: \begin{cases} 2^{State} \to State \\ \\ X \qquad \to get\ X := |X| = 1 \to let\ X = \{s\}\ in\ s \mid uu \end{cases} \quad \text{, and obtain the}$$

following function mapping predicate-transformers to state transformations:

$$\Delta: \begin{cases} (Pred \to Pred) \to (State \to State) \\ \\ \pi \qquad \to \pi^\Delta := \lambda s.get\langle P/s\rangle \end{cases}$$

Clearly, Δ satisfies requirement (+):

*3-2. $\forall cs \in PL.\ let\ \pi := Fpf\|cs\|\ in\ \forall P \in Pred.\ P = (\pi P) o \pi^\Delta$

3.1.3. Equivalence betwenn forward PTS and DS

From Theorems *3-1,2, we know that

(1) $\Box$ maps any forward DS to a forward PTS having the ws-property;

(2) $^\Delta$ maps any forward PTS having the ws-property to a forward DS.
Our next theorem shows that combining both mappings in either way yields the
identity:

***3-3**
(1) Given a denotational forward semantics (Mpf,State) on PL; let (Fpf,Pred) with
$\forall cs \in Constr.Fpf||cs||$:= $(Mpf||cs||)^\square$ be the corresponding forward PTS. If for
any construct cs $\theta = Mpf||cs||$ and $\pi = Fpf||cs||$, then $\pi^\Delta = \theta$.

(2) Given a forward predicate-transformer semantics (Fpf,Pred) on PL; let
(Mpf,State) with $\forall cs \in Constr.Mpf||cs||$:= $(Fpf||cs||)^\Delta$ be the corresponding for-
ward DS. If for any construct cs $\pi = Fpf||cs||$ and $\theta = Mpf||cs||$, then $\theta^\square = \pi$.

<u>Proof:</u>
"(1)" From our definitions and assumptions we obtain

$$\pi^\Delta = (\theta^\square)^\Delta = (\lambda P. \sqcup\{\theta^\circ P\bar{s} \mid \bar{s} \in \text{State}\})^\Delta$$

$$= \lambda s.\text{get}< \sqcup\{\theta^\circ P/_s\bar{s} \mid \bar{s} \in \text{State}\}>$$

$$= \lambda s.\text{get}< \sqcup\{(\lambda s'.s' = \theta\bar{s} \rightarrow P/_s\bar{s} \mid ff) \mid \bar{s} \in \text{State}\}>$$

$$= \lambda s.\text{get}< \lambda s'.s' = \theta s \rightarrow tt \mid ff>,$$

so that $\pi^\Delta s = s'$ iff $\theta s = s'$ for any two states s and s´, i.e $\pi^\Delta = \theta$.

"(2)" By definition we have

$$\theta^\square P = \sqcup\{\theta^\circ Ps \mid s \in \text{State}\}$$
$$= \sqcup\{(\lambda s'.s' = \theta\bar{s} \rightarrow P\bar{s} \mid ff) \mid \bar{s} \in \text{State}\}$$

hence, $\theta^\square P$ is just the predicate which is *exactly* tt on each state s´ s.t.
there is a state s with s´ = θs and Ps = tt, i.e. $\theta^\square P$ = sp[cs,P] = π.

3.2. The Equivalence of Forward Denotational and Backward Predicate-Transformer Semantics

3.2.1 Mapping forward DS to backward PTS.

In [7,10], the function † is shown to map state transformations to backward
predicate-transformers having the ws-property:

***3-4.** Let

$$†: \begin{cases} (\text{State} \rightarrow \text{State}) \rightarrow (\text{Pred} \rightarrow \text{Pred}) \\ \\ \theta \rightarrow \theta^† := \lambda Q.Q \circ \theta \end{cases} ; \text{ then, for any constructs cs:}$$

$$(Mpf||cs||)^† = \lambda Q.wp[cs,Q].$$

3.2.2. Mapping backward PTS to forward DS.
Again, we investigate the effect of π on states by looking at the transformation
of characteristic predicates under π . One may think that π corresponds to the
forward state transformation mapping any state s into s´ if $P/_s$ is the weakest

precondition of p_s w.r.t. cs. However, a given final state s´ may originate

from several initial states, so that $P/_s$ needs not be the weakest precondition

of $P/_s$ w.r.t. cs at all. Instead, for any state s we look for the least (=strongest)
predicate Q s.t. s makes πQ tt. In other words, we map any state s to a state s´
iff $P/_{s'}$ is the least predicate s.t. $(\pi P/_{s'})$ s = tt. This is justified by con-

sidering execution of cs on s:

(a)   if cs executed on s yields a state s´ then $wp[cs, P_{s´}] = P/_s$;

(b)   if cs does not properly terminate when executed on s, $wp[cs, P/_{s´}] = \text{FALSE}$.

From these considerations, we obtain the following definition:

$$\ddagger : \begin{cases} (\text{Pred} \to \text{Pred}) \to (\text{State} \to \text{State}) \\ \\ \pi \quad\to\quad \pi^{\ddagger} := \lambda s.\text{get}{<}\sqcap\{Q \mid P/_s \subseteq \pi Q\}{>} \end{cases}$$

3.2.3 Equivalence between forward DS and backward PTS.

From the above Sections 3.2.1.2 we know that
1. † maps any forward DS into a backward PTS having the ws-property;
2. ‡ **maps** any backward PTS having the ws-property into a forward DS.
To show that the semantics obtained from applying any of these mappings actually
are   corresponding semantics, we again show that combining both mappings in
either way yields the identity, i.e. the following diagram commutes:

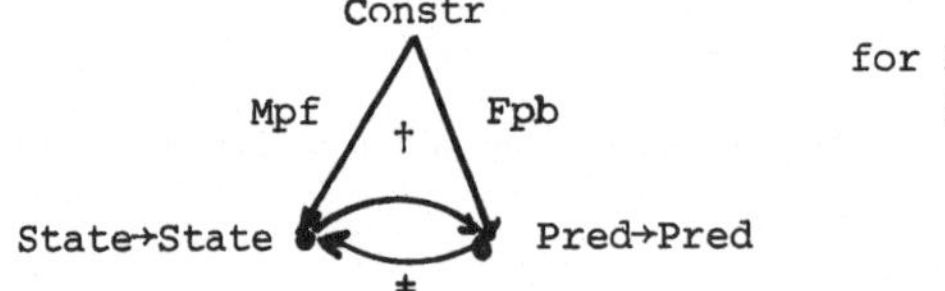

$$\text{for } \text{Fpb}||cs|| := (\text{Mpf}||cs||)^{\dagger}_{\ddagger}$$
$$\text{Mpf}||cs|| := (\text{Fpb}||cs||)^{\ddagger}$$

$*3-5$.

(1)   Given a denotational forward semantics (Mpf,State) on PL, let (Fpb,Pred) with
$\forall cs \in \text{Constr.Fpb}||cs|| := (\text{Mpf}||cs||)^{\dagger}$ be the corresponding backward PTS. Let
$\theta = \text{Mpf}||cs||$ and $\pi = \text{Fpb}||cs||$ for any construct cs; then

$$\pi^{\ddagger} = \theta$$

(2)   Given a backward PTS (Fpb ,State) on PL, let (Mpf,State) with $\forall cs : \text{Constr.}$
$\text{Mpf}||cs|| := (\text{Fpb}||cs||)^{\ddagger}$ be the corresponding forward DS. Let $\theta = \text{Mpf}||cs||$
and $\pi = \text{Fpb}||cs||$ for any construct cs; then
$$\theta^{\dagger} = \pi$$

Proof:

"(1)" Applying the definitions, we obtain
$$\pi^{\ddagger} = (\theta^{\dagger})^{\ddagger} = (\lambda Q.Q \circ \theta)\}^{\ddagger}$$
$$= \lambda s.\text{get}{<}\sqcap\{Q \mid P/_s \subseteq Q \circ \theta\}{>};$$

clearly, for $\theta s = s´$ we have $\{Q \mid P/_s \quad Q \circ \theta\} = P/_{s´}$ so that
$$\pi^{\dagger} = \theta$$

"(2)" Plugging in the definitions yields
$$\theta^{\dagger} = (\pi^{\ddagger})^{\dagger} = (\lambda x.\text{get}{<}\sqcap\{Q \mid P/_s \subseteq \pi Q\}{>})^{\dagger}$$
$$= \lambda Q.Q \circ (\lambda s.\text{get}{<}\sqcap\{Q´ \mid P/_s \subseteq \pi Q´\}{>})$$
$$= \lambda Q.Q \circ \theta$$
$$= \pi \qquad\qquad\qquad\qquad * \ 3\text{-}5 \ \square$$

4. Conclusions

We have shown that for proper forward denotational and forward/backward predicate-transformer semantics, the following diagram commutes:

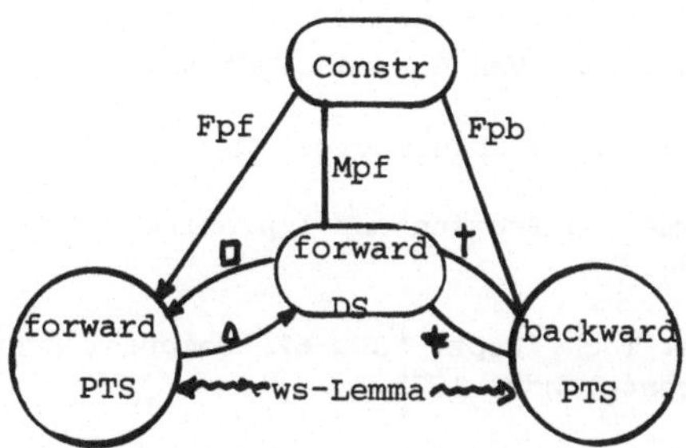

Compatible predicate-transformer and denotational semantics are inherently equivalent since both formalize semantics in closely related mathematical models. PTS and DS are just different styles of talking about the same. By no means, a PTS *complements* a DS or vice versa. Hence, referring to a PTS and a DS as "complementary specifications" of semantics [5,8] is incorrect.

However this does not mean that working out both a denotational and an axiomatic semantics of a programming language is useless. An AS specifies the meaning of language constructs in a way that is immediately applicable for program verification and in many ways corresponds to how a programmer thinks about programs. A DS constitutes an extremely concise, conceptually simple, yet completely precise formal model of the meaning of language constructs which abstracts from details of representation but retains the structure of implementation models.

A formal system of proof rules can be considered a *syntactic specification* of a predicate-transformer semantics. Then, the question of connecting axiomatic and denotational semantics amounts to ask for the relationship between a predicate-transformer and a denotational semantics. This problem is investigated in this paper.

Without referring to any particular programming language, our inquiry considers any deterministic language where constructs are meant to denote functions from states to states without explicitly saying what states are. States are just taken to constitute the amount of information necessary to determine the subsequent course of a computation on a given program text. The meaning of some common language constructs expressed in terms of predicate-transformers is discussed e.g. in [1,Section 3.7.9] and [7] .

This investigation has been motivated by two recent papers by de Bakker [7] and de Roever [8] . The function mapping forward denotational to backward predicate-transformer semantics is taken from de Bakker's work [7] . All proofs omitted and additional results can be found in [10] .

5. References

[1] Milne, R. and Ch. Strachey. *A theory of programming language semantics.* Chapman and Hall, London, 1976

[2] Lee, J.A.N. *Computer semantics.* Van Nostrand Reinhold Co., 1972

[3] Hoare, C.A.R. and N. Wirth. Acta Informatica: $\underline{2}$ (1973) 335–355

[4] Ligler, G. Proc. Int. Symp. on Proving and Improving Programs. Arc-et-Senans (1975) 299–323

[5] Donahue, U. Ph.D.-Thesis. Tech. Rept. CSRG-62. Computer System Research Group, University of Toronto, Nov. 1975.

[6] Dijkstra, E.W. CACM: $\underline{18}$ (1975) 453–457.

[7] de Bakker, J. Recursive programs as predicate transformers. Draft (Nov. 1976) of paper for the IFIP Working Conf. on Formal Description of Programming Concept (St. Andrews, 1977)

[8] de Roever, W.P. Proc. 4th Int. Symp. on Math. Foundations of Computer Science, Gdansk 1976. Springer LNCS: $\underline{45}$ (1976) 472–481.

[9] Hoare, C.A.R. and P.E. Lauer, Acta Informatica: $\underline{3}$ (1974) 135–154

[10] Raulefs, P. The connection between axiomatic and denotational semantics of programming languages. Rept. No. 4/77, Institut für Informatik I, Universität Karlsruhe (May 1977).

Anschriften der Autoren

H. Balzert

Fachbereich Informatik
Universität Kaiserslautern
Pfaffenbergstraße
D-6750 Kaiserslautern

Prof. Dr. F.L. Bauer

Institut für Informatik
Technische Universität München
Arcisstraße 21
D-8000 München 2

G. Bengel

Institut für Informatik, Abt. III
Universität Bonn
Kurfürstenstraße 74
D-5300 Bonn

Dr. W. Bibel

Institut für Informatik
Technische Universität München
Arcisstraße 21
D-800Q München 2

M. Broy

Institut für Informatik
Technische Universität München
Arcisstraße 21
D-8000 München 2

Prof. P. Canisius

Bundesanstalt für Straßenwesen
Brühler Straße 1
D-5000 Köln 51

Dr. B. Eichenauer

Gesellschaft für Prozeßrechner-
Programmierung m.b.H.
Balanstraße 138/1
D-8000 München 90

U. Furbach

Fachbereich Informatik
Hochschule der Bundeswehr
Schwere-Reiter-Straße 35
D-8000 München 40

Dr. R. Gnatz

Institut für Informatik
Technische Universität München
Arcisstraße 21
D-8000 München 2

Dr. W. Hesse

Institut für Informatik
Technische Universität München
Arcisstraße 21
D-8000 München 2

J.G. Hunt

Dept. of Computer Science and
Statistics
Queen Mary College
University of London
Mile End Road
London E1 4NS
England

Dr. U. Kastens   Institut für Informatik II
                                        Universität Karlsruhe
                                        Zirkel 2
                                        D-7500 Karlsruhe 1

B. Krieg-Brückner   Institut für Informatik
                                        Technische Universität München
                                        Arcisstraße 21
                                        D-8000 München 2

R.T. Kölsch   Institut für Informatik u. prakt.
                                        Mathematik
                                        Universität Kiel
                                        Olshausenstraße 40 - 60
                                        D-2300 Kiel 1

V. Linnemann   Lehrstuhl D für Informatik
                                        Technische Universität Braunschweig
                                        Gaußstraße 11
                                        D-3300 Braunschweig

G. Niemann   Thyssen AG
                                        BW-TDV
                                        Postfach 110067
                                        D-4100 Duisburg

Dr. P. Raulefs   Institut für Informatik I
                                        Universität Karlsruhe
                                        Zirkel 2
                                        D-7500 Karlsruhe 1

Dr. W. Schmidt   Institut für Datenfernverarbeitung
                                        Gesellschaft für Mathematik und
                                        Datenverarbeitung
                                        Rheinstraße 75
                                        D-6100 Darmstadt

Dr. P. Schnupp   SOFTLAP GmbH
                                        Sederanger 4 - 6
                                        D-8000 München 22

J. Schreiber   Institut für Informatik
                                        Technische Universität München
                                        Arcisstraße 21
                                        D-8000 München 2

Lecture Notes in Computer Science

Vol. 1: GI-Gesellschaft für Informatik e.V. 3. Jahrestagung, Hamburg, 8.-10. Oktober 1973. Herausgegeben im Auftrag der Gesellschaft für Informatik von W. Brauer. XI, 508 Seiten. 1973.

Vol. 2: GI-Gesellschaft für Informatik e.V. 1. Fachtagung über Automatentheorie und Formale Sprachen, Bonn, 9.-12. Juli 1973. Herausgegeben im Auftrag der Gesellschaft für Informatik von K.-H. Böhling und K. Indermark. VII, 322 Seiten. 1973.

Vol. 3: 5th Conference on Optimization Techniques, Part I. (Series: I.F.I.P. TC7 Optimization Conferences.) Edited by R. Conti and A. Ruberti. XIII, 565 pages. 1973.

Vol. 4: 5th Conference on Optimization Techniques, Part II. (Series: I.F.I.P. TC7 Optimization Conferences.) Edited by R. Conti and A. Ruberti. XIII, 389 pages. 1973.

Vol. 5: International Symposium on Theoretical Programming. Edited by A. Ershov and V. A. Nepomniaschy. VI, 407 pages. 1974.

Vol. 6: B. T. Smith, J. M. Boyle, J. J. Dongarra, B. S. Garbow, Y. Ikebe, V. C. Klema, and C. B. Moler, Matrix Eigensaystem Routines – EISPACK Guide. XI, 551 pages. 2nd Edition 1974, 1976.

Vol. 7: 3. Fachtagung über Programmiersprachen, Kiel, 5.-7. März 1974. Herausgegeben von B. Schlender und W. Frielinghaus. VI, 225 Seiten. 1974.

Vol. 8: GI-NTG Fachtagung über Struktur und Betrieb von Rechensystemen, Braunschweig, 20.-22. März 1974. Herausgegeben im Auftrag der GI und der NTG von H.-O. Leilich. VI, 340 Seiten. 1974.

Vol. 9: GI-BIFOA Internationale Fachtagung: Informationszentren in Wirtschaft und Verwaltung. Köln, 17./18. Sept. 1973. Herausgegeben im Auftrag der GI und dem BIFOA von P. Schmitz. VI, 259 Seiten. 1974.

Vol. 10: Computing Methods in Applied Sciences and Engineering, Part 1. International Symposium, Versailles, December 17-21, 1973. Edited by R. Glowinski and J. L. Lions. X, 497 pages. 1974.

Vol. 11: Computing Methods in Applied Sciences and Engineering, Part 2. International Symposium, Versailles, December 17-21, 1973. Edited by R. Glowinski and J. L. Lions. X, 434 pages. 1974.

Vol. 12: GFK-GI-GMR Fachtagung Prozessrechner 1974. Karlsruhe, 10.-11. Juni 1974. Herausgegeben von G. Krüger und R. Friehmelt. XI, 620 Seiten. 1974.

Vol. 13: Rechnerstrukturen und Betriebsprogrammierung, Erlangen, 1970. (GI-Gesellschaft für Informatik e.V.) Herausgegeben von W. Händler und P. P. Spies. VII, 333 Seiten. 1974.

Vol. 14: Automata, Languages and Programming – 2nd Colloquium, University of Saarbrücken, July 29-August 2, 1974. Edited by J. Loeckx. VIII, 611 pages. 1974.

Vol. 15: L Systems. Edited by A. Salomaa and G. Rozenberg. VI, 338 pages. 1974.

Vol. 16: Operating Systems, International Symposium, Rocquencourt 1974. Edited by E. Gelenbe and C. Kaiser. VIII, 310 pages. 1974.

Vol. 17: Rechner-Gestützter Unterricht RGU '74, Fachtagung, Hamburg, 12.-14. August 1974, ACU-Arbeitskreis Computer-Unterstützter Unterricht. Herausgegeben im Auftrag der GI von K. Brunnstein, K. Haefner und W. Händler. X, 417 Seiten. 1974.

Vol. 18: K. Jensen and N. E. Wirth, PASCAL – User Manual and Report. VII, 170 pages. Corrected Reprint of the 2nd Edition 1976.

Vol. 19: Programming Symposium. Proceedings 1974. V, 425 pages. 1974.

Vol. 20: J. Engelfriet, Simple Program Schemes and Formal Languages. VII, 254 pages. 1974.

Vol. 21: Compiler Construction, An Advanced Course. Edited by F. L. Bauer and J. Eickel. XIV. 621 pages. 1974.

Vol. 22: Formal Aspects of Cognitive Processes. Proceedings 1972. Edited by T. Storer and D. Winter. V, 214 pages. 1975.

Vol. 23: Programming Methodology. 4th Informatik Symposium, IBM Germany Wildbad, September 25-27, 1974. Edited by C. E. Hackl. VI, 501 pages. 1975.

Vol. 24: Parallel Processing. Proceedings 1974. Edited by T. Feng. VI, 433 pages. 1975.

Vol. 25: Category Theory Applied to Computation and Control. Proceedings 1974. Edited by E. G. Manes. X, 245 pages. 1975.

Vol. 26: GI-4. Jahrestagung, Berlin, 9.-12. Oktober 1974. Herausgegeben im Auftrag der GI von D. Siefkes. IX, 748 Seiten. 1975.

Vol. 27: Optimization Techniques. IFIP Technical Conference. Novosibirsk, July 1-7, 1974. (Series: I.F.I.P. TC7 Optimization Conferences.) Edited by G. I. Marchuk. VIII, 507 pages. 1975.

Vol. 28: Mathematical Foundations of Computer Science. 3rd Symposium at Jadwisin near Warsaw, June 17-22, 1974. Edited by A. Blikle. VII, 484 pages. 1975.

Vol. 29: Interval Mathematics. Procedings 1975. Edited by K. Nickel. VI, 331 pages. 1975.

Vol. 30: Software Engineering. An Advanced Course. Edited by F. L. Bauer. (Formerly published 1973 as Lecture Notes in Economics and Mathematical Systems, Vol. 81) XII, 545 pages. 1975.

Vol. 31: S. H. Fuller, Analysis of Drum and Disk Storage Units. IX, 283 pages. 1975.

Vol. 32: Mathematical Foundations of Computer Science 1975. Proceedings 1975. Edited by J. Bečvář. X, 476 pages. 1975.

Vol. 33: Automata Theory and Formal Languages, Kaiserslautern, May 20-23, 1975. Edited by H. Brakhage on behalf of GI. VIII, 292 Seiten. 1975.

Vol. 34: GI – 5. Jahrestagung, Dortmund 8.-10. Oktober 1975. Herausgegeben im Auftrag der GI von J. Mühlbacher. X, 755 Seiten. 1975.

Vol. 35: W. Everling, Exercises in Computer Systems Analysis. (Formerly published 1972 as Lecture Notes in Economics and Mathematical Systems, Vol. 65) VIII, 184 pages. 1975.

Vol. 36: S. A. Greibach, Theory of Program Structures: Schemes, Semantics, Verification. XV, 364 pages. 1975.

Vol. 37: C. Böhm, λ-Calculus and Computer Science Theory. Proceedings 1975. XII, 370 pages. 1975.

Vol. 38: P. Branquart, J.-P. Cardinael, J. Lewi, J.-P. Delescaille, M. Vanbegin. An Optimized Translation Process and Its Application to ALGOL 68. IX, 334 pages. 1976.

Vol. 39: Data Base Systems. Proceedings, 5th Informatik Symposium, IBM Germany, Bad Homburg v. d. H., September 1975. Edited by H. Hasselmeier and W. G. Spruth. VI, 386 pages. 1976.

Vol. 40: Optimization Techniques. Modeling and Optimization in the Service of Man. Part 1. Proceedings, 7th IFIP Conference, Nice, September 1975. Edited by J. Cea. XIV, 854 pages. 1976.

Vol. 41: Optimization Techniques. Modeling and Optimization in the Service of Man. Part 2. Proceedings, 7th IFIP Conference, Nice, September 1975. Edited by J. Cea. XIV, 852 pages. 1976.

Vol. 42: J. E. Donahue: Complementary Definitions of Programming Language Semantics. VIII, 172 pages. 1976.

Vol. 43: E. Specker, V. Strassen: Komplexität von Entscheidungsproblemen. Ein Seminar. VI, 217 Seiten. 1976.

Vol. 44: ECI Conference 1976. Proceedings of the 1st Conference of the European Cooperation in Informatics, Amsterdam, August 1976. Edited by K. Samelson. VIII, 322 pages. 1976.

Vol. 45: Mathematical Foundations of Computer Science 1976. Proceedings, 5th Symposium, Gdańsk, September 1976. Edited by A. Mazurkiewicz. XII, 606 pages. 1976.

Vol. 46: Language Hierarchies and Interfaces. International Summer School. Edited by F. L. Bauer and K. Samelson. X, 428 pages. 1976.

Vol. 47: Methods of Algorithmic Language Implementation. Edited by A. Ershov and C. H. A Koster. VIII, 351 pages. 1977.